财政部规划教材

财务报表分析

主　编　周宇霞
副主编　马雪金　杨道衡
参　编　刘　洋　刘　萍　李嘉佩　颜笑还
　　　　曾　玲　蒋淑玲　吴松青

中国财经出版传媒集团
中国财政经济出版社

图书在版编目（CIP）数据

财务报表分析 / 周宇霞著. —北京：中国财政经济出版社，2019.10

财政部规划教材

ISBN 978 -7 -5095 -9195 -6

Ⅰ. ①财…　Ⅱ. ①周…　Ⅲ. ①会计报表 - 会计分析　Ⅳ. ①F231.5

中国版本图书馆 CIP 数据核字（2019）第 191710 号

责任编辑：钱红叶　　　　责任校对：唐　堂

封面设计：杰瑞设计

中国财政经济出版社出版

URL：http：//www. cfeph. cn

E - mail：cfeph @ cfeph. cn

社址：北京市海淀区阜成路甲 28 号　邮政编码：100142

营销中心电话：010 - 88190406　北京财经书店电话：64033436　84041336

北京富生印刷厂印刷　各地新华书店经销

787 ×1092 毫米　16 开　18.75 印张　452 000 字

2019 年 10 月第 1 版　2020 年 5 月北京第 2 次印刷

定价：45.00 元

ISBN 978 -7 -5095 -9195 -6

（图书出现印装问题，本社负责调换）

本社质量投诉电话：010 - 88190744

打击盗版举报热线：010 - 88190492　QQ：634579818

编写说明

通过财务报表分析企业经营状况是财经专业学生必须掌握的基本功，也是高职财务会计专业的核心课程内容。本书依据财务报告形成的主要因果关系链，引导学生探究管理活动与财务报表数据之间的内在关系。通过手把手教学生分析财务报表数据，使其了解主要报表项目之间的勾稽关系，从而能够真正读懂财务报告。

本书由三大部分9个项目组成：项目1和项目2对财报分析的基础知识做了介绍；项目3到项目7分别从偿债能力、获利能力、现金流量与收益质量、资产质量与运营能力、发展能力与财务预警等角度系统梳理了财务分析技术，并通过项目8做了总结和综合运用；项目9对财务分析报告的撰写进行了讲解。

财务报表分析的实践性很强，因此本书力求简洁、生动、立体化：编排上，摒弃了冗长的理论知识，直接呈现简单实用的财务分析技巧；举例上，来自企业的真实数据贯穿始终，让学生置身企业实境，更配有大量鲜活生动的资本市场案例；配套上，同步建有在线网络开放课程，丰富的课程资源体现立体化教材的魅力。这也使得本书既适合大专院校作为教材使用，也适合对财务报告分析感兴趣人士的自学使用。

本书由周宇霞担任主编，马雪金、杨道衡担任副主编，刘洋、刘萍、李嘉佩、颜笑还、曾玲、蒋淑玲、吴松青参与了各章编写。编写过程中，我们得到了多位企业财务人员的帮助和建议，在此表示衷心的感谢！

由于作者的水平有限，难免存在错误和疏漏之处，恳请读者批评指正。

编者

2019.09

目录

项目一 财务分析的认知

职业能力目标

通过本单元的学习，你应该能够：

知悉财务分析的依据，解释财务分析的意义

识别财务分析的主体，理解财务分析的内容

明确财务分析的程序，坚持财务分析的原则

掌握财务分析的方法，具备财务分析的能力

主要概念

财务分析　财务报表体系　趋势分析法　因素分析法

导入案例

“股神”巴菲特的投资秘诀——阅读分析财务报告

“股神”巴菲特就是一个典型的注重基本面分析的积极投资者，与其说他是“股神”，不如说他是全球顶尖的战略企业家和多元化业务操盘手。他的战略眼光不是体现在他是如何看股票，而是如何看企业。他执掌的伯克希尔·哈撒韦公司在2018年《财富》杂志“世界500强”榜单中排在第10位，其营收为2421.37亿美金，折合人民币16358.8亿元，利润高达449.40亿美金，折合人民币3037亿元，在500强企业前十强中排名第一。2018年2月28日，胡润研究院发布《2018胡润全球富豪榜》(Hurun Global Rich List 2018)，沃伦·巴菲特以6450亿元财富排名第二。人们惊叹巴菲特拥有一个点石成金的金手指，但巴菲特却说："我从来不关心股票的走势，也没必要关心，这也许还会妨碍我做出正确的选择。"他坚持认为，他是在投资企业而不是股票，如果有可能就尽量远离股市；买一家公司的股票，实际上就是买这家公司，该公司的经济业绩和未来的现金流量是股票真正的价码。这方面最有价值的信息来源就是会计信息，即公司定期、不定期发布的财务报告。他的投资理念其实很简单，那就是价值投资。价值投资是一种积极的、理性的投资行为，在价值投资理念的指导下，财务报告的作用就显得尤为重要。他把自己的日常工作概括为"阅读"，而他阅读得最多的就是财务报告。巴菲特几乎不用电脑，在他的办公室里最多的就是上市公司的年报。巴菲特保存了几乎美国所有上市公司的年报。在投资前，他会对目标公司的财务报告进行非常缜密的分析，通过透视财务报告，对公司的内在价值进行评估，并据以指导投资决策。

你可以有的认知和思考：

企业投资者看懂财务报表，可以正确地把握企业目前各方面的状况，从而做出正确的经营决策；投资者或家庭理财者看懂财务报表，可以做出恰当的投资决策；贷款者看懂财务报表，可以降低借款无法收回的风险。那么，企业需要编制哪些财务报表？财务报表又能提供哪些会计信息？财务报告的使用者又要如何运用财务指标去分析和评价企业的财务状况、经营成果及其投资价值呢？

任务一　财务分析的依据及意义

一、财务分析的依据

财务分析是以企业的基本经济活动为对象、以财务报表和其他相关信息资料为依据，采用专门的分析技术和方法，对企业一定时期的财务状况、经营成果和现金流量情况以及未来前景和风险进行分析与判断，为财务报表的使用者提供管理决策依据的一项财务管理活动。

（一）财务分析的对象

财务分析的对象是企业的基本经济活动，主要包括筹资活动、投资活动和经营活动三类。

筹资活动是指筹集企业用于投资活动和经营活动所需要的资金，包括发行股票和债券、取得贷款，以及利用内部积累的资金等。

投资活动是指将所筹集到的资金分配于各资产项目，包括购置各种长期资产和流动资产等。投资活动是企业基本经济活动中最重要的部分。

经营活动是指在必要的筹资和投资的前提下，运用资产赚取收益的活动，它至少包括研究与开发、采购、生产、销售和人力资源管理等五项活动。经营活动是企业收益的主要来源。

企业的三项基本经济活动是相互联系的，在业绩评价时不应把它们割裂开来。

（二）财务分析的依据

财务分析的依据主要来源于财务报表资料。

财务报表是指企业对外提供的反映企业某一特定日期的财务状况和某一会计期间的经营成果、成本费用、现金流量等会计信息的书面报告文件。财务报表体系的构成如图 1－1 所示。

1. 资产负债表

资产负债表是反映企业在某一特定日期（如月末、季末、年末）全部资产、负债

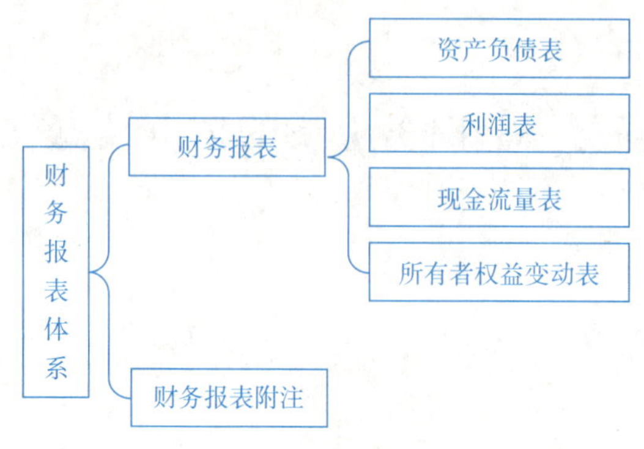

图 1－1　财务报表体系的构成

和所有者权益情况的财务报表，是企业经营活动的静态体现，根据“资产＝负债＋所有者权益”这一平衡公式，依照一定的分类标准和一定的次序，将某一特定日期的资产、负债、所有者权益的具体项目予以适当的排列编制而成。它表明权益在某一特定日期所拥有或控制的经济资源、所承担的现有义务和所有者对净资产的要求权。它是一张揭示企业在一定时点财务状况的静态报表。

2. 利润表

利润表是反映企业一定会计期间（如月度、季度、半年度或年度）生产经营成果的财务报表。它是根据“收入－费用＝利润”的基本关系来编制的，揭示了企业在某一定时期内实现的各种收入、发生的各种费用、成本或支出，以及企业实现的利润或发生的亏损情况。从反映企业经营资金运动的角度看，它是一种反映企业经营资金动态表现的报表，主要提供有关企业经营成果方面的信息，属于动态财务报表。

3. 现金流量表

现金流量表是反映企业一定会计期间内现金和现金等价物流入和流出情况的财务报表。它可以概括反映经营活动、投资活动和筹资活动对企业现金流入流出的影响，并用来评价企业的支付能力、资金周转能力及财务状况的变动情况等。它是根据收付实现制以现金为基础编制的体现企业现金流动的动态报表。

4. 所有者权益变动表

所有者权益变动表，又称股东权益变动表，是反映企业本期（年度或中期）内至截至期末所有者权益各组成部分增减变动情况的报表。它既可以为报表使用者提供所有者权益总量增减变动的信息，也能为其提供所有者权益增减变动的结构性信息，特别是能够让报表使用者理解所有者权益增减变动的根源，便于会计信息使用者深入分析企业股东权益的增减变化情况，进而对企业的资本保值增值情况作出正确判断，从而提供对决策有用的信息。

5. 财务报表附注

财务报表附注是对资产负债表、利润表、现金流量表和所有者权益变动表等报表中列示项目的文字描述或明细资料，以及对未能在这些报表中列示项目的说明等。它是为了让财务报表使用者能够充分理解财务报表的内容，而对财务报表的编制基础、编制依据、编制原则和方法及主要事项等进行解释、补充和说明，以此增进会计信息的可理解性，同时使不同企业的会计信息的差异更具可比性，便于进行对比分析。

财务报表附注中的内容主要包括：企业所采用的主要会计处理方法；会计处理方法的变更情况、变更的原因及对财务状况和经营业绩的影响；发生的非经常性项目；一些重要报表项目的明显情况；或有事项；期后事项；以及有助于理解和分析财务报表的其他重要信息等。

读者可以通过巨潮资讯网、上海证券交易所、深圳证券交易所等网站免费下载所有上市公司的财务报表，也可以通过易董等专业数据库搜集任意一家上市公司包括年度报告在内的全部财务讯息，作为练习财务报表分析的素材。

巨潮资讯网址：http：//www. cninfo. com. cn/

上海证券交易所网址：http：//www. sse. com. cn/

深圳证券交易所网址：http：//www. szse. cn/

二、财务分析的意义

做好财务分析工作，具有以下几个方面的意义：

（1）全面系统地反映了企业一定时期的财务状况、经营成果和现金流量情况，揭示了企业未来的报酬和风险。

一是通过分析资产负债表，可以了解公司的财务状况，对公司的偿债能力、资本结构是否合理、流动资金充足性等作出判断；二是通过分析损益表，可以了解分析公司的盈利能力、经营效率，对公司在行业中的竞争地位、持续发展能力作出判断；三是通过分析现金流量表，可以了解和评价公司获取现金和现金等价物的能力，从现金流量表角度来分析企业利润水平的质量，并据以预测公司未来现金流量。

（2）有利于经营管理者检查、考核本单位各项任务指标的完成情况，考核经营管理人员的业绩，评估企业的经营绩效，为建立健全合理的激励机制提供帮助。

（3）为企业的投资者、债权人、经营者及其他关心企业的组织或个人了解企业过去、评价企业现状、预测企业未来做出正确决策提供了准确的信息或依据；帮助财务报表使用者从不同的角度理解企业三大报表中的有关数据资料，审视企业存在的问题和弊端。

（4）有利于满足财政、税务、工商、审计等部门监督企业经营者，通过财务分析，检查、监督各企业是否遵守国家的各项法律、法规和制度，有无偷税漏税行为。

任务二　财务分析的主体及内容

一、财务分析的主体

财务分析的主体就是财务报表信息资料的需求者或使用者，主要包括包括权益投资人、债权人、经理人员（经营管理者）、政府机构及其他相关人员等。他们出于不同目的使用财务报表，分析财务报表，以获取他们需要的不同信息。

（一）投资人

投资人是指公司的权益投资人即普通股股东。普通股股东投资于公司的目的是扩大自己的财富。主要关心其投入资本的保值和增值情况，重视公司的获利能力，对公司的投资风险极为关注。

权益投资人进行财务分析，是为了回答以下几方面的问题：

（1）公司当前和长期的收益水平高低，以及公司收益是否容易受重大变动的影响？

（2）目前的财务状况如何，公司资本结构决定的风险和报酬如何？

（3）与其他竞争者相比，公司处于何种地位？

（二）债权人

债权人是指借款给公司并得到公司还款承诺的人，可以分为短期债权人和长期债权人。债权人关心的是公司偿还债务的能力，一是看公司对债权人的借款或其他债权是否能及时、足额收回，看公司的信用状况，决定是否给企业提供信用；二是应将公司的偿债能力与盈利能力相结合进行分析，看公司的收益状况与风险程度是否相适应。

债权人进行财务分析，是为了回答以下几方面的问题：

（1）公司为什么需要额外筹集资金？

（2）公司还本付息所需资金的可能来源是什么？

（3）公司对于以前的短期和长期借款是否按期偿还？

(4) 公司将来在哪些方面还需要借款?

(三) 经理人员(经营管理者)

经理人员是指被所有者聘用的、对公司资产和负债及公益资本进行管理的由个人组成的团体,又称之为“经营管理者当局”。经理人员财务分析的目的是综合和多方面的,从对投资权益人负责的角度来说,他们关心的是公司的盈利能力、营运能力和持续发展的能力;从对债务人负责的角度来说,他们也必须关心公司的财务状况和偿债能力等。经理人员可以获取外部使用人无法得到的内部信息,他们分析报表的主要目的是改善财务报表。

(四) 政府机构

政府机构也是公司财务报表的使用人,包括税务部门、国有企业的管理部门、证券管理机构、会计监管机构和社会保障部门等。政府兼有多重身份,既是宏观经济管理者,又是国有企业的所有者和重要的市场参与者,他们使用财务报表首先是为了履行自己的监督管理职责;其次是除关注投资所产生的经济效应外,还必须对投资的社会效益予以考虑。

(五) 其他人员

其他人员主要是指与企业的利益相关者,如供应商、潜在的投资者、企业职工、工会组织、审计师和财务分析师等。

二、财务分析的内容

财务分析的内容包括企业的财务结构分析、偿债能力分析、盈利能力分析、营运能力分析、发展能力分析以及财务报表综合分析等。

(一) 财务结构分析

企业的财务结构,指企业全部的资金来源中负债和所有者权益两者各占的比重及其比例关系,有时还包括资产中各类资产构成的比例关系等方面的内容。财务结构分析就是通过对资产、负债和所有者权益中各项目的比率之间的关系进行分析,从总体上了解和评价企业的财务结构是否健全,资源配置是否合理等方面的内容,并结合企业的实际情况,确定最佳的财务结构。

企业要得以正常生存和发展,其资金来源必须可靠而又稳定,资金运用必须有效而又合理,企业流动负债、长期负债与所有者权益之间,以及各项资产之间,必须保持一个较为合理的比例关系。不同的资金来源结构,其成本和风险是各不相同的,最佳的融资结构应是成本最低而风险最小的融资结构。

（二）偿债能力分析

偿债能力是现代企业财务能力体系的重要组成部分，是企业财务能力的基本反映。企业偿债能力的分析具有十分重要的意义。对企业内部而言，通过测定企业偿债能力，有利于企业科学合理地进行筹资决策和投资决策；从企业外部来看，债权人最关心的是企业偿债能力的强弱，因为这是他们分析投资能否如期收回的主要依据。偿债能力分析是指企业偿还所欠债权人债务的能力分析，包括短期偿债能力分析和长期偿债能力分析两个方面。

1. 短期偿债能力

短期偿债能力是指用企业的流动资产偿还流动负债的能力。常用来评价短期偿债能力的指标有：流动比率、速动比率、现金比率和营运资本等。

2. 长期偿债能力

影响企业长期偿债能力的关键因素是资本结构与盈利能力。资本结构，是指企业拥有的资产、负债和所有者权益各组成要素之间的比例关系。如果企业资本结构中债务的比例越高，表明大部分经营风险转移到了债权人身上，则企业无力偿还债务的可能性越大。良好的资本结构使企业在保持良好的盈利能力的同时，具有良好的财务风险抵御能力。盈利能力对偿债能力的影响则是比较直观的，其一，企业每年赚取的利润应是企业偿还债务和利息的直接保障；其二，盈利能力从长期来看能反映出企业支付现金的能力。评价企业长期偿债能力的指标主要有资产负债率、产权比率等。

（三）盈利能力分析

盈利能力是指企业在一定时期内赚取利润的能力。不论投资者、债权人还是企业管理者，都非常关心企业的盈利能力。盈利能力对于企业来说是至关重要的，企业从事生产经营活动的根本目的就是获取数量可观的利润和维持企业稳定、持续的经营和发展。投资者投资的目的在于获得最大的回报，因而他们最为关心企业的盈利能力；债权人特别是长期债权人的利息收益和债权收回也最终取决于企业能否盈利，因此，他们也会关心企业的盈利能力；企业管理者为了完成经营业绩，履行经营责任，当然同样会非常关心企业自身的盈利能力。总之，盈利能力分析是企业管理当局及各利害关系人最为关注的财务分析内容之一。

常用来反映盈利能力的比率指标主要有营业净利率、总资产报酬率、净资产收益率等

（四）营运能力分析

企业营运能力是指企业充分利用现有资源创造社会财富的能力，具体指企业各项营运资产的周转效率。营运资金指维持企业日常经营正常运行所需要的资金，它指企

业的流动资产减去流动负债后的余额。这一观点为企业财务人员、一般信用调查人员、短期债权人及投资分析人员所主张。他们认为只有扣除流动负债后的流动资产净额才是企业可以真正自由运用的资金，因为他们最关注的是企业的财务状况、信用状况及其短期偿债能力。企业的日常经营活动在企业财务报表上直接反映为企业营运资金及其各项目的变化，通过对企业营运资金的分析，报表使用者可以得到各自关注的有关企业财务状况和经营状况的信息。

在财务上，通常采用存货周转率和应收账款周转率等指标来衡量企业的营运能力。

（五）发展能力分析

企业发展能力分析是指对企业未来生产经营活动的发展趋势和发展潜能进行分析，以助力投资人、债权人及其他相关利益者能更好地了解企业的经济实力和持续发展的能力，帮助企业管理当局对企业未来的规划进行有效决策。

企业未来的获利能力和资本实力是衡量和评价企业持续发展的依据。企业的发展能力主要是通过自身不断的生产经营活动，用内部形成的资金不断积累而形成的，其主要来源是不断增长的销售收入、不断增加的资金投入和不断创造的利润等。

评价企业发展能力的指标销售增长率、利润增长率、总资产增长率、资本积累率、资本保值增值率等。

任务三　财务分析的原则和程序

知识准备

一、财务分析的原则

财务分析的原则是指各类报表使用人在进行财务分析时应遵循的一般规范。财务分析的原则如图 1－2 所示。

（一）目的明确原则

目的明确原则要求报表阅读者在对报表分析之前，必须明白阅读分析的目的是什么，要用报表提供的信息解决什么问题。分析的目的决定了所需要的资料、分析的步骤、程序和技术方法以及需要的结果。分析的深度和质量在很大程度上依赖对所需解

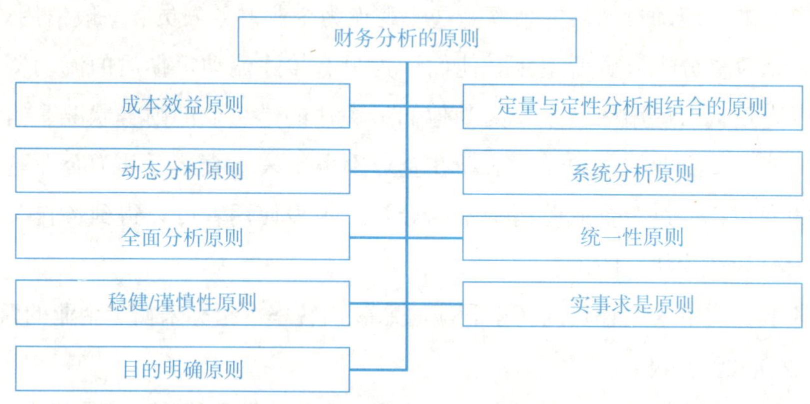

图1-2 财务分析的原则

决问题的认识、问题的相对重要性、所掌握的与特定问题有关的信息类别以及可靠性。

（二）实事求是原则

实事求是原则是指报表分析人员在分析时应从实际出发，坚持实事求是，不能主观臆断。报表分析人员，尤其是专业分析人员，不能为达到既定目的而利用数据拼凑理由。分析结论应产生于分析之后，而不是分析之前。

（三）稳健/谨慎性原则

稳健/谨慎性原则要求在进行报表分析时，对企业的赢利能力、偿债能力、营运能力等采取保守估计，宁可高估而不得低估企业的财务和经营风险。按照谨慎性原则进行报表分析，基本要求有两点：一是会计处理上的谨慎。在会计准则许可的范围内，企业可选择采用计提资产减值准备、存货的成本与市价孰低法以及固定资产折旧的快速折旧法等体现谨慎性原则要求的会计处理方法，使企业在不影响合理选择的前提下，尽可能选择使用不虚增利润和夸大股东权益的会计处理方法和程序，从而合理核算可能发生的损失和费用，真实反映企业的经营状况。二是财务指标计算上的谨慎。一种财务指标有时会有多种计算方法，以速动比率为例，可以用流动资产减去存货的余额与流动负债相比计算，也可以用现金及银行存款、可上市证券和短期应收账款净额三者之总额与流动负债相比，企业从谨慎性原则出发，就应该选择后者。值得注意的是，谨慎性是以不违背科学性为前提的，企业不得为了低估偿债能力和获利能力而任意改变指标方法；其次，谨慎性原则也不意味着企业可以任意歪曲事实真相或者隐瞒利润。

（四）统一性原则

统一性原则又称可比性原则，是指会计核算应当按照现定的会计处理方法进行，会计指标元素口径一致，提供相互可比的会计信息。这里的可比，是指不同的企业，尤其是同一行业的不同企业之间的可比，因为许多因素会影响指标比较的合理性，诸如行业差异、企业规模、技术结构、会计政策以及财务指标本身的计算方法等。因此，报表使用者应当注意寻找共同的具有可比性的计算基础，注意财务指标以外的其他情况，以使分析评价结果更有意义，不能单纯信任比较指标的结果。可比性原则的内涵还应包括，报表使用者在选择指标的标准值或标准比率时，一定要从企业的实际情况出发，既不能单凭经验，也不能盲目地信奉书本上的建议。如果机械地将一个企业的实际指标与书本上的所谓标准比率数值进行比较，可能会导致错误的结论。

（五）全面分析原则

全面分析原则是指在分析报表时要坚持全面地看问题，坚持一分为二，反对片面地看问题。报表分析人员在分析评价时，既要考虑财务指标，又要考虑非财务指标；既要考虑有利因素，又要考虑不利因素；既要考虑主观因素，又要考虑客观因素；既要考虑内部问题，又要考虑外部问题。只有全面分析，才能客观评价企业的经营状况。

（六）系统分析原则

系统分析原则是指在分析报表时要注意各项目之间的直接或间接的联系，把各个问题连贯起来分析，防止孤立、片面地分析。报表分析人员在分析财务报表时，一方面要注意局部与全局的关系、报酬与风险的关系、偿债能力与赢利能力的关系等，从总体上把握企业的状况；另一方面要有层次地展开，逐步深入，不能仅仅根据某一个指标的高低做出不正确的结论。

（七）动态分析原则

动态分析原则是要求以运动、发展的观点分析报表，不要静止地看问题。企业的生产经营业务是一个动态的发展过程。而财务报表提供的数据信息都是历史上某一时期企业的财务状况，当前阶段企业的经营活动和财务状况已经或多或少地发生了变化，在新的形势下，同样的投入，可能会有不同的产出。因此，要时刻注意数值的时间性，在弄清过去情况的基础上，分析在当前情况下的可能结果，使财务分析能评价企业过去的经营业绩，衡量目前的财务状况和预测未来的发展趋势。

（八）定量分析与定性分析相结合的原则

定性分析是基础和前提，没有定性分析就弄不清本质、趋势和与其他事物的联系；定量是工具和手段，没有定量分析就弄不清数量界限、阶段性和特殊性。任何事物都是质与量的统一，财务分析也要定性分析与定量分析相结合。由于企业面临复杂而多变的外部环境，而这些外部环境有时很难定量，但环境的变化却对企业生产的发展、投资目标的实现以及企业的销售情况产生着重要的影响，因此定量分析的同时要做出定性判断，在定性判断的基础上，再进一步进行定量分析与判断。定性分析是基础和前提，定量分析是工具和手段。财务分析要透过数字看本质，无法定性的数据得不出正确的结论。

（九）成本效益原则

成本效益原则是指报表分析人员应把主要精力应用于取得最大收益的地方。报表分析人员在进行报表分析时应根据某一问题的重要性，确定相应的成本，讲求成本效益。

二、财务分析的程序

财务分析是一项技术性很强的工作，必须按照科学的程序步骤进行，否则就很难全面地系统地对企业的财务状况、经营成果等方面进行综合分析。财务分析的步骤如图 1－3 所示。

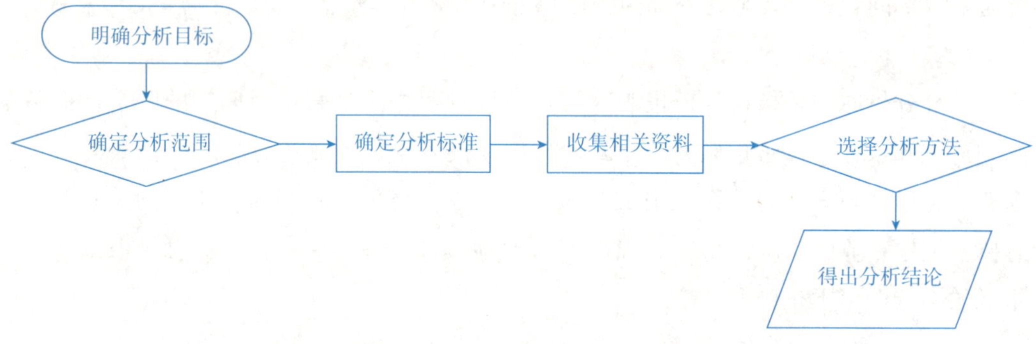

图 1－3　财务分析的程序

（一）明确分析目标

分析目标是财务分析的出发点，它决定着分析范围的确定、资料收集的详细程度、分析标准和方法的选择等整个分析过程。财务信息有很多需求者，如股权投资者、债权投资者、企业管理部门、企业职工、行政机关、企业的供应商、企业的顾客等，不同的阅读者对信息的需求有所不同，而且，各个主体的决策有时是面向全局的问题，有时是面向局部的问题，有时是监督，有时是评价。只有弄清了财务分析的目标，财务分析人员才能有的放矢地开展工作，才能保证财务分析工作的效率和效果。

（二）确定分析范围

分析范围取决于分析目标，它可以是企业经营活动的某一个方面，也可以是经营活动的全过程。根据成本效益原则，并不是一定要对企业的经营和财务状况的方方面面进行分析，一般都是根据自身需要有选择地进行分析，非重点内容只起参考作用，这样不仅省去了许多步骤，而且可以降低分析成本，提高分析效率。通过确定分析范围，可以做到有的放矢，将有限的时间和精力集中在重点要解决的问题上。

（三）确定分析标准

财务分析工作是需要判断、需要比较的，判断就要有标准，标准是否合适直接决定着判断结果的正误。可以作为分析判断的标准很多，可以是行业中标杆企业的指标值，可以是竞争对手的数据，还可以是来自企业所在行业的平均值、企业的历史指标值、企业的计划指标值等，有时甚至可以用分析人员自己认定的经验值。分析的目标不同，分析人员对评价标准的选择会有差异，合适的、有利于分析的标准就是最好的。

（四）收集相关资料

分析目标、分析范围和分析标准确定后，便可根据分析工作需要收集所需资料。资料的收集要与本次财务分析工作具有较高的相关性，否则既影响财务分析的效率，又影响财务分析的效果。在进行财务分析之前，我们应该准备好以下资料：完整的财务报表，即资产负债表、利润表、现金流量表、股东权益变动表、财务报表附注，注册会计师出具的审计报告，公司前几年的财务报表或比较财务报表。对一般的投资者来说，这些资料已经足够了，但要进行深入分析，还需要准备同类公司的有关资料，相关行业的政策动态及数据资料，企业内部供产销各方面的信息，企业外部宏观经济形势及国家有关的政策和法规（如影响企业经营的宏观经济、法律等环境），企业所在行业的发展状况、行业特点，竞争对手的状况，企业管理层的倾向、企业的文化、历史、发展战略等资料。分析人员获取财务资料的渠道也很多，有的直接来自企业对外披露的资料，有的来自行业协会，有的来自统计部门及其公布的资料，有的来自新闻媒体，有的来自中介机构，有的来自企业的往来部门与构。总之，不管哪种途径，资料信息收集得越多，越有利于分析。收集资料的工作完成后，还应对所收集的资料进行整理和筛选，去粗取精，去伪存真，使分析建立在可靠的基础之上。

（五）选择分析方法

在充分收集资料的基础上，分析人员便可着手进行分析计算。财务报表的分析方法很多，常见的有审阅分析法、比率分析法、比较分析法、结构分析法、趋势分析法等，这些分析方法各有优缺点，分析人员可根据分析目的和范围选用，可以选择其中的一种方法，也可以综合运用几种方法，以达到能够对企业做出全面、客观的评价。

（六）得出分析结论，撰写分析报告

财务分析的最终目的是对分析对象做出评价，为经济决策提供依据，因此，在对经济指标进行计算比较后，还需把各项经济指标综合起来加以分析、比较和考察，运用专业知识和职业判断能力，对数字所揭示的问题进行解释和描述，得出分析结论并写成书面报告。财务分析报告应包括企业背景资料、分析证据、分析假设、关键因素、分析结论等内容。

任务四 财务分析的方法

开展企业财务分析，需要运用一定的技术和方法。财务分析的方法分为定量分析和定性分析两种，对财务报表的分析主要是定量分析，对财务报表附注的分析侧重于定性分析。这里仅介绍比较分析法、趋势分析法、比率分析法和因素分析法等定量分析的方法。

知识准备

一、比较分析法

比较分析法是将财务报表数据与参照的基准值进行对比分析，如将本企业某指标的值与同行业的平均水平、先进水平，与计划数、预算数，与竞争对手的水平等进行对比。它是财务分析中最常用也是最基本的一种方法，是趋势分析法、比率分析法等方法产生的基础。在现实生活中，通过比较分析，可以发现差距，找出产生差异的原因，能对企业的财务状况和经营成果做出正确的评价与决策。

（一）比较分析法的计算

将财务报表数据与参照的基准值进行对比时，可以用绝对数和相对数来反映。计算式如下：

$$绝对差异额=比较值-基准值$$

$$相对百分比=\frac{比较值}{基准值}\times 100\%$$

$$相对差异率=\frac{比较值-基准值}{基准值}\times 100\%$$

（二）比较分析法的分类

1. 按对比基准的选择不同分类

（1）纵向比较。指同一企业在不同时期的数据的对比，即将企业本期财务报表数据与以前各期同一指标的数据进行对比。如将本期数与上年同期数对比、与历史最好水平对比，或与若干个连续的历史数据进行多期的对比分析，来分析企业财务状况和经营成果在一段时期内的发展变化的规律及发展趋势，有助于预测规划未来（具体介绍见趋势分析法）。

（2）横向比较。指在同一时期不同企业的数据的对比，即将本企业的财务报表数据与同行业的平均水平、先进水平、与同业竞争企业的同一指标数据进行对比。通过这种横向比较分析，有利于分析本企业与同业企业之间的差距，发现问题，明确企业今后努力的方向。

注意：同业之间的比较分析一般要用相对数或平均数来对比，因单位规模大小的不同，比较绝对量是没有意义的，比较分析时还应注意数据的可比性。

（3）实际数与计划数（或预算数）的比较。指企业将本期实际完成的财务报表数据与是事先确定的计划数、预算数或目标值进行对比，以反映实际完成数同计划任务数的差距，考核企业或当事人计划任务的完成情况，评价其业绩。

2. 按比较的内容分类

（1）比较会计要素的总量。总量比较主要用于时间序列分析，如研究利润逐年变化趋势，看其增长潜力；也可以用于同行业比较分析，看企业的相对规模和竞争地位，如总资产、利润总额的比较。

（2）比较结构百分比。结构百分比是指将财务报表中各个项目数据占该表中某一总量指标值的比重，如资产负债表中各个资产项目占总资产的比重，利润表各项目占营业收入的百分比等。结构百分比分析应先将常规的财务报表换算成共同百分比财务报表，如将常规利润表中各项目的数据均与营业收入对比，并分别计算其百分比，得到共同百分比财务报表。通过结构百分比的比较分析，比较容易发现有明显问题的项目，找出与同业之间存在差距的原因，也有利于问题的解决，如发现企业销售利润率没有同业者的高，可能是因为某项成本支出占比远高于同业者。

（3）比较财务比率。财务比率是指各会计要素的相互关系，反映其内在联系。财务比率的比较是最重要的分析，它是相对数，排除了规模的影响，可在不同比较对象之间建立起可比性，如同业之间可直接比较销售利润率、存货周转率等。

［例 1－1］ 湖南艾华集团股份有限公司 2018 年利润表中部分项目及行业平均水平的数据资料如表 1－1 所示。

表 1-1　　艾华集团 2018 年利润表与行业平均水平（部分）

指标	艾华集团母公司（万元）	行业平均数（万元）
营业总收入	216557.39	663975.05
营业总成本	185447.45	651068.47
营业利润	33842.06	26659.27
净利润	29935.09	20297.94

要求根据上述数据资料，用比较分析法对艾华集团股份有限公司 2018 年利润表中部分项目与行业平均水平进行比较分析，并将计算的结果填入表 1-2 内。

步骤 1、计算比较数据（结构百分比）：

表 1-2　　艾华集团 2018 年利润表与行业平均水平对比分析表（部分）

指标	艾华集团		行业平均数		差异率（%）
	金额（万元）	占营业收入百分比（%）	金额（万元）	占营业收入百分比（%）	
营业总收入	216557.39	100	663975.05	100	-
营业总成本	185447.45	85.63	651068.47	98.06	-12.43
营业利润	33842.06	15.63	26659.27	4.02	11.61
净利润	29935.09	13.82	20297.94	3.06	10.76

步骤 2、进行结构比较分析：

从表 1-2 可以看出，艾华集团的营业总成本占营业总收入的百分比比行业平均水平低 12.43%，营业利润率和营业净利润率分别高于行业平均水平 11.61%、10.76%。艾华集团股份有限公司的盈利水平远高于行业平均水平，其主要原因是艾华集团的营业总成本占比远低于行业的平均水平。

知识准备

二、趋势分析法

趋势分析法又称水平分析法，是对财务报告中的同一指标在若干个连续时期的指标值进行对比分析，确定其增减变动的方向、数额和幅度，以说明企业财务状况或经营成果的变动趋势的一种方法。采用这种方法进行分析可用来预测企业未来的发展趋势和发展前景。

采用趋势分析法进行对比分析时，所需数据资料至少要有3年以上，一般以5年左右为宜。计算分析时，既要计算表中有关项目增减变动的绝对额即增长量，又要计算反映其增减变动幅度的相对百分比即增长率。

（一）增长量

增长量是指某项财务指标在一定时期内所增长的绝对数量，为报告期的水平减去基期的水平的差额。增长量可正可负，正数表示报告期比基期增加或增长的量，负数表示报告期比基期减少或降低的量。

$$增长量 = 报告期水平 - 基期水平$$

根据对比标准基期的选择不同，增长量可分为逐期增长量和累计增长量两种。

$$逐期增长量 = 报告期水平 - 前一期水平$$

$$累计增长量 = 报告期水平 - 固定基期水平$$

（二）增长率

增长率又可称为增长速度，是指某项财务指标在一定时期内的增长量与基期水平的比，是一个反映其增减变动幅度的相对数。增长率也可正可负，正数表示报告期比基期的增加或增长的百分比，负数表示报告期比基期减少或降低的百分比。

$$增长率(增长速度) = \frac{报告期水平 - 基期水平}{基期水平} \times 100\% = \frac{增长量}{基期水平} \times 100\%$$

根据对比标准基期的选择不同，增长率可分为环比增长率和定基增长率两种。

$$环比增长率(环比增长速度) = \frac{报告期水平 - 前一期水平}{前一期水平} \times 100\% = \frac{增长量}{前一期水平} \times 100\%$$

$$定基增长率(定基增长速度) = \frac{报告期水平 - 固定基期水平}{固定基期水平} \times 100\% = \frac{增长量}{固定基期水平} \times 100\%$$

应用趋势分析法应注意以下几个问题：

（1）进行定基分析时，基期的选择要有代表性，一般应选定时间序列资料的第一期作为固定的基期；

（2）用于进行对比的各个时期的指标，在计算口径上必须一致；

（3）剔除偶发性项目的影响，使作为分析的数据能反映正常的经营状况；

（4）应运用例外原则，对某项有显著变动的指标作重点分析，研究其产生的原因，以便采取对策，趋利避害。

任务实施

［例1－2］要求根据湖南艾华集团股份有限公司2016～2018年连续3年的营业总收入、营业总成本和营业利润资料（见表1－3），对该公司的营业总收入、营业总成本和营业利润的增减变动情况进行分析。

表1－3　　艾华集团2016～2018年的营业总收入、总成本及利润资料　　单位：万元

项目	2016年	2017年	2018年
一、营业总收入	155364.71	179250.30	216557.39
二、营业总成本	127146.43	148138.17	185447.45
三、营业利润	30692.87	33693.84	33842.06

步骤1、分析营业总收入趋势：

根据表1－3的资料，对该公司的营业总收入的增减变动情况分析如表1－4所示。

表1－4　　艾华集团2016～2018年的营业总收入变动情况分析表　　单位：万元

项目	2016年	2017年	2018年
营业总收入（万元）	155364.71	179250.30	216557.39
逐期增长量（万元）	–	23885.59	37307.09
累计增长量（万元）	–	23885.59	61192.68
环比增长率（环比增长速度）	–	15.37%	20.81%
定基增长率（定基增长速度）	–	15.37%	39.39%

从表1－4可以看出，该公司的营业总收入2017年比2016年增加23885.59万元，增长15.37%；2018年比2017年增加37307.09万元，增长20.81%。从2016到2018年经过2年的时间营业总收入累计增加了61192.68万元，增长了39.39%。

步骤2、分析营业总成本趋势：

根据表1－3的资料，对该公司的营业总成本的增减变动情况分析如表1－5所示。

表1－5　　艾华集团2016～2018年的营业总成本变动情况分析表　　单位：万元

项目	2016年	2017年	2018年
营业总成本（万元）	127146.43	148138.17	185447.45
逐期增长量（万元）	–	20991.74	37309.28
累计增长量（万元）	–	20991.74	58301.02
环比增长率（环比增长速度）	–	16.51%	25.19%
定基增长率（定基增长速度）	–	16.51%	45.85%

从表 1－5 可以看出，该公司的营业总成本 2017 年比 2016 年增加 20991.74 万元，增长 16.51%；2018 年比 2017 年增加 37309.28 万元，增长 25.19%。从 2016 到 2018 年的营业总成本累计增加了 58301.02 万元，增长了 45.85%。

步骤 3、分析营业利润趋势：

根据表 1－3 的资料，对该公司的营业利润的增减变动情况分析如表 1－6 所示。

表 1－6　　艾华集团 2016～2018 年的营业利润变动情况分析表　　单位：万元

项目	2016 年	2017 年	2018 年
营业利润（万元）	30692.87	33693.84	33842.06
逐期增长量（万元）	–	3000.97	148.22
累计增长量（万元）	–	3000.97	3149.19
环比增长率（环比增长速度）	–	9.78%	0.44%
定基增长率（定基增长速度）	–	9.78%	10.26%

从表 1－6 可以看出，该公司的营业利润 2017 年比 2016 年增加 3000.97 万元，增长 9.78%；2018 年比 2017 年增加 148.22 万元，增长 0.44%，几乎是维持上一年水平，没有增长。从 2016 到 2018 年的营业利润累计增加了 3149.19 万元，增长了 10.26%。总的来讲，该公司的营业利润增长的幅度不大。

知识准备

三、比率分析法

比率分析法是利用财务报告中两个指标之间的某种关联关系，通过计算其比率来计量、考察经济活动的变动程度，借以评价企业财务状况和经营成果的一种分析方法。比率指标值是相对数，采取这种方法，能够把某些条件下的不可比指标的变为可以比较的指标，有更广泛的可比性。比率指标通常有构成比率、效率比率和相关比率三种形式。

（一）构成比率

构成比率又称结构比率，它是某项财务指标的各组成部分数值占总体数值的百分比，反映部分与总体的关系。其计算公式为：

$$构成比率=\frac{某个组成部分数额}{总体数额}$$

如企业资产中流动资产、固定资产和无形资产占资产总额的百分比（资产构成比例）；企业负债中流动负债和长期负债占负债总额的百分比（负债构成比例）；库存商品中直接材料成本、直接人工成本和制造费用占库存商品总成本的百分比（成本构成比例）。利用构成比率，可以考察总体中某个部分的形成和安排是否合理，以便协调各项财务活动。

（二）效率比率

效率比率是某项经济活动中所费与所得的比例，用来反映投入与产出的关系。利用效率比率指标，可以进行得失比较，考察经营成果，评价经济效益。如将利润项目与销售成本、销售收入、资本金等项目加以对比，可计算出成本利润率、销售利润率以及资本金利润率等利润率指标，可以从不同角度观察比较企业获利能力的高低及其增减变化情况。

（三）相关比率

相关比率是指两个性质不同但又相互关联的财务指标加以对比所得的比率，用来反映经济活动客观存在的相互依存、相互联系的关系。如分别将速动资产、流动资产与流动负债加以对比，分别计算出速动比率、流动比率，来分析企业的短期偿债能力的大小；再如分别将净利润现销售收入、总资产和所有者权益对比，分别求出销售净利润率、总资产报酬率和净资产报酬率等指标，来评价企业盈利能力的状况。

比率分析法的优点是计算简便，计算结果也比较容易判断，而且可以使某些指标在不同规模的企业之间进行比较，甚至也能在一定程度上超越行业间的差别进行比较。但采用这一方法时应该注意以下几点：

1. 对比项目的相关性

计算比率的子项和母项必须具有相关性，把不相关的项目进行对比是没有意义的。在构成比率指标中，部分指标必须是总体指标这个大系统中的一个小系统；在效率比率指标中，投入与产出必须有因果关系；在相关比率指标中，两个对比指标也要有内在联系，才能评价有关经济活动之间是否协调均衡，安排是否合理。

2. 对比口径的一致性

计算比率的子项和母项必须在计算时间、范围等方面保持口径一致。

3. 衡量标准的科学性

运用比率分析，需要选用一定的标准与之对比，以便对企业的财务状况做出评价。通常而言，科学合理的对比标准有：

（1）预定目标，如预算指标、设计指标、定额指标、理论指标等；

（2）历史标准，如上期实际、上年同期实际、历史先进水平以及有典型意义时期的实际水平等；

（3）行业标准，如主管部门或行业协会颁布的技术标准、国内外同类企业先进水平、国内外同类企业的平均水平等；

（4）公认标准。

四、因素分析法

因素分析法是依据分析指标与其影响因素的关系。从数量上确定各因素对分析指标影响方向和影响程度的一种方法。采用这种方法的出发点在于，当有若干因素影响时，假定其他因素不变，确定某个因素单独变化所产生的影响。因素分析法又分连环替代法和差额分析法。

（一）连环替代法

连环替代法是将分析指标分解为各个可以计算的因素，并根据各个因素之间的依存关系，顺次用各个因素的比较值（实际值）替代基准值（计划值），据以测定各因素对分析指标的影响。

利用连环替代法分析各因素的变动对综合经济指标变化的影响时，其步骤如下：

（1）根据综合经济指标的性质，确定影响其发生变动的各个因素，并用数学关系式表示。在数学表达式中要注意各影响因素的排序问题，对各因素进行排序的原则是先数量指标因素，再质量指标因素；先主要影响因素，再次要影响因素，并且从左至右逐项相乘应具有经济意义。

（2）分别将各因素的基期数据（计划数、标准数、预算数、上年同期数等）和报告期数据（实际数）的代入数学表达式，分别计算其综合经济指标在基期的水平（数值）和在报告期的水平（数值），并计算其报告期与基期的总差额。

（3）在用各因素的基期数据计算式的基础上，按已经确定好的因素顺序，从左至右依次逐个用报告期数据替代基期数据。每完成一次替换，就用这次该因素被替换后所得到的新的算式计算其综合经济指标的值，并将它与相邻的前一次所计算的值进行对比，两者之间的差额，即为这次替换因素的变动对综合经济指标变化的影响值。

注意在进行下次替换时之前已被替换过的因素的报告期数据要保留下来，直到所有影响因素逐个替换完成。

（4）将各因素对综合经济指标影响程度的数值加总求和。检查其代数和是否等于综合经济指标报告期数值与基期数值之差。如果相等，一般证明因素分析法的计算是正确的。

（5）根据各因素对综合经济指标差异影响的方向和程度，分析确定主要的影响因素，并有针对性地提出改进意见。

（二）差额分析法

差额分析法是连环替代法的一种简化形式，它是利用各个因素的比较值与基准值之间的差额，直接得出各因素变动对综合指标变化的影响。

利用差额分析法分析各因素的变动对综合经济指标变化的影响时，其步骤如下：

（1）根据综合经济指标的性质，确定影响其发生变动的各个因素，并用数学关系式表示。在数学表达式中要注意各影响因素的排序问题，对各因素进行排序的原则是先数量指标因素，再质量指标因素；先主要影响因素，再次要影响因素，并且从左至右逐项相乘应具有经济意义。

（2）在建立好的关系式的基础之上，从左至右依次逐个因素分析。其计算的规则是被分析因素用报告期数据与基期数据的差，排在被分析因素左边的各个因素用报告期的数据，排在被分析因素右边的各个因素用基期的数据，这样得到的新计算式所计算的综合经济指标的值，就是被分析因素的变动对综合经济指标变化的影响值。

应用因素分析法应注意以下几个问题

1. 因素分解的相关性

因素分解的相关性即确定分析指标构成体系或分析模型必须是客观上存在一定的因果关系，要能够反映形成该项指标差异的内在构成原因，否则就失去了存在的价值。如上述例子中影响材料成本总额的因素只能是该产品的产量、单位产品材料耗用量和材料单价，而不能确定为其他因素。

2. 因素替代的顺序性

因素替代的顺序性即替代因素时，必须按照各因素的依存关系，排成一定的顺序依次替代，不得任意地颠倒，否则就会出现不同的结果。因此在分析中，必须从可能的替代顺序中确定比较正确的替代顺序。在排列替代顺序时，应注意：在数量指标因素与质量指标因素同时存在的情况下，应是数量指标因素在先，质量指标因素在后；在影响因素较多且存在多个数量指标因素，或质量指标因素的情况下，应是主导因素在先，派生因素在后，并且从左至右逐项相乘应具有经济意义。

3. 顺序替代的连环性

顺序替代的连环性即在计算时，必须按照顺序逐一进行计算，保持计算程序上的连环性。只有这样，才能使各因素影响数之和等于所分析指标变动的总差异。在替代时，如果替代顺序不连环，就会使各项因素的影响程度之和不等于分析指标变动的总差异，或得出错误的分析结论。

4. 因素分析的有效性

因素分析的有效性是指通过因素计算的结果只是在某种假定前提下的结果，带有假定性，它不可能使每个因素的计算结果都能绝对地准确，或符合实际。这是因为一方面在分析其中某一个因素的变动对其经济指标的影响时，必须假定其他影响因素保持不变，否则就不能分清各单一因素对分析对象的影响程度；另一方面是在连环替代计算时，各因素变动的影对分析对象的影响值会因替代计算的顺序不同而有差别。但实际上某些因素对经济指标的影响是共同作用的结果，如果影响因素越多，那么这种假定的准确性就越差，分析结果的准确性就越低。因此在因素分析中，应力求使这种假定合乎逻辑，以保证分析的有效性。

任务实施

[例1－3] 艾华集团生产的电子镇流器产品耗用某材料成本的计划数和实际数资料如表1－7所示。

表1－7　艾华集团的电子镇流器产品某材料耗用的实际数与计划数的对比分析表

项目	单位	计划数	实际数
产品产量	万只	100	120
单位产品材料消耗量	千克	8	7
材料单价	元/千克	5	6
材料成本总额	万元	4000	5040

针对表中材料费用总额实际比计划数增加1040万元这一分析对象，要求用连环替代法，计算分析各因素的变动对材料成本总额的影响程度。

根据表中的资料可以确定该公司生产的电子镇流器产品一定时期内耗用某材料的成本总额受该产品的产量、单位产品材料消耗用量和材料价格三个因素的影响，其关系表达式为：

材料成本总额＝产量×单位产品材料消耗量×材料单价

实际成本总额：120×7×6＝5040（万元）

计划成本总额：100×8×5＝4000（万元）（实际比计划多1040万元）　　(1)

第一次替换：120×8×5＝4800（万元）　　(2)

第二次替换：120×7×5＝4200（万元）　　(3)

第三次替换：120×7×6＝5040（万元）（实际指标）　　(4)

（2）－（1）＝4800－4000＝800（万元）（产量增加的影响）

（3）－（2）＝4200－4800＝－600（万元）（材料节约的影响）

（4）－（3）＝5040－4200＝840（万元）（单价提高的影响）

上述各因素共同作用对材料成本总的影响额：800＋600＋840＝1040（万元）

［例1－4］仍以例1－3的数据资料为例，要求用差额分析法，计算分析各因素的变动对材料成本总额的影响程度。

根据表中的资料可以确定该公司生产的电子镇流器产品一定时期内耗用某材料的成本总额受该产品的产量、单位产品材料消耗用量和材料价格三个因素的影响，其关系表达式为：

材料成本总额＝产量×单位产品材料消耗量×材料单价

实际成本总额：120×7×6＝5040（万元）

计划成本总额：100×8×5＝4000（万元）（实际比计划多1040万元）

（1）由于该产品产量的提高而影响材料成本增加：

（120－100）×8×5＝800（万元）

（2）由于该产品单位材料耗用量的降低影响材料成本节约：

120×（7－8）×5＝－600（万元）

（3）由于该产品耗用的材料单价的上涨而影响材料成本增加：

120×7×（6－5）＝840（万元）

上述各因素共同作用对材料成本总的影响额：800－600＋840＝1040（万元）

【职业道德与企业伦理】

獐子岛的虾夷扇贝劫：扇贝跑了又回来了然后死了

獐子岛这家公司在A股市场近年来堪称一大笑话般的存在：2014年10月30日晚间，位于大连长海县的上市公司獐子岛发布公告称，因北黄海遭到几十年一遇的冷水团，公司在2011年和部分2012年播撒的100多万亩即将进入收获期的虾夷扇贝绝收。受此影响，獐子岛前三季业绩“大变脸”，由预报盈利变为亏损约8亿元（资料来源：360百科，獐子岛“绝收”事件），导致公司2014年业绩巨亏11.89亿元、2015年亏损2.43亿元（数据来源：同花顺财经，獐子岛财报），更是导致了公司连续两年亏损陷入被实施退市风险警示，戴帽成*ST獐子岛。由此，公众舆论称“獐子岛的扇贝跑了”；2016年公司实现营业收入30.52亿元，利润7959.34万元，公司扭亏为盈保壳成功。被公众舆论笑称为“跑出去散心的扇贝在外面找了男女朋友，结了婚，带着儿孙回来了”；2018年1月31日，獐子岛发布公告称，因食料投放不足，扇贝出现大量死亡，公司正在进行底播虾夷扇贝的年末存量盘点，发现部分海域的底播虾夷扇贝存货异常，公司预计2017年净利润亏损5.3亿元–7.2亿元。因此，公司在编制2017年报时，对107.16万亩海域成本约5.78亿元的底播虾夷扇贝存货进行核销处理，对24.3万亩海域成本约1.26亿元的底播虾夷扇贝存货计提跌价准备5110.04万元，上述两项合计约影响净利润6.29亿元（资料来源：360百科，獐子岛“绝收”事件），导致公司2017年又出现因扇贝饿死了业绩巨亏7.23亿元。因这是獐子岛近四年中第二次公布扇贝死亡导致公司亏损，而被公众舆论称为獐子岛上演了“扇贝跑了第二季”，并由此感慨：做獐子岛的股民还真是心累，时刻要警惕公司的海底下的扇贝有没有吃的、吃得好不好、有没有饿瘦了、饿死了，还要担忧是否跑了。

[警示]

2018年2月27日早晨，由30余人组成的调查组进入獐子岛集团，獐子岛因为涉嫌信息披露违法违规被证监会立案调查。

2019年7月10日晚间，獐子岛又给持股的股民投资者来了一个炸雷：獐子岛发布公告称收到证监会的处罚事先告知书。这也就意味着历时17个月的对该公司的证监会调查终于结束。

证监会的调查结果显示，证监会认定公司相关公告涉嫌虚假记载，涉嫌未及时披露信息，证监会拟决定对獐子岛及24名相关责任人给予处罚，其中獐子岛被警告+罚款60万元，相关责任人分别被罚款3~30万元不等，并对公司董事长吴厚刚等四名相关责任人采取市场禁入措施。其中最值得注意的是，证监会本次的处罚事先告知书中明确罗列了獐子岛三项违法事实：

第一，公司涉嫌财务造假，内部控制存在重大缺陷。獐子岛披露的2016、2017两年的年度报告、《关于底播虾夷扇贝2017年终盘点情况的公告》和《关于核销资产及计提存货跌价准备的公告》均涉嫌虚假记载。

第二，公司披露的《关于2017年秋季底播虾夷扇贝抽测结果的公告》涉嫌虚假记载。公司抽测小组使用“獐子岛科研19”号船记录的出海抽测日期、调查点和北斗星通提供的“獐子岛科研19”号船航行定位信息不符，反映公司的秋测结果严重失实。

第三，公司涉嫌未及时披露信息。2018年1月初，公司财务总监已知悉2017全年业绩与三季报时所做的预测偏差较大，并向董事长进行了汇报，相关信息应该在2018年1月初就进行披露，实际却拖延至2018年的1月30日才披露。

主要资料来源：公众号：风生焱起　　时间：2019–07–11 11:07

项目小结

- 财务分析的认知
  - 财务分析的对象
    - 筹资活动
    - 投资活动
    - 经营活动
  - 财务报表体系的构成
    - 财务报表
      - 资产负债表
      - 利润表
      - 现金流量表
      - 所有者权益变动表
    - 财务报表附注
  - 财务分析的主体
    - 投资人
    - 债权人
    - 经理人员（经营管理者）
    - 政府机构
    - 其他人员
  - 财务分析的内容
    - 财务结构分析
    - 偿债能力分析
      - 短期偿债能力
      - 长期偿债能力
    - 盈利能力分析
    - 营运能力分析
    - 发展能力分析
  - 财务分析的原则
    - 目的明确原则
    - 实事求是原则
    - 稳健/谨慎性原则
    - 统一性原则
    - 系统分析原则
    - 动态分析原则
    - 定量分析与定性分析相结合的原则
    - 成本效益原则
  - 财务分析的程序
    - 明确分析目标
    - 确定分析范围
    - 确定分析标准
    - 收集相关资料
    - 选择分析方法
    - 得出分析结论
    - 撰写分析报告
  - 财务分析的方法
    - 比较分析法
    - 趋势分析法
      - 增长量
      - 增长率
    - 比率分析法
      - 构成比率
      - 效率比率
      - 相关比率
    - 因素分析法
      - 连环替代法
      - 差额分析法

项目训练

一、单选题

1. 财务分析的最终目的是（　　）。

A. 阅读财务报表　　B. 做出某种判断

C 管理决策支持　　D. 解析报表数据

2. 下列不属于财务分析对象的是（　　）。

A. 筹资活动　　B. 经营活动

C. 投资活动　　D. 管理活动

3. 下列不属于财务分析基本原则的是（　　）。

A. 严谨性原则　　B. 目的性原则

C. 全面性原则　　D. 系统性原则

4. 下列不属于财务分析基本程序的是（　　）。

A. 明确分析范围　　B. 收集、整理分析资料

C. 选择分析方法　　D. 报送管理者审查

5. 下列信息中不由资产负债表提供的是（　　）。

A. 企业资产状况　　B. 企业的债务情况

C. 企业的债权人信息　　D. 企业的自有资金

6. 债权人进行财务分析时将更为关注企业的（　　）。

A. 偿债能力　　B. 营运能力

C. 获利能力　　D. 发展能力

7. 利润表反映企业的（　　）。

A. 财务状况　　B. 经营成果

C. 经营状况　　D. 现金流量

8. 下列方法中常用于因素分析的是（　　）。

A. 比较分析法　　B. 比率分析法

C. 连环替代法　　D. 趋势分析法

9. 某企业 2015 年、2016 年、2017 年的净利润分别为 50 万元、70 万元、120 万元，按照定基的方法计算 2017 年净利润增长率应为（　　）。

A. 40%　　B. 71.4%

C. 140%　　D. 240%

10. 在财务分析的主体中，投资人是指（　　）。

A. 社会公众　　B. 金融机构

C. 优先股东　　D. 普通股股东

二、多选题

1. 下列关于财务分析的表述中，正确的是（　　）。

A. 以企业的基本活动为对象　　B. 以财务报表为主要信息来源

C. 以帮助报表单位改善管理为目的　　D. 以公开性为原则

E. 以了解过去．评价现在和预测未来为结果

2. 财务分析的主体包括（　　）。

A. 债权人　　B. 投资人

C. 经理人员　　D. 政府机构有关人员

E. 企业职工、工会组织、律师、审计师和财务分析师等其他相关人士

3. 债权人进行财务分析的目的通常包括（　　）。

A. 是否给企业提供信用　　B. 提供多少额度的信用

C. 是否要提前收回债权　　D. 决定是否投资

E. 改善企业的经营管理

4. 财务分析的基本资料包括（　　）。

A. 资产负债表　　B. 利润表

C. 现金流量表　　D. 所有者权益变动表

E. 报表附注

5. 企业的经营管理者在进行财务分析时，关注的内容包括（　　）。

A. 偿债能力　　B. 营运能力

C. 获利能力　　D. 企业持续发展能力

E. 企业财务状况

三、判断题

1. 财务分析就是对财务报表进行的分析。（　　）

2. 比较分析法是趋势分析法、比率分析方法的基础。（　　）

3. 同业比较可以全面评价企业业绩，反映企业的竞争地位。（　　）

4. 财务分析是以财务报表为主要依据，运用科学的分析方法和评判方式，对企业的经营活动状况及其成果做出判断，以供相关决策者使用的全过程。（　　）

5. 财务分析的基本资料就是资产负债表、利润表、现金流量表三张主表。（　　）

6. 企业偿债能力的分析、运营能力的分析、获利能力和发展能力的分析是财务分析的主要内容，也是企业三大基本经济活动综合结果的体现。（　　）

7. 构成比率是指某项财务分析指标的各构成部分数值占总体数值的百分比。（　　）

8. 只要两个公司处于同一行业，我们就可以对其财务状况进行比较分析。（　　）

四、简答题

1. 简述经济活动分析与财务分析的主要区别。

2. 债权人和投资人进行财务分析的主要关注点有何差异？

五、计算分析题

1. 假定湖南艾华集团股份有限公司 2018 年要完成营业利润的目标数为 30000 万元，实际完成营业利润 33842.06 万元。要求分析该公司是否完成了营业利润计划，计划任务完成率是多少？

2. 湖南艾华集团股份有限公司 2016 ~ 2018 年连续 3 年的利润总额如表 1 – 8 所示。

表 1 – 8　艾华集团 2016 ~ 2018 年的利润总额资料　单位：万元

年份	2016 年	2017 年	2018 年
利润总额	31237.89	34203.42	35132.58

要求：对该公司利润总额的增减变动情况进行分析，并将计算分析的结果填入表 1 – 9 内。

表 1 – 9　艾华集团 2016 ~ 2018 年利润总额的变动情况分析表

项目	2016 年	2017 年	2018 年
利润总额（万元）			
逐期增长量（万元）	–		
累计增长量（万元）	–		
环比增长率（环比增长速度）	–		
定基增长率（定基增长速度）	–		

3. 假定 2017 年、2018 年艾华集团的电子镇流器产品的销售数据资料如表 1 – 10 所示。

表 1－10　　2017 年、2018 年艾华集团的电子镇流器产品的销售数据资料

项目	2017 年	2018 年
销量（万只）	400	600
价格（元/只）	18	15
销售收入（万元）	7200	9000

从表中数据资料可知，艾华集团的电子镇流器产品 2018 年实现的销售收入比 2017 年增加了 1800 万元，增长了 25%，要求采用差额计算法分别计算该产品的销量和价格因素的变动对销售收入的影响程度。

职业核心能力测评

职业核心能力测评表

（在□中打√，A 通过，B 基本通过，C 未通过）

职业核心能力	评估标准	自测结果
自我学习	1. 能进行时间管理	□A □B □C
	2. 能选择适合自己的学习和工作方式	□A □B □C
	3. 能随时修订计划并进行意外处理	□A □B □C
	4. 能将已经学到的东西用于新的工作任务	□A □B □C
信息处理	1. 能根据不同需要去搜寻、获取并选择信息	□A □B □C
	2. 能筛选信息，并进行信息分类	□A □B □C
	3. 能使用多媒体等手段来展示信息	□A □B □C
数字应用	1. 能从不同信息源获取相关信息	□A □B □C
	2. 能依据所给的数据信息，作简单计算	□A □B □C
	3. 能用适当方法展示数据信息和计算结果	□A □B □C
与人交流	1. 能把握交流的主题、时机和方式	□A □B □C
	2. 能理解对方谈话的内容，准确表达自己的观点	□A □B □C
	3. 能获取信息并反馈信息	□A □B □C
与人合作	1. 能挖掘合作资源，明确自己在合作中能够起到的作用	□A □B □C
	2. 能同合作者进行有效沟通，理解个性差异及文化差异	□A □B □C
解决问题	1. 能说明何时出现问题并指出其主要特征	□A □B □C
	2. 能做出解决问题的计划并组织实施计划	□A □B □C
	3. 能对解决问题的方法适时做出总结和修改	□A □B □C
革新创新	1. 能发现事物的不足并提出新的需要	□A □B □C
	2. 能创新性地提出改进事物的意见和具体方法	□A □B □C
	3. 能从多种方案中选择最佳方案，在现有条件下实施	□A □B □C
学生签字：	教师签字：	20　　年　　月　　日

项目二 财务报表阅读及初步分析

职业能力目标

通过本单元的学习，你应该能够：

了解资产负债表含义、结构和主要项目

了解利润表含义、结构和主要项目

了解现金流量表含义、结构和主要项目

了解所有者权益变动表含义、结构和主要项目

对资产负债表、利润表、现金流量表进行初步分析

主要概念

资产负债表　利润表　现金流量表　所有者权益变动表

导入案例

背负业绩下滑与债务膨胀双重压力，中远海控重回亏损

2018 年 10 月，中远海运控股股份有限公司（简称“中远海控”，原“中国远洋”）发布三季报，这也是合并东方海外后的首次财报。前三季度业绩不达预期，净利润下滑 68.47%，扣非后亏损 3.83 亿元，中远海控面临巨大的业绩压力。

除业绩下滑之外，中远海控还面临着债务膨胀带来的巨大财务压力。

虽然并购扩大了公司的营收规模，但是由于前三季度集装箱运价的下跌以及燃油价格的上涨，部分对冲了公司的利润。短期内业绩并未有实质改善，而收购带来的财务压力已经显现，账上的巨量负债正是这几年激进并购的后果。

2016年前后集运业进入最低谷，全球众多集运公司出现亏损，这也给巨头提供了难得的并购窗口期。中远海控就是从那时开始，大手笔买买买，到处收购集运及港口码头。由于中远海控长期业绩不佳，很难通过股权融资，只能通过借债筹集资金。截至三季末，短期负债增加了352.64亿元，达到462.04亿元；长期负债增加了139.63亿元，达到440亿元。目前公司的资产负债率已经飙升到75.87%。借款高达900亿，其中短期负债占比超过一半，一年内到期的非流动负债已经高达157.97亿元，这样的债务结构显然是有风险的。从流动比率和速动比率来看，公司短期内面临着极大的偿债压力。公司三季末流动比率仅有0.67，速动比率仅有0.58。

贸易摩擦叠加油价上涨，集运企业前景并不乐观，在这种情况下，中远海控这艘大船将如何面对风浪？

资料来源：http://www.sohu.com/a/294637177_161623 搜狐证券

财务报表是一个企业财务状况的晴雨表，财务分析人员应善于阅读和分析企业的财务报表，读懂，读通，读准，能够抓住最能说明问题的数据，分析得出自己最想要了解的财务信息。那么，当我们面对一份财务报表时，应该如何去解读和分析呢？

任务一　资产负债表阅读与初步分析

知识准备

一、资产负债表的结构与特征

资产负债表也称为财务状况表，是表示企业在一定日期资产、负债和所有者权益状况的主要会计报表。通过资产负债表，可以了解企业资产的分布、负债的构成和所有者权益的组成，资产总额和资产结构，债务的期限结构和数量，可以分析企业偿债能力的强弱，可以分析企业营运能力的高低，判断所有者的资本保值增值情况，可以预测企业未来的发展趋势。

资产负债表一般采用账户式的格式，项目排列有规律可循，这一规律一般被称为流动性排列。左边列示的是资产项目，一般按变现能力由强到弱排列，反映企业资金的运用情况；右边列示的是负债及所有者权益项目，一般按偿还期限由短到长顺序排列，反映企业资金的来源情况。资产负债表的结构一般由表首、表身和表尾三部分组成，如表 2－1 所示。

表 2－1　　资产负债表

编制单位：艾华集团　　2018 年 12 月 31 日　　单位：元

项目	期末余额	期初余额	项目	期末余额	期初余额
流动资产：			流动负债：		
货币资金	234859146.97	576969407.97	短期借款		
应收票据	33479606.03	8013306.91	衍生金融负债		77000000.00
应收账款	592530018.30	534119423.43	应付票据及应付账款	612702447.92	316721674.89
预付款项	17110683.46	22216827.02	预收款项	6567355.89	7683789.42
其他应收款	11134421.30	5684730.95	应付职工薪酬	28319255.67	23135924.52
存货	435783929.26	304751259.68	应交税费	13543880.17	13115233.51
其他流动资产	983628337.92	62449123.31	其他应付款	3761985.11	5787530.29

续表

项目	期末余额	期初余额	项目	期末余额	期初余额
一年内到期的非流动资产		3327177. 77	一年内到期的非流动负债		
流动资产合计	2308526143. 24	1517531257. 04	流动负债合计	664894924. 76	443444152. 63
非流动资产：			非流动负债：		
可供出售金融资产	4200000. 00	4200000. 00	长期借款		
持有至到期投资			应付债券	534429311. 37	
长期应收款		2293290. 45	长期应付款		
长期股权投资	6905014. 40	5907924. 73	递延收益	17330000. 00	17330000. 00
投资性房地产			递延所得税负债		
固定资产	789338737. 15	633359382. 32	非流动负债合计	551759311. 37	17330000. 00
在建工程	138067694. 88	104788137. 06	负债合计	1216654236. 13	460774152. 63
工程物资			所有者权益：		
固定资产清理			实收资本(或股本)	390001702. 00	300000000. 00
无形资产	24490605. 07	25061403. 49	其他权益工具	167405332. 12	
开发支出			资本公积	837323846. 87	927288323. 38
商誉			盈余公积	155174171. 82	129389171. 36
长期待摊费用	8693987. 10	2606550. 14	未分配利润	509661209. 96	476754443. 72
递延所得税资产	567158. 58	196399. 05	归属于母公司所有者权益合计	2059566262. 77	1833431938. 46
其他非流动资产	32995355. 78	35166807. 77	少数股东权益	37564197. 30	36905060. 96
非流动资产合计	1005258552. 96	813579895. 01	所有者权益合计	2097130460. 07	1870336999. 42
资产总计	3313784696. 20	2331111152. 05	负债和所有者权益总计	3313784696. 20	2331111152. 05

二、资产项目分析

资产是指企业过去的交易或者事项形成的、由企业拥有或者控制的、预期会给企业带来经济利益的资源。在表中，资产按照流动性从强到弱列示。

（一）流动资产分析

1. 货币资金

货币资金是企业流动性最强的资产，包括库存现金、银行存款和其他货币资金。货币资金的报表数据质量一般较好，与实际情况没有差距，除非企业有外币或被冻结的资金。

企业保持一定的货币资金的动机主要有交易动机、预防动机和投资动机。但是货币资金的持有应当适度，如果持有量过大，则导致企业整体盈利能力下降，反之如果持有量太小，则可能增加企业流动性风险。

2. 交易性金融资产

交易性金融资产持有的目的是为了近期内出售获利，所以交易性金融资产应当按照公允价值计价。对其进行分析时，应当关注企业划分为该类别的资产是否与上述目的相符，如果企业持有该资产很长时间后没有出售，应当怀疑企业对该资产的分类是否正确其次，应当关注该资产在分析时的公允价值与报表上的数据是否一致，如果不一致，应当分析该交易性金融资产价值的变动是暂时性的，还是可持续的，最好应当获取财务分析时最近时期的交易性金融资产的公允价值数据，增加分析的可靠性。

3. 应收票据

应收票据是指企业因销售商品、提供劳务而收到的商业汇票。分析人员应当关注企业持有的应收票据类型，是商业承兑汇票还是银行承兑汇票，如果是后者，因为银行是承兑人，基本不存在拒付，所以应收票据的质量是可靠的，但如果是前者，则应关注企业债务人的信用情况，是否存在到期不能偿付的可能性。

4. 应收账款

应收账款是企业对外销售产品，提供劳务等应向购货单位或接受劳务方收取的款项。一般而言，应收账款的数额与企业主营业务收入数额成正相关关系。对应收账款质量的判断应从以下几方面着手：

（1）应收账款的账龄。应收账款的账龄越长，应收账款不能收回的可能性就越大，发生坏账的可能性就越大。

（2）应收账款的债务人分析。观察企业应收账款的债务人是集中还是比较分散，有的企业的主要客户非常少，主要向一两个客户进行销售，由此形成的应收账款可能具有较大的风险，原因在于一旦其客户面临财务危机，企业的坏账可能大大增加，或者企业为了保持自身的销售收入和利润，不得不接受客户比较苛刻的购货条件，导致账龄增加，或者现金折扣上升。但是如果企业的客户群非常分散，客户众多，一方面会降低上述风险，但是另一方面也增加了应收账款的管理难度和管理成本，因此在进行分析时应当综合考虑以上因素。

（3）坏账准备的计提。坏账准备的计提应当关注计提方法和计提比率。首先应当观察企业应收账款计提方法是否在不同期间保持一致，企业是否对计提方法的改变做出了合理的解释。企业计提比率是否恰当，是否低估了坏账比率，是否有利用坏账调节利润的行为等。

5. 存货

存货是指企业在日常活动中持有以备出售的产成品或商品、处在生产过程中的在产品、在生产过程或提供劳务过程中耗用的材料和物料等。同货币资金一样，存货的持有数量也应当保持一个适当的水平，如果存货持有数量过多，会降低存货周转率，降低资金使用效率，以及增加存货储藏成本；反之如果持有量过少，会使企业面临缺货的危险。所以对存货应当加强日常管理，使得各种成本之和降到最低。对于存货的质量分析，应当关注以下几点：

（1）存货的可变现净值与账面金额之间的差异。对于存货的市价计量，可以使用重置成本与可变现净值。重置成本是指在目前状况下，购置相同存货所需花费的成本，可变现净值是指在正常生产经营过程中，以存货的估计售价减完工及出售前尚需花费的相关税费等支出后的净额。从财务分析的角度，应当关注存货在未来期间能够为企业带来的经济资源流入，所以应采用可变现净值作为市价比较妥当。

存货的账面价值与可变现价值相比较，正常情况下，应当大多数存货的可变现净值较高，原因在于企业的正常生产经营业务时，往往出售自身的存货来取得收入和利润，如果可变现净值较低，会使得企业日后陷入亏损境地，影响企业的可持续发展。财务分析人员应当遵循谨慎性原则，观察企业的存货跌价准备计提是否充足，计提的标准是否前后各期一致。

如果企业存货的可变现净值大于存货的账面价值，在有确凿证据的条件下，在分析中应当将两者结合使用，例如在分析企业存货周转状况时，使用账面价值数据，而在分析发展能力时，使用可变现净值。

（2）存货的周转状况。存货是一项流动资产，判断存货质量高低的一个标准就是观察存货能否在短期内变现，因此存货周转的速度直接关系存货质量。一般而言，存货的周转主要是使用存货周转率和存货周转天数，在分析判断时应当注意：第一，如果企业的销售具有季节性，那么仅仅使用年初或年末存货数据，会得出错误的周转结论，这时应当使用全年各月的平均存货量；第二，注意存货发出计价方法的差异，企业对于相同的存货流转，如果存货发出的计价方法不同，最后得到的期末存货价值一般不相同，但是这种差异与经济实质无关，应当对其进行调整；第三，如果能够得到存货内部构成数据，应当分类别分析周转情况，观察具体是何种存货导致了本期存货周转率的变动，以便分析企业存货周转的未来趋势。

（3）存货的构成。企业的存货类别较多，每种类别的存货对于企业的盈利能力以及自身的周转情况都不相同。对于生产销售多种产品的企业，分析人员应当仔细判断每种产成品的市场状况和盈利能力，每种产品对外界环境变化的敏感程度，哪种产品是企业主要的利润来源，企业是否将较多的资源配置在日后有发展潜力的产品上等。再有，分析企业产品是否在同一产业链上，具有上下游的关系，这种关系能否增加企业存货的销售，降低存货的成本。如果企业存货中的原材料较多，应观察这种情况是企业的正常安排，还是因为预计原材料即将涨价而做的临时储备。如果企业内部产成品构成单一，则可能面临较大的价格风险，但是如果企业在市场上具有垄断性地位，可以控制市场的定价权，则这种价格风险相对不大。

（二）非流动资产分析

1. 长期股权投资

企业的权益性投资可以分为以下几个类别：第一，对投资单位实施控制的权益性投资，即对子公司投资；第二，与其他合营方一同对被投资单位实施共同控的权益性投资，即对合营企业投资；第三，对被投资单位具有重大影响的权益性投资，即对联营企业投资。

长期股权投资中的投资收益因为采用不同的会计核算方法而质量不同。在成本法下，投资收益来自于被投资单位的现金股利；而在权益法下，确认的投资收益一般大于收到的现金股利，造成最后一定的投资收益没有对应的现金流支撑。

应当关注长期股权投资的账面价值与可收回金额的一致性，判断减值准备是否充分，避免虚增资产。

2. 固定资产

固定资产是指同时具有下列特征的有形资产：第一，为生产商品、提供劳务、出租或经营管理而持有的；第二，使用寿命超过 1 个会计年度。包括企业自用的房屋及建筑物、机器设备、运输工具、工具器皿等。固定资产质量分析时，应当注意以下方面：

（1）应当关注固定资产规模的合理性。企业固定资产代表了生产能力的强弱，但是并非固定资产数量越大越好，超量的固定资产占用企业资金，而且不能短期内变现，造成企业转产困难；另外，固定资产的数量与行业之间有很大关系，例如制造企业的固定资产数额一般较大，其中重工业又较轻工业为多，应查看企业固定资产数额是否符合行业水平。

（2）固定资产的结构。企业持有的固定资产并非完全为生产所需，还有相当数量的非生产用固定资产，以及生产中不需用的固定资产。据此可以评价企业固定资产的利用率以及生产用固定资产的比率，如果这两个比率较低，应当降低对固定资产总体质量的评价。

（3）固定资产的折旧政策。固定资产的价值与其技术水平直接相关，具有同样用途的固定资产，如果在技术上有差距，则价值间的差距将非常明显，例如，随着技术的发展，计算机的贬值速度很快。企业对此应当通过加速折旧来使得账面净值接近资产的公允价值。财务分析人员应当分析企业哪些固定资产受技术进步的影响较大，是否应当采用加速折旧，企业折旧的计提是否充分等等。

3. 在建工程

在建工程是企业正在建造过程中的未来将形成自有固定资产的工程，包括固定资产新建工程、改扩建工程等。在建工程的目的是最终成为固定资产，增加企业的生产经营能力，因此保质保量地早日完工对企业具有重大意义，这样可以增加企业效益，降低建造成本。

在建工程的一个特殊会计问题是借款费用资本化，在符合一定条件下，与固定资产建造过程有关的借款费用可以资本化，计入在建工程。企业应当正确区分允许资本化的借款费用范围，以及资本化区间，不符合资本化条件的借款费用应当严格限制其计入在建工程。

4. 无形资产

无形资产是指企业拥有或控制的没有实物形态的可辨认的非货币性资产。无形资产的定义强调可辨认性，即该资产能够从企业中分离出来，并能单独用于出售或转让，而不需要同时处置在同一获利活动中的其他资产。

无形资产因为没有实物形态，且为企业带来经济利益具有很大的不确认性，其确认和计量有其特殊性，使得其账面价值可能高估也可能低估，分析人员应重点关注无形资产计价的合理性与适当性。

此外，在实际分析时，应当注意无形资产与有形资产的结合程度，观察企业是否具有一定的物质条件落实无形资产的价值，产生较好的经济效益。

5. 商誉

商誉是指企业在购买另一个企业时，购买成本大于被购买企业可辨认净资产公允价值的差额。

对于企业报表上列示的商誉，财务分析人员应当仔细分析企业合并时的出价是否合理，对于被合并企业的可辨认净资产公允价值的确认是否恰当，以及商誉价值在未来的可持续性，判断商誉减值准备是否充分等。

三、负债项目分析

负债是指企业过去的交易或者事项形成的、预期会导致经济利益流出企业的现时义务。负债是企业获取资金的一种重要手段，企业举债可以获得杠杆利益，同时也要承担一定的财务风险，如果不能控制好风险，企业可能会陷入财务危机的境地。企业一般会倾向于少披露负债来粉饰财务报表。财务分析人员应当注意企业是否存在未披露的负债，以及企业对各种负债的偿还能力。按照债务的到期时间是否在 1 年或 1 个营业周期内，可以划分为流动负债和长期负债。

（一）流动负债分析

流动负债主要包括短期借款、应付票据、应付账款、预收账款、应付职工薪酬、应交税费、应付股利等。确认流动负债的目的，主要是将其与流动资产进行比较，反映企业的短期偿债能力。

1. 短期借款

短期借款是指企业向银行或其他金融机构等借入的偿还期限在 1 年以下的各种借款。短期借款用于解决企业流动资金匮乏，一般不用于长期资产的资金需求。对于短期借款的偿还，主要的保障是企业的流动资产，财务分析人员应检查企业短期借款的到期期限，如果是即将到期的短期借款，应当以企业变现速度最快的货币资金和交易性金融资产为保障，查验短期借款与可用于偿还的资产数额之间的匹配关系，预测企业的可用于偿债的现金流状况，初步评价企业的短期借款偿还能力。

2. 应付票据

应付票据是指企业采用商业汇票结算方式延期付款购入货物应付的款项。在我国，商业汇票的付款期限最长为 6 个月。财务分析人员应关注应付票据是否带息，企业是否发生过延期支付到期票据的情况，以及企业开具的商业汇票是银行承兑汇票还是商业承兑汇票，如果是后者居多，应当进一步分析企业是否存在信用状况下降和资金匮乏的问题。如果是关联方发生的应付票据，应了解关联方交易的事项、价格、目的等因素，是否存在使用票据方式进行融资的行为。

3. 应付账款

应付账款是指企业在正常的生产经营过程中因购进货物或接受劳务应在 1 年以内偿付的债务。分析人员应关注企业应付账款的发生是否与企业购货之间存在比较稳定的关系，是否存在应付账款发生急剧增加以及付款期限拖延的情况，这种情况的出现可能是企业支付能力恶化的表现。

4. 预收账款

预收账款是指企业在销货之前预先向购买方收取的款项，应在 1 年以内使用产品或劳务来偿还。如果企业能够取得较多的预收账款，可以说明企业的产品比较有竞争力，或者市场需求旺盛，购货方愿意提前垫付资金。对于企业来说，预收账款是一种不需要付息的短期债务，为生产经营提供了资金支持，而且其偿还是非货币性的，相对于货币性流动负债，企业偿付预收账款比较容易，所以预收账款的增加一般是对企业有利的。但是如果大量的预收账款是由关联方交易产生的，则分析人员应当注意这是否是企业之间的一种变相借贷方式，以缓解企业当前的资金紧张状况。所以，预收账款的分析应关注其实质，即是否因为企业产品的旺销所致，否则应当降低其质量。

5. 应付职工薪酬

职工薪酬是指职工在职期间和离职后提供给职工的全部货币性薪酬和非货币性薪酬，既包括提供给职工本人的薪酬，也包括提供给职工配偶、子女或其他被赡养人的福利等。

6. 应交税费

应交税费是指企业在生产经营过程中产生的应向国家缴纳的各种税费，主要包括增值税、消费税、城市维护建设税、教育费附加等。因为税收种类较多，分析人员在分析时应当了解“应交税费”的具体内容，分析其形成原因，观察该项目是否已经包括了企业未来期间应交而未交的所有税费，是否存在实质上已经构成纳税义务，但是企业尚未入账的税费。

（二）非流动负债分析

非流动负债是指偿还期在 1 年以上的债务，与流动负债相比，长期负债具有偿还期限较长、金额较大的特点。企业举借长期负债的目的主要是为了融通生产经营所需的长期资金，因为企业的发展仅仅考自身积累和所有者的投入是远远不够的，长期债务的使用既可以解决企业资金的需求，有可以为企业带来财务杠杆利益，同时还保证了既有股东对企业的控制权。但是非流动负债是硬约束，到期后企业要按合同规定还本付息，而且一般支付的金额较大且偿还期限较长，会在一定程度上形成企业的资金压力，所以分析人员应当关注持有长期负债企业的风险状况和未来现金流出量的现值。

企业长期负债的主要项目有长期借款、应付债券、长期应付款和递延所得税负债。

1. 长期借款

长期借款是企业从银行或其他金融机构借入的期限在 1 年以上的款项。财务分析人员应当关注长期借款的增加是否与企业长期资产的增加相匹配，是否存在将长期借款用于流动资产支出。此外，应观察企业的盈利能力，因为与短期借款不同，长期借款的本金和利息的支付来自于企业盈利，所以盈利能力应与长期借款规模相配比。

2. 应付债券

应付债券是企业为筹集长期资金而实际发行的债券及应付的利息。对于企业发行的债券，分析人员应当关注债券的有关条款，查看该债券的付息方式是到期一次还本付息、分期付息到期还本还是分期还本付息。如果存在溢折价，看企业对于溢折价的摊销和实际利息费用的确认是否准确。再有，应关注债券是否存在可赎回条款，企业是否具有可用于赎回的资金准备。

3. 长期应付款

长期应付款是指企业除长期借款和应付债券以外的各种长期应付款项，包括采用补偿贸易方式下引进国外设备应付的价款、融资租入固定资产的租赁费等。

在财务分析中，应当注意企业融资租赁的固定资产是否已经按照企业最初的意愿形成生产能力，其资产收益率能否超过融资租赁的内含利率，否则将影响长期应付款的偿还。

四、所有者权益项目分析

所有者权益是指企业资产扣除负债后由所有者享有的剩余权益，是资产总额抵减负债总额后的净额，是企业所有者对企业净资产的要求权。所有者权益的确认和计量依赖于资产和负债的确认和计量。通常由股本（或实收资本）、资本公积（含股本溢价或资本溢价、其他资本公积）、其他综合收益、盈余公积和未分配利润等构成。对所有制权益的分析有助于投资者的决策，所以应关注所有者权益的增减变动。

1. 实收资本（股本）

实收资本（股本）分析，是将实收资本与企业的注册资本数额相比较，如果实收资本小于注册资本的数额，说明企业的注册资本存在不到位的现象，应进一步分析其原因，查清注册资本是否可靠，予以高度重视。

实收资本在企业正常经营期间内一般不会发生变动，但在某些情况下，实收资本也可能发生增减变化。具体来讲，实收资本增减变动的主要来源有所有者投入和减少资本、资本公积转增资本（或股本）、盈余公积转增资本（或股本）、对所有者（或股东）的分配等。

当企业采取股票股利的方式向投资者分配股利时，会引起实收资本（或股本）增加，未分配利润减少，但所有者权益总额不变。在分析实收资本增加时，还应注意营业收入和净利润是否相应增加，能否保持或提高每股收益。

2. 资本公积

资本公积本质上属于投入资本范畴，但一般不明确属于某一投资人，而是属于所有投资人的。资本公积作为股东权益的一部分，是企业资本的一种储备形式，它有特定的来源和使用流向。

一般来讲，资本公积变动的来源主要是投资者投入资本溢价（股本溢价），直接计入所有者权益的利得和损失、股份支付计入所有者权益的金额，资本公积主要用来转增资本（或股本）、对所有者分配等。在进行资本公积变动情况分析时，应注意资本公积形成过程的合法性和合规性。

3. 其他综合收益

指企业根据其他会计准则规定未在当期损益中确认的各项利得和损失。企业在计算利润表中的其他综合收益时，应当扣除所得税影响；在计算合并利润表中的其他综合收益时，除了扣除所得税影响以外，还需要分别计算归属于母公司所有者的其他综合收益和归属于少数股东的其他综合收益。这是一个由新会计准则中设定的科目，替代以前“资本公积——其他资本公积”的部分用途。

4. 盈余公积

从性质上讲，在所有资本来源中，盈余公积最为稳定，并且具有无须支付利息、期限长等特点，如果不用来弥补亏损，则可以永久性使用，无到期日，无须还本。因此，对于企业来讲，在盈利后除分配利润外，应尽可能多地提取盈余公积。

影响盈余公积变动的因素有多种，如企业获利水平、提取盈余公积、盈余公积转增资本、盈余公积补亏等业务事项。在进行盈余公积项目分析时，应注意盈余公积的形成是否合法、使用是否合规，盈余公积结存数额的变动情况是否存在异常等。

5. 未分配利润

对未分配利润的分析，主要应注意了解未分配利润的增减变化总数、变动原因及变动趋势，尤其是分析净利润的变动对未分配利润的影响，同时应分析公司的收益分配政策对未分配利润的影响。

五、所有者权益变动表阅读与分析

所有者权益变动表是反映企业一定会计期间所有者权益增减变动情况的报表，是对资产表中所有者权益部分的详尽列示与具体说明，故在此一并介绍。

所有者权益变动表以矩阵的形式列示：一方面，列示导致所有者权益变动的交易或事项，即所有者权益变动的来源，对一定时期所有者权益的变动情况进行全面反映；另一方面，按照所有者权益各组成部分（即实收资本或股本、资本公积、盈余公积、未分配利润和少数股东权益）列示交易或事项对所有者权益各部分的影响如表 2 -2 所示。

表 2－2　　2018 年所有者权益变动表（简表）

编制单位：艾华集团　　2018 年度　　单位：万元

项目	本年金额						
	实收资本或股本	其他权益工具	资本公积	盈余公积	未分配利润	少数股东权益	所有者权益合计
一、上年期末余额	30000.00		92728.83	12938.92	47675.44	3690.51	187033.70
加：会计政策变更							
前期差错更正							
同一控制下企业合并							
其他							
二、本年期初余额	30000.00		92728.83	12938.92	47675.44	3690.51	187033.70
三、本期增减变动金额（减少以“－”号填列）	9000.17	16740.53	－8996.45	2578.50	3290.68	65.91	22679.35
（一）综合收益总额					29869.18	65.91	29935.09
（二）所有者投入和减少资本	0.17	－0.90	3.55				2.83
1. 所有者投入的普通股							
2. 其他权益工具持有者投入资本	0.17	－0.90	3.55				2.83
3. 股份支付计入所有者权益的金额							
4. 其他							
（三）利润分配				2578.50	－26578.50		－24000.00
1. 提取盈余公积				2578.50	－2578.50		
2. 提取一般风险准备							
3. 对所有者（或股东）的分配					－24000.00		－24000.00
4. 其他							
（四）所有者权益内部结转	9000.00		－9000.00				
1. 资本公积转增资本（或股本）	9000.00		－9000.00				

续表

项目	本年金额						
	实收资本或股本	其他权益工具	资本公积	盈余公积	未分配利润	少数股东权益	所有者权益合计
2. 盈余公积转增资本（或股本）							
3. 盈余公积弥补亏损							
4. 设定受益计划变动额结转留存收益							
5. 其他							
（五）专项储备							
（六）其他		16741. 43					16741. 43
四、本期期末余额	39000. 17	16740. 53	83732. 38	15517. 42	50966. 12	3756. 42	209713. 05

通过解读与分析所有者权益变动表，能够全面了解企业一定时期所有者权益变动的情况，不仅包括所有者权益总量的增减变动，还包括所有者权益增减变动的重要结构性信息，特别是反映直接计入所有者权益的利得和损失，从而让报表使用者能够准确理解所有者权益增减变动的根源。所有者权益变动表在一定程度上体现了企业的综合收益，为报表使用者提供了更全面的企业获利能力方面的信息，更广泛和真实地反映了企业的资本质量和经营业绩，有利于报表使用者正确评价企业经营业绩，反映企业股利分配政策及现金支付能力，为投资决策提供更全面的信息。

六、资产负债表结构分析

对资产负债表的初步分析，除了对各报表项目进行逐一阅读分析以外，还应对资产负债表进行总体结构分析，即资产各项目与负债及所有者权益各项目的总体布局及其比重情况。资产与负债及所有者权益的基本关系表现为两个方面：一是总量相等关系；二是资产与负债及所有者权益的结构对应关系，即时间长度上的内在对应关系和风险大小的互补关系。资产负债表的两边是按流动性来确定其排列顺序和结构的，资产的流动性反映了资产的变现速度和耗用时间长度，负债的流动性则表明了偿还的时间长度，这种时间长度上的内在对等关系一般表现为：长期资产需由长期筹资来保证，短期资产需由短期筹资来保证。资产负债表的这种流动性或时间长度结构，隐含着企业财务风险的大小，例如，财务管理上所说的“短贷长投”，意即用短期贷款来解决长期投资的需要，就违背了这种内在对应关系，是一种比较危险的财务结构。

结构分析常用共同比分析法（又称垂直分析法），与水平分析法相对应。水平分析注重的是关键项目不同年份的比较，垂直分析法更注重于报表内部各项目的内在结构分析。它只是对当期利润表或是资产负债表等做纵向分析：利润表中的所有项目用营业收入的百分率表示，资产负债表中的项目则用资产总额的百分率表示。

资产负债表共同比就是指资产负债表中各项目金额之间的相互关系，资产负债表共同比分析就是对这种关系进行分析，从而对企业整体财务状况做出判断。观察各个项目相对于总体的比例或比重，观察企业各项资产与负债、所有者权益在结构上是否匹配；通过负债和股东权益的构成比例，分析资本结构的合理性。

【例2－1】根据前面表2－1所示的资产负债表，对艾华集团进行资产负债表共同比分析。

步骤1、计算资产负债表各项目共同比比率：

根据艾华集团2017～2018年资产负债表数据，计算共同比资产负债表见表2－3。

表2－3　艾华集团共同比资产负债表

项目	2018年	2017年	变动额
流动资产：			
货币资金	7.09%	24.75%	－17.66%
应收票据	1.01%	0.34%	0.67%
应收账款	17.88%	22.91%	－5.03%
预付款项	0.52%	0.95%	－0.44%
其他应收款	0.34%	0.24%	0.09%
存货	13.15%	13.07%	0.08%
一年内到期的非流动资产	0.00%	0.14%	－0.14%
其他流动资产	29.68%	2.68%	27.00%
流动资产合计	69.66%	65.10%	4.57%
非流动资产：			
可供出售金融资产	0.13%	0.18%	－0.05%
长期应收款	0.00%	0.10%	－0.10%
长期股权投资	0.21%	0.25%	－0.05%
固定资产	23.82%	27.17%	－3.35%

续表

项目	2018 年	2017 年	变动额
在建工程	4.17%	4.50%	-0.33%
无形资产	0.74%	1.08%	-0.34%
长期待摊费用	0.26%	0.11%	0.15%
递延所得税资产	0.02%	0.01%	0.01%
其他非流动资产	1.00%	1.51%	-0.51%
非流动资产合计	30.34%	34.90%	-4.57%
资产总计	100.00%	100.00%	-
流动负债：			
衍生金融负债	0.00%	3.30%	-3.30%
应付票据及应付账款	18.49%	13.59%	4.90%
预收款项	0.20%	0.33%	-0.13%
应付职工薪酬	0.85%	0.99%	-0.14%
应交税费	0.41%	0.56%	-0.15%
其他应付款	0.11%	0.25%	-0.13%
其中：应付利息	0.05%	0.00%	0.05%
流动负债合计	20.06%	19.02%	1.04%
非流动负债：			
长期借款	0.00%	0.00%	0.00%
应付债券	16.13%	0.00%	16.13%
递延收益	0.52%	0.74%	-0.22%
非流动负债合计	16.65%	0.74%	15.91%
负债合计	36.71%	19.77%	16.95%
所有者权益：			
实收资本（或股本）	11.77%	12.87%	-1.10%
其他权益工具	5.05%	0.00%	5.05%
资本公积	25.27%	39.78%	-14.51%
盈余公积	4.68%	5.55%	-0.87%
未分配利润	15.38%	20.45%	-5.07%
归属于母公司所有者权益合计	62.15%	78.65%	-16.50%
少数股东权益	1.13%	1.58%	-0.45%
所有者权益合计	63.29%	80.23%	-16.95%
负债和所有者权益总计	100.00%	100.00%	-

步骤2、分析资产负债表项目：

通过对表2-3企业资产负债表各项目的共同比数据仔细分析可以发现，艾华集团2018年的资产分布及负债比例存在以下特点：

（1）企业流动资产比重过大，公司流动资产合计占资产总计的比率由2017年的63.67%上升到2018年的69.66%。流动资产比重较高会占用大量资金，降低流动资产周转率，影响企业的资金利用效率。非流动资产比率过低可能影响企业的长期获利能力，从而影响企业未来的发展。

（2）货币资金较2017年有明显下降，从报表中分析可以发现货币资金流向了其他流动资产，货币资金占资产总额比率有所下降，流动资产结构更合理。过高的资金持有量会浪费企业的投资机会，大量的资金并未投入到能为带来企业长期收益的项目中去，相对于同行业来看，企业的开发支出明显偏少。

（3）应收账款占资产总额比率有所下降，但依然维持在高位。较高的应收账款比说明较为宽松的信用政策，有利于企业产品的销售，减少企业存货，增强企业存货变现能力，但也增加应收账款周转期，降低应收账款的周转速度，增大坏账的可能性。

（4）固定资产占总资产比率较2017年有所降低，但与同行业相比仍属于比较理想的水平，说明企业固定资产投资适当，与企业当前的收入规模与发展速度匹配。固定资产是决定企业生产能力的主要因素之一，为了满足市场对企业产品的要求，提高企业的市场竞争力，企业必须不断更新固定资产，增加必要的固定资产投资，以便使用先进的技术装备企业，为提高产品质量和劳动生产率创造条件。

（5）企业的无形资产占比较低，在同行业中属于较后的位置。在创新驱动的现代企业发展模式下，企业的无形资产不再是商品开发的附属商品，而是在企业居主导地位，代表企业的核心竞争力。艾华集团的无形资产在总资产中占比较低，而企业的开发支出更是远低于同行业。企业应加大研发力度，增加企业的无形资产比重，增加企业核心竞争力。

（6）资产负债率由2017年的20%以下提高到2018年的36.71%，企业长期负债大幅增加，资本结构有明显改变，相对以前筹资渠道单一、有息负债为零的状况，2018年资本结构更加合理，预期能合理运用财务杠杆效应，增加股东财富。与同行业相比，企业长、短期偿债能力依然很强。

任务二　利润表阅读与初步分析

知识准备

一、利润表的结构与特征

利润表也称为损益表，是表示企业在一定期间内经营成果的主要会计报表。通过利润表，可以了解企业利润的构成，可以分析企业盈利能力的强弱，可以分析企业发展能力的高低，可以预测企业的发展趋势。

利润表正表的格式一般有两种：单步式利润表和多步式利润表。单步式利润表是将当期所有的收入列在一起然后将所有的费用列在一起两者相减得出当期净损益。多步式利润表是通过对当期的收入、费用、支出项目按性质加以归类，按利润形成的主要环节列示一些中间性利润指标，如营业利润、利润总额、净利润，分步计算当期净损益。在我国，利润表采用多步式，如表 2－4 所示：

表 2－4　　利润表

编制单位：义华集团　　2018 年度　　单位：元

项目	本期发生额	上期发生额
一、营业总收入	2165573917.78	1792502985.37
其中：营业收入	2165573917.78	1792502985.37
二、营业总成本	1854474537.90	1481381656.08
其中：营业成本	1508611535.25	1185155379.29
税金及附加	15622068.02	15484402.79
销售费用	133966769.27	118562460.25
管理费用	89374950.43	74073025.94
研发费用	82699722.35	70911242.43
财务费用	14052340.93	6818862.67
资产减值损失	10147151.65	10376282.71
加：公允价值变动收益（损失以“－”号填列）		
投资收益（损失以“－”号填列）	23094946.10	22187498.86

续表

项目	本期发生额	上期发生额
其中：对联营企业和合营企业的投资收益	-82910.33	-92663.72
资产处置收益（损失以“-”号填列）	88770.87	-142003.56
汇兑收益（损失以“-”号填列）		
其他收益	4137538.00	3771600.00
三、营业利润（亏损以“-”号填列）	338420634.85	336938424.59
加：营业外收入	17225253.46	14473322.46
减：营业外支出	4320071.96	9377524.91
四、利润总额（亏损总额以“-”号填列）	351325816.35	342034222.14
减：所得税费用	51974913.31	49514809.79
五、净利润（净亏损以“-”号填列）	299350903.04	292519412.35
1. 少数股东损益	659136.34	745322.39
2. 归属于母公司股东的净利润	298691766.70	291774089.96
六、其他综合收益的税后净额		
七、综合收益总额	299350903.04	292519412.35
归属于母公司所有者的综合收益总额	298691766.70	291774089.96
归属于少数股东的综合收益总额	659136.34	745322.39
八、每股收益：		
（一）基本每股收益（元/股）	0.77	0.75
（二）稀释每股收益（元/股）	0.77	0.75

二、利润表项目分析

（一）营业收入

企业营业收入是指企业在从事销售商品、提供劳务和让渡资产使用权等日常经营过程中取得收入，分为主营业务收入和其他业务收入两部分。

营业收入是企业创造利润的核心，最具有未来的可持续性，如果企业的利润总额绝大部分来源于营业收入，则企业的利润质量较高。

在分析营业收入时，需要注意分析营业收入的品种构成、区域构成，并要关注营业收入中来自关联方的比重。关联方交易虽然不是非法交易，但是其交易价格很可能是非公允的，是为了实现企业所在集团的整体利益。因此这种收入并不一定真实，分析人员应当考虑将其单列，或者对其按照公允价值进行调整，如果难以调整的，可以直接从企业收入中剔除出去。

（二）营业成本

营业成本是指与营业收入相关的，已经确定了归属期和归属对象的成本。与营业收入相对应，营业成本也分为主营业务成本和其他业务成本两部分。对营业成本的解读有助于观察企业成本控制的能力和成本的变动趋势，并且与营运收入进行配比后可得出企业营业利润的情况。但是由于企业不对外公布成本的构成和计算方法，所以外部分析人员较难做出准确的成本分析。

（三）营业税费

营业税费主要是指企业负担的各项税金及附加，主要包括消费税、资源税、城市维护建设税和教育费附加等。一般企业的营业税费金额与营业收入相匹配，同时因为金额相对较小，所以不是分析的重点。

（四）销售费用

销售费用是指企业在销售过程中发生的各项费用以及专设销售机构的各项经费，包括应由企业负担的运输费、装卸费、包装费、保险费、广告费、展览费和售后服务费以及销售部门人员薪酬、差旅费、办公费、折旧费、修理费和其他经费等。销售费用作为一种期间费用，与本期营业收入有较强的相关关系，产生的影响也仅止于本期，所以从本期收入中全额扣除。

对于销售费用的分析，应当注意其支出数额与本期收入之间是否匹配，如果不匹配，应当关注相关原因。从销售费用的作用上看，一味地降低企业销售费用，减少相关开支，从长远的观点并不一定有利，所以在对销售费用的分析上，不应简单看其数额的增减。第一，如果销售费用有较大的增长，应观察增长的内容是什么，如果是企业广告大额支出，应对其作用期间进行判断。根据我国会计准则的规定，企业广告费在发生时全额计入当期损益，但是对于一些数额巨大的广告支出，可能给企业带来的影响会在本期之后还将存在，对于此种大额的广告费支出，分析人员应当仔细判断对市场的影响和该广告的效果；第二，企业如果在新地域和新产品上投入较多的销售费用，如在新地域设立销售机构和销售人员的支出等，这些新的支出不一定在本期就能增加销售收入，分析人员对此也应当慎重分析，以判定其对今后期间收入增加的效应。

（五）管理费用

管理费用是指企业行政管理部门为组织和管理经营活动而发生的各项费用，包括公司经费、工会经费、职工教育经费、劳动保护费、待业保险费、董事会费、咨询费、审计费、诉讼费、排污费、绿化费、房产税、车船使用税、土地使用税、印花税、技术转让费、技术开发费、无形资产摊销、业务招待费等。

企业管理费的项目比较庞杂，对其进行分析的难度较大，如果能够取得管理费用的明细项目将对分析其质量有较大帮助。总体而言，管理费用的支出水平与企业规模相关，对管理费用有效的控制可以体现企业管理效率的提高，但是有些项目的控制或减少对企业长远发展是不利的，如企业研发费、职工教育经费等的下降会限制企业今后的发展，如果企业本期资金充裕，将不会减少此类支出，如果本期发生这些项目的支出下降，分析人员应关注企业是否本期面临资金紧张的问题。此外，因为管理费用多数项目属于固定性费用，与企业营业收入在一定范围和期间内没有很强的相关性，因此一方面分析不能仅仅依据营业收入的一定比率来判定管理费用的支出效率；另一方面也说明企业提高管理效率的最优途径就是增加收入，使得一定数额的管理费用支持更大的营业规模。再有，如果财务分析人员能够获得企业内部财务预算，通过与预算数的对比，可以更容易地得到企业管理费用的质量状况。

（六）财务费用

财务费用是指企业在筹集资金过程中发生的各项费用，包括生产经营期间发生的不应计入固定资产价值的利息费用（减利息收入）、金融机构手续费、汇兑损失（减汇兑收益）以及其他财务费用。财务费用的发生主要与以下几个业务内容直接相关：第一，与企业借款融资相关；第二，与企业购销业务中的现金折扣相关；第三，与企业外币业务汇兑损益相关。

对财务费用进行质量分析应当细分内部结构，观察企业财务费用的主要来源。首先应将财务费用的分析与企业资本结构的分析相结合，观察财务费用的变动是源于企业短期借款还是长期借款，同时对于借款费用中应当予以资本化的部分是否已经资本化，或者借款费用中应当计入财务费用的是否企业对其进行了资本化。其次，应关注购销业务中发生的现金折扣情况，关注企业应当取得的购货现金折扣是否都已经取得，若是存在大量没有取得的现金折扣，应怀疑企业现金流是否紧张。再有，如果企业存在外币业务，应关注汇率对企业业务的影响，观察企业对外币资产和债务的管理能力。

（七）资产减值损失

资产减值损失核算企业依据企业会计准则计提的各项资产减值准备所形成的损失。

分析人员应当关注报表附注中的企业资产减值明细表，明确其构成，评价每项资产减值准备的计提是否充分，是否存在企业计提不足或过度计提的状况，并且与历史资产减值状况对比，观察减值准备的异常变化，企业是否运用资产减值来调节利润。

（八）公允价值变动净损益

以公允价值变动计量的主要资产包括以公允价值计量且其变动计入当期损益的金融资产和金融负债，以及以公允价值模式计量的交易性房地产等。主要衡量的是这些资产在存续期间内没有实现的价值变动，但应当注意的是，当这些会计项目在日后出售时，应当将其前期出现的公允价值变动损益转入投资收益，即将未实现的价值变动转为已实现的部分，鉴于此，出现正值并不表明企业当期一定获得的未实现的投资收益，反之为负值也并不表明出现的是未实现的投资损失。

分析人员在分析公允价值内容时，关键是注意企业获取的相关资产的公允价值是否合理，是否将不适合使用公允价值计量的资产或负债划分为此类，企业在出售相关资产或偿付相关负债后，前期发生的公允价值变动损益是否计入了投资收益。

（九）投资净收益

投资净收益是投资收益与投资损失的差额。投资收益是指企业从事各项对外投资活动取得的收益（各项投资业务取得的收入大于其成本的差额）；投资损失是指企业从事各项对外投资活动发生的损失（各项投资业务取得的收入小于其成本的差额之和）。投资收益大于投资损失的差额为投资净收益，反之为投资净损失。能产生投资收益的会计事项比产生公允价值变动损益的会计事项要多，包括企业所有类型的投资业务产生的已实现收益均在其中反映，包括企业实物投资以及持有的各种金融工具等导致的损益。分析人员在分析该项目时应当与公允价值变动损益的分析相结合。

应当注意的是，企业对外投资一般基于以下两个目的：第一是利用企业自身的闲置资金取得暂时性收益，例如企业买卖具有良好流动性的国债、股票、基金等，第二是出于自身战略发展的要求，希望投资控制一些有利于企业长远发展的资源，分析人员应确定企业投资的目的。鉴于投资收益不属于企业的主营业务收入，除了一些主要的投资公司之外，企业不应动用正常生产经营的资金进行投资。同时，企业投资收益（尤其是对一些短期项目的投资）一般不具有可持续性，即使当期企业获得了金额较大的投资收益，也不能对其评价过高。

（十）营业外收支

营业外收支包括营业外收入与营业外支出，是企业偶发性的利得和损失，一般情况下发生的金额较小，对企业利润的影响也较弱。如果某个期间企业的相关金额较大，分析人员应关注发生的原因。其次，鉴于该项目内容在未来没有持续性，所以在分析利润状况时应当从利润总额中将营业外收支项目剔除。

（十一）所得税

所得税是企业的一项费用，包括当期所得税和递延所得税。当期所得税是指按照税法规定计算的当期应交所得税，递延所得税则是在当期发生但是在以后期间缴纳，或者在当期缴纳但是可以在以后抵扣的递延所得税负债或递延所得税资产。一般来说，企业的所得税费用与利润总额总会保持相对的比例关系，变化不大，所以不是分析的重点。

三、利润表结构分析

对利润表的初步分析，除了以上对利润表项目进行逐一阅读分析以外，还需要对利润表的结构进行分析。企业利润的质量可以从两个方面进行分析：第一，从利润结果来看，因为权责发生制的关系，所以企业利润与现金流量并不同步，而没有现金支撑的利润质量较差。这一方面，可以结合资产负债表和现金流量表来分析（该内容在本书项目五“现金流量与收益质量分析”部分有详细介绍，此处不再赘述）；第二，从利润形成的过程来看，企业利润的来源有多种，包括主营业务、其他业务、投资收益、营业外收支和资产价值变动损益等，不同来源的利润在未来的可持续性不同，只有企业利润主要来自于那些未来持续性较强的经济业务时，利润的质量才比较高。这一方面，可以通过利润表的结构来分析。

利润表共同比，是指将利润表中的每个项目与一个共同项目（一般是营业收入）相比，通过每年的共同比报表中的比率数据，形成比较共同比利润表，从而可以利用利润表共同比分析来揭示利润的结构以及各年间的变动情况、变动原因。通过计算各因素或各种财务成果在营业收入中所占的比重，分析说明财务成果的构成及其增减变动的合理程度。

任务实施

【例 2－2】根据前面表 2－4 所示的利润表，对艾华集团进行利润表结构分析。

步骤 1、计算利润表各项目共同比比率：

根据艾华集团 2017～2018 年利润表数据，计算共同比利润表如下表 2－5 所示。

表 2－5　　艾华集团共同比利润表

项目	2018 年	2017 年	变动额
一、营业总收入	100.00%	100.00%	－
其中：营业收入	100.00%	100.00%	－
二、营业总成本	85.63%	82.64%	2.99%
其中：营业成本	69.66%	66.12%	3.55%
税金及附加	0.72%	0.86%	－0.14%
销售费用	6.19%	6.61%	－0.43%
管理费用	4.13%	4.13%	－0.01%

续表

项目	2018 年	2017 年	变动额
研发费用	3.82%	3.96%	-0.14%
财务费用	0.65%	0.38%	0.27%
资产减值损失	0.47%	0.58%	-0.11%
加：公允价值变动收益（损失以“-”号填列）			
投资收益（损失以“-”号填列）	1.07%	1.24%	-0.17%
其中：对联营企业和合营企业的投资收益	0.00%	-0.01%	0.00%
资产处置收益（损失以“-”号填列）	0.00%	-0.01%	0.01%
汇兑收益（损失以“-”号填列）			
其他收益	0.19%	0.21%	-0.02%
三、营业利润（亏损以“-”号填列）	15.63%	18.80%	-3.17%
加：营业外收入	0.80%	0.81%	-0.01%
减：营业外支出	0.20%	0.52%	-0.32%
四、利润总额（亏损总额以“-”号填列）	16.22%	19.08%	-2.86%
减：所得税费用	2.40%	2.76%	-0.36%
五、净利润（净亏损以“-”号填列）	13.82%	16.32%	-2.50%
1. 少数股东损益	0.03%	0.04%	-0.01%
2. 归属于母公司股东的净利润	13.79%	16.28%	-2.48%
六、其他综合收益的税后净额			
七、综合收益总额	13.82%	16.32%	-2.50%

同时计算公司利润总额构成如表 2-6 所示。

表 2-6　　艾华集团利润总额构成表

年度	2018 年	2017 年	变动额
主营业务利润	88.55%	90.96%	-2.41%
投资收益	6.57%	6.49%	0.09%
资产处置收益	0.03%	-0.04%	0.07%
其他收入	1.18%	1.10%	0.07%
营业外收支净额	3.67%	1.49%	2.18%
利润总额	100.00%	100.00%	-

注：上表中，利润总额 = 主营业务利润 + 投资收益 + 资产处置收益 + 其他收益 + 营业收支净额。

步骤 2、对利润表各项目进行分析：

（1）根据表 2-5 分析可知，艾华集团的各项收入支出项目的比重都比较稳定，通过表 2－6 可以看出企业利润主要来自主营业务利润，投资收益对利润的贡献也有所增长。

（2）营业外收支在利润总额中所占比重相较 2017 年有所上升，但总的来说，其变动对于利润总额的贡献并不大，说明企业利润来源主要是营业利润，营业收入完全能够弥补营业成本和各项支出，因而艾华集团的盈利质量比较有保障，主营业务盈利比较稳定。

（3）2018 年营业成本有小幅上升，营业成本率由 2017 年的 66% 上升到 2018 年的 70%。期间费用在营业收入中的占比不大，合计在 15% 左右。2018 年营业利润、利润总额和净利润所占比例呈下降趋势，说明利润率有所降低，企业成本攀高，毛利空间在缩小，盈利能力有所减弱。期间费用比率虽然不高，但也有逐年上升的趋势，说明费用增长幅度大于营业收入的增长幅度，应注意控制费用，正是这些因素造成了营业利润率逐年下降。

任务三　现金流量表阅读与分析

知识准备

一、现金流量表的结构与特征

现金流量表是指反映企业在一定会计期间现金和现金等价物流入和流出的报表。在日益崇尚“现金至尊”的企业理财中，阅读与分析现金流量表是非常重要的。通过现金流量表，可以了解企业的偿债能力、支付能力和对外筹资能力，可以分析收益质量及影响现金净流量的因素，可以预测企业未来的现金流量。

现金流量表是以现金为基础编制的，其中的现金包括库存现金、银行存款、其他货币资金和现金等价物。根据企业业务活动的性质和现金流量的来源，现金流量表将企业一定期间产生的现金流量分为三类：经营活动现金流量、投资活动现金流量和筹资活动现金流量。经营活动是指企业投资活动和筹资活动以外的所有交易和事项。投资活动是指企业长期资产的购建和不包括在现金等价物范围内的投资及其处置活动。筹资活动是指导致企业资本及债务规模和构成发生变化的活动。

现金流量表应当分别按经营活动、投资活动和筹资活动列报现金流量，其中，列报经营活动现金流量的方法有两种：一是直接法，二是间接法。所谓直接法是指按现金收入和现金支出的主要类别直接反映企业经营活动产生的现金流量，在直接法下，一般是以流量表中的营业收入为起点，调节与经营活动有关的项目的增减变动，然后计算出经营活动产生的现金流量。所谓间接法，是指以净利润为起点，调整不涉及现金的收入、费用、营业外收支等项目，剔除投资活动、筹资活动对现金流量的影响，据此计算出经营活动产生的现金流量。两种方法得到的经营活动现金净流量应当相等。采用直接法编制的现金流量表，便于分析企业经营活动产生的现金流量的来源和用途，预测企业现金流量的未来前景。采用间接法编制现金流量表，便于将净利润与经营活动产生的现金流量净额进行比较，了解净利润与经营活动产生的现金流量差异的原因，从现金流量的角度分析净利润的质量。现金流量表正表如表 2－7 所示。

表 2－7　　　　现金流量表

编制单位：艾华集团　　　　2018 年度　　　　单位：元

项目	上期发生额	本期发生额
一、经营活动产生的现金流量：		
销售商品、提供劳务收到的现金	2015649955. 14	1291802008. 15
客户存款和同业存放款项净增加额		
向中央银行借款净增加额		
向其他金融机构拆入资金净增加额		
收到原保险合同保费取得的现金		
收到再保险业务现金净额		
保户储金及投资款净增加额		
处置以公允价值计量且其变动计入当期损益的金融资产净增加额		
收取利息、手续费及佣金的现金		
拆入资金净增加额		
回购业务资金净增加额		
收到的税费返还	20127677. 14	20910178. 66
收到其他与经营活动有关的现金	11833778. 58	17199370. 05
经营活动现金流入小计	2047611410. 86	1329911556. 86
购买商品、接受劳务支付的现金	1333172973. 55	508833069. 95
客户贷款及垫款净增加额		
存放中央银行和同业款项净增加额		

续表

项目	上期发生额	本期发生额
支付原保险合同赔付款项的现金		
支付利息、手续费及佣金的现金		
支付保单红利的现金		
支付给职工以及为职工支付的现金	260935547.50	317787320.76
支付的各项税费	139750360.51	105639151.32
支付其他与经营活动有关的现金	143560877.57	167190324.03
经营活动现金流出小计	1877419759.13	1099449866.06
经营活动产生的现金流量净额	170191651.73	230461690.80
二、投资活动产生的现金流量：		
收回投资收到的现金		
取得投资收益收到的现金	22280162.58	23177856.43
处置固定资产、无形资产和其他长期资产收回的现金净额	7534988.13	6273352.75
处置子公司及其他营业单位收到的现金净额		
收到其他与投资活动有关的现金	993336900.00	1666011200.00
投资活动现金流入小计	1023152050.71	1695462409.18
购建固定资产、无形资产和其他长期资产支付的现金	210960050.32	134734072.26
投资支付的现金	1047713.00	5080000.00
质押贷款净增加额		
取得子公司及其他营业单位支付的现金净额		
支付其他与投资活动有关的现金	307300000.00	2556961200.00
投资活动现金流出小计	519307763.32	2696775272.26
投资活动产生的现金流量净额	503844287.39	-1001312863.08
三、筹资活动产生的现金流量：		
吸收投资收到的现金		
发行债券收到的现金		678562000.00
收到其他与筹资活动有关的现金		
筹资活动现金流入小计		678562000.00
偿还债务支付的现金		
分配股利、利润或偿付利息支付的现金	236647235.97	243894161.29
其中：子公司支付给少数股东的股利、利润		
支付其他与筹资活动有关的现金		
筹资活动现金流出小计	236647235.97	243894161.29
筹资活动产生的现金流量净额	-236647235.97	434667838.71
四、汇率变动对现金及现金等价物的影响	-7490634.86	-5926927.43

续表

项目	上期发生额	本期发生额
五、现金及现金等价物净增加额	429898068.29	－342110261.00
加：期初现金及现金等价物余额	147071339.68	576969407.97
六、期末现金及现金等价物余额	576969407.97	234859146.97

编制现金流量表的目的是为会计信息使用者提供企业一定会计期间内现金和现金等价物流入和流出的信息，以便于会计信息使用者了解和评价企业获取现金和现金等价物的能力，并据以预测企业未来期间的现金流量。通过现金流量表，会计信息使用者可以评估企业以下几个方面的能力：第一，企业在未来会计期间产生净现金流量的能力；第二，企业偿还债务及支付企业所有者的投资报酬的能力；第三，企业的利润与经营活动所产生的净现金流量发生差异的原因；第四，会计年度内影响或不影响现金的投资活动和筹资活动。

二、现金流量表项目分析

（一）经营活动现金流量项目分析

1. “销售商品、提供劳务收到的现金”

本项目反映企业本期销售商品、提供劳务收到的现金，以及前期销售商品、提供劳务本期收到的现金（包括销售收入和应向购买者收取的增值税销项税额）和本期预收的款项，减去本期销售本期退回的商品和前期销售本期退回的商品支付的现金。企业销售材料和代购代销业务收到的现金，也在本项目反映。

本项目应当是企业现金产生的源泉，其数额不仅取决于当期销售商品、提供劳务取得的收入数额，还取决于企业的信用政策，这两个因素在未来期间都具有很强的持续性，分析人员应重点关注本项目。

2. “收到的税费返还”

本项目反映企业收到返还的增值税、营业税、所得税、消费税、关税和教育费附加返还款等各种税费。该项目体现了企业在税收方面享受政策优惠所获得的已缴税金的回流金额，财务分析人员应当关注企业享受的税收优惠在未来是否可持续，以及哪些项目享受优惠。

3. “收到其他与经营活动有关的现金”

本项目反映企业收到的罚款收入、经营租赁收到的租金等其他与经营活动有关的现金流入，金额较大的应当单独列示。该部分内容往往具有一定的偶然性，在分析时不应过多关注，如果该项目金额较大，还应观察剔除该项目后企业经营活动净现金流量的情况。

4. “购买商品、接受劳务支付的现金”

本项目反映企业本期购买商品、接受劳务实际支付的现金（包括增值税进项税额），以及本期支付前期购买商品、接受劳务的未付款项和本期预付款项，减去本期发生的购货退回收到的现金。本项目是企业正常生产经营活动中支付现金的主要部分，在未来的持续性较强，分析人员应关注企业该项目的金额和变动。

5. “支付给职工以及为职工支付的现金”

本项目反映企业本期实际支付给职工的工资、奖金、各种津贴和补贴等职工薪酬，但是应由在建工程、无形资产负担的职工薪酬以及支付的离退休人员的职工薪酬除外。分析人员应关注项目内容，企业是否将不应纳入其中的部分计算在内，同时该项目也可以在一定程度上反映企业生产经营规模的变化。

6. “支付的各项税费”

本项目反映企业本期发生并支付的、本期支付以前各期发生的以及预交的增值税、企业所得税、消费税、城市维护建设税、教育费附加、矿产资源补偿费、印花税、房产税、土地增值税、车船税等税费，计入固定资产价值、实际支付的耕地占用税、本期退回的增值税、所得税等除外。通过该项目，分析人员可以得到企业真实的税负状况。

7. “支付的其他与经营活动有关的现金”

本项目反映企业支付的罚款支出、差旅费、业务招待费、保险费、经营租赁支付的现金等其他与经营活动有关的现金流出，金额较大的应当单独列示。

（二）投资活动现金流量项目分析

1. “收回投资收到的现金”

本项目反映企业出售、转让或到期收回除现金等价物以外的交易性金融资产、长期股权投资而收到的现金，以及收回持有至到期投资本金而收到的现金，但持有至到期投资收回的利息除外。分析人员应当注意企业是否将原本划分为持有至到期的投资在其未到期之前出售，如果存在此种情况，应注意企业是否存在现金流量吃紧的问题。此外如果企业处置了长期股权投资，应确定处置的意图是什么，是因为被投资企业的收益下滑，还是因为企业调整了未来期间的战略。

2. “取得投资收益收到的现金”

本项目反映企业因股权性投资而分得的现金股利，从子公司、联营企业或合营企业分回利润而收到的现金，以及因债权性投资而取得的现金利息收入，但股票股利除外。

3. “处置固定资产、无形资产和其他长期资产收回的现金净额”

本项目反映企业出售、报废固定资产、无形资产和其他长期资产所取得的现金，包括因资产毁损而收到的保险赔偿收入，减去为处置这些资产而支付的有关费用后的净额，但现金净额为负数的除外。虽然本项目一般是偶发事件，在未来不具有可持续性，但是分析人员应关注本项目，关注的主要内容是企业处置这些长期资产的目的，以及这些资产在企业总体经营活动中的地位和作用。如果企业处置的是正在使用的固定资产或无形资产，应确定企业是因为调整未来经营方向，缩减当前经营规模，准备转产，还是因为企业当前遇到了现金流危机，需要变现部分长期资产来应急，如果是后者，应引起分析人员的高度警惕。

4. “处置子公司及其他营业单位收到的现金净额”

本项目反映企业处置子公司及其他营业本位所取得的现金减去相关处置费用后的净额。同样，分析人员应关注企业处置子公司的目的，并确定这种行为对企业的长远影响。

5. “购建固定资产、无形资产和其他长期资产支付的现金”

本项目反映企业购买、建造固定资产、取得无形资产和其他长期资产所支付的现金及增值税款、支付的应由在建工程和无形资产负担的职工薪酬现金支出，但为购建固定资产而发生的借款利息资本化部分、融资租入固定资产所支付的租赁费除外。该项目金额的增大表示企业对经营规模或者经营方向进行了调整，这对企业未来期间的利润和经营现金流量都会造成影响。应注意，不同经营周期的企业在该项目上发生的金额也不同，一般处于初创期和成长期的企业投资较多，本项目发生金额较大，而在衰退期的企业很少投资，甚至会卖出长期资产，降低经营规模。

6. “投资支付的现金”

本项目反映企业取得的除现金等价物以外的权益性投资和债权性投资所支付的现金以及支付的佣金、手续费等附加费用。分析人员应当关注企业在本部分的支出金额是否来自于闲置资金，是否存在挪用主营业务资金进行投资的行为。

7. “取得子公司及其他营业单位支付的现金净额”

本项目反映企业购买子公司及其他营业单位出价中以现金支付的部分，减去子公司或其他营业单位持有的现金和现金等价物后的净额。

（三）筹资活动现金流量项目分析

1. “吸收投资收到的现金”

本项目反映企业以发行股票、债券等方式筹集资金实际收到的款项，减去直接支付给金融企业的佣金、手续费、宣传费、咨询费、印刷费等发行费用后的净额。该项

目增加的现金流可以增加企业的信用能力，并有利于企业长期发展。

2. “取得借款收到的现金”

反映企业举借各种短期、长期借款而收到的现金。

3. “偿还债务支付的现金”

反映企业以现金偿还债务的本金。该项目与“取得借款收到的现金”结合起来，可以观察企业债务使用的方法，例如是否存在借新债还旧债，并由此使用短期资金用于长期投资的行为。同时结合企业经营活动现金流量，可以观察企业日常经营所需流动资金是自己创造，还是一直靠借款维持，如果是后者，则这样借入的现金质量不高。

4. “分配股利、利润或偿付利息支付的现金”

反映企业实际支付的现金股利、支付给其他投资单位的利润或用现金支付的借款利息、债券利息。

5. “收到其他与筹资活动有关的现金”“支付其他与筹资活动有关的现金”

反映企业除上述四个项目外，收到或支付的其他与筹资活动有关的现金流入或流出，包括以发行股票、债券等方式筹集资金而由企业直接支付的审计和咨询等费用、为购建固定资产而发生的借款利息资本化部分、融资租入固定资产所支付的租赁费、以分期付款方式购建固定资产以后各期支付的现金等。

三、现金流量表结构分析

现金流量表结构分析是指在现金流量表有关数据的基础上，编制现金流量表结构分析表来分析企业现金流入、流出的构成以及现金余额的形成过程。分析人员通过现金流量表的构成可以了解现金流入流出对净现金流量的影响，掌握企业现金流量的变动规律、变动趋势、公司经营周期所处的阶段及异常变化等情况。

更多有关艾华公司现金流量表结构分析的内容，参见本书项目五“现金流量与收益质量分析”。

【例 2-3】远大公司 2017 年和 2018 年度现金流量资料如下表 2-8 所示。

表 2-8　　远大公司现金流量表　　单位：万元

项目	2018 年	2017 年
一、经营活动产生的现金流量		
销售商品、提供劳务收到的现金	1240	1039
收到的税费返还	33	20
收到的其他与经营活动有关的现金	59	70
现金流入小计	1332	1129
购买商品、接受劳务支付的现金	985	854
支付给职工以及为职工支付的现金	60	63
支付的各项税费	143	159
支付的其他与经营活动有关的现金	109	202
现金流出小计	1297	1278
经营活动产生的现金流量净额	35	-149
二、投资活动产生的现金流量		
收回投资所收到的现金	205	260
取得投资收益所收到的现金	37	30
处置固定资产、无形资产和其他长期资产而收到的现金净额	0	0
收到的其他与投资活动有关的现金	0	0
现金流入小计	242	290
购建固定资产、无形资产和其他长期资产所支付的现金	155	175
投资所支付的现金	104	200
支付的其他与投资活动有关的现金	0	0
现金流出小计	259	375
投资活动产生的现金流量净额	-17	-85
三、筹资产活动产生的现金流量：		
吸收投资所收到的现金	150	177
借款所收到的现金	165	263
收到的其他与投资活动有关的现金	0	0
现金流入小计	315	440
偿还债务所支付的现金	175	325
分配股利、利润或偿付利息所支付的现金	27	25
支付的其他与筹资活动有关的现金	0	0
现金流出小计	202	350
筹资活动产生的现金流量净额	113	90
四、汇率变动对现金的影响额	0	0
五、现金及现金等价物净增加额	131	-144

根据上表的资料对现金流量表进行垂直结构分析。

步骤1、对现金流入量进行垂直结构分析：

表2-9 现金流入量结构分析表

单位：万元

项目	2018年结构		2017年结构	
经营活动产生的现金流入	1332	70.51%	1297	73.78%
投资活动产生的现金流入	242	12.81%	259	14.73%
筹资活动产生的现金流入	315	16.68%	202	11.49%
现金流入小计	1889	100%	1758	100%

从上表可以看出，无论是2017年，还是2018年，在全部现金流入量中，经营活动所产生的现金流入都是最主要的，占据70%以上。2018年，筹资活动产生的现金流入比重增加，投资活动产生的现金流入量略有下降。

步骤2、对现金流量表流出量进行垂直结构分析：

表2-10 现金流出量结构分析表

单位：万元

项目	2018年结构		2017年结构	
经营活动产生的现金流出	1129	60.73%	1278	63.80%
投资活动产生的现金流出	290	15.60%	375	18.72%
筹资活动产生的现金流出	440	23.67%	350	14.48%
现金流出小计	1859	100%	2003	100%

从上表可以看出，远大公司的现金流出量也是经营活动产生的现金流出占据大多数，与流入量情形相匹配。值得注意的是，2018年筹资活动产生的现金流量比重大幅增加。

步骤3、对现金流量净额进行垂直结构分析：

表2-11 现金流量净额结构分析表

单位：万元

项目	2018年结构		2017年结构	
经营活动产生的现金流量净额	35	26.72%	-149	103.47%
投资活动产生的现金流量净额	-17	-12.98%	-85	59.03%
筹资活动产生的现金流量净额	113	86.26%	90	-62.50%
现金和现金等价物净增加额	131	100%	-144	100%

从上表可以看出，远大公司的2017年现金和现金等价物净增加额为负，其中主要

是经营活动现金流出量大于现金流入量所致，投资活动也耗用了公司一定的现金；2018 年公司经营活动现金流量净额勉强转正，但也只占到现金和现金等价物净增加额的27%，通过筹资活动带来的现金流量构成了现金和现金等价物净增加额的80%以上。由此可见，远大公司现金流量情况很不理想，2017 年经营活动现金净流量为负数，需要大量依靠筹资活动带来的现金流量满足经营活动需要，说明企业自身“造血功能”不足。

【职业道德与企业伦理】

香梨股份业绩“装饰”花样多

众所周知，上市公司若连续两年亏损，将会被实施退市风险警示，即通常所说的戴帽。香梨股份近年来主业经营陷入困局，业绩表现并不理想，因连续亏损，公司在2009 年披星戴帽，2012 年刚刚摘帽当年便再度亏损，此后几年业绩在“亏损”与“盈利”间徘徊，幸运的是，次次都与“两年亏损”擦肩而过，一直都在“保壳”中挣扎。

公开资料显示，香梨股份主要从事以库尔勒香梨为主的果品种植、加工和销售，于 1999 年 11 月 18 日成立，并于 2001 年 12 月 26 日成功登陆上交所。

上市以来，香梨股份的业绩并不理想，2005～2008 年曾连续 4 年亏损，并于 2009 年披星戴帽，随后虽然在 2010 年摘“*”，但还是戴了两年 ST 帽子，在 2012 年才恢复“香梨股份”的股票简称。

2012 年刚脱帽的香梨股份却在当年再度陷入亏损，并且此后的业绩亏损和微盈交替出现，2012 年、2014 年和 2016 年亏损，而 2013 年、2015 年和 2017 年实现盈利。

值得注意的是，从 2011 年开始，香梨股份的扣非净利润便连续为负。公司的经营困境并没有解除，在果品主业不突出、盈利能力不强情况下，为了实现“盈利”，香梨股份存在不少售卖资产的行为，卖建材卖房子卖子公司，为了装饰业绩可谓煞费苦心。

2011 年，依靠两次出售名下的别墅和商业房地产，香梨股份获得近亿元的非经常性损益，成功实现了其业绩目标。2012 年陷亏之后，2013 年再度转盈，主营业务中出现了钢材及建材业务收入，二者合计实现收入 1730.75 万元，占总营业收入的比例为15%。之后在 2014 年，建材钢材收入便断崖式下滑，比例超 90%，合计不到 90 万元。2015 年报中，已经不见钢材建材营收的身影。而 2015 年，香梨股份又通过转让库尔勒市开发区土地及地上附着物，取得了 2748.51 万元处置非流动资产利得。2017 年，香

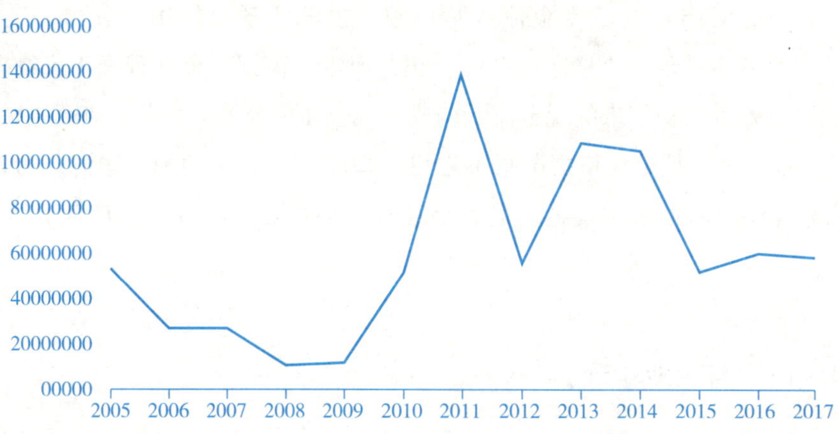

香梨股份 2005 ~2017 年主营业务收入曲线图

梨股份再次获得 150.87 万元非流动资产处置损益，并且通过购买银行理财产品取得 266.07 万元利息收益。2018 年前三季度，香梨股份报亏 427.65 万元，年内公司也还在继续卖资产，此次用的方法则是出售房地产子公司给关联企业。

资料来源：新浪财经，2018.12.20

http：//finance.sina.com.cn/stock/observe/2018 –12 –20/doc –ihmutuee1021052.shtml

[警示]

投资者在关注企业账面利润的同时，也越来越关注一个企业的收益质量。高质量的收益是指报表收益对企业过去、现在的经营成果和未来经济前景的描述是可靠和可信任的；反之，如果报表收益对过去经营业绩、目前经济成果和未来经济前景的描述具有误导性，那么该收益就是低质量的。

纵观本案例中香梨股份数年的反复“盈”“亏”历程，主业不突出，盈利能力不强，长期依靠非经常性损益来勉强撑起盈利局面，这样的收益质量很容易通过利润表指标分析出来。香梨股份虽然借助花样繁多的业绩装饰手段成功实现摘帽、保壳，可这样的业绩并没有多少底气，也很难让投资者相信企业未来会有很好的经济前景。

项目小结

财务报表
阅读与分析
资产负债表阅读
与初步分析
资产负债表的结构与特征
资产项目分析
流动资产项目分析
非流动资产项目分析
负债项目分析
流动负债项目分析
非流动负债项目分析
所有有权益项目分析
所有者权益变动者阅读与分析
资产负债表结构分析
利润表阅读与分析
利润表的结构与特征
利润表项目分析
收入项目分析
成本费用项目分析
利润表的结构分析
现金流量表
阅读与分析
现金流量表的结构与特征
现金流量表项目分析
经营活动现金流量项目分析
投资活动现金流量项目分析
筹资活动现金流量项目分析
现金流量表结构分析

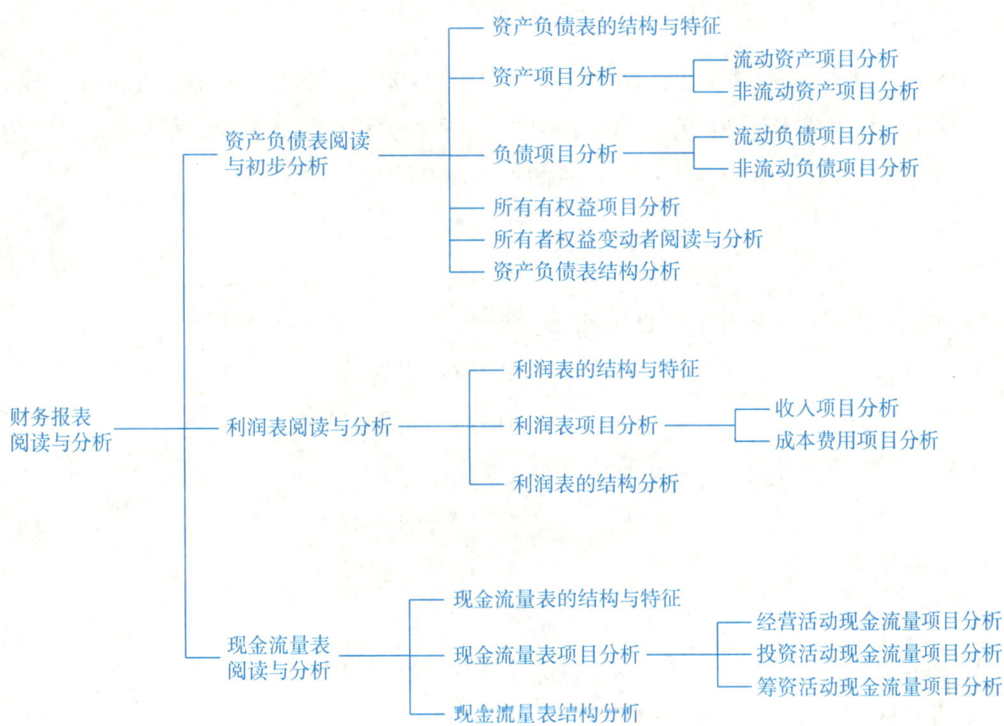

项目训练

一、单选题

1. 2018 年 3 月 31 日，某企业乙存货的实际成本为 100 万元，加工该存货至完工产成品估计还将发生成本为 20 万元，估计销售费用和相关税费为 2 万元，估计用该存货生产的产成品售价 110 万元。则乙存货的可变现净值为（　　）万元。

   A. 90　　B. 100

   C. 108　　D. 88

2. 下列项目中属于非货币性流动负债的是（　　）。

   A. 短期借款　　B. 应付账款

   C. 预收账款　　D. 应付票据

3. 企业债务与所有者权益的比值称为（　　）。

   A. 狭义的资本结构　　B. 广义的资本结构

   C. 资产结构　　D. 债务结构

4. 关于利润表质量分析下列表述错误的是（　　）。

   A. 利润表质量分析就是对利润形成过程的质量进行分析

   B. 没有现金支撑的利润质量较差

   C. 某工业企业利润主要来自于投资收益，说明该企业利润质量较差

   D. 某商业企业利润主要来自于营业收入，说明该企业利润质量较高

5. 最具有未来可持续性，是企业创造利润核心的项目是（　　）。

   A. 公允价值变动损益　　B. 营业收入

   C. 投资收益　　D. 营业外收入

6. 现金流量表的编制基础是（　　）。

   A. 永续盘存制　　B. 定期盘存制

   C. 权责发生制　　D. 收付实现制

7. 下列关于经营活动现金净流量整体质量分析表述错误的是（　　）。

   A. 经营活动现金净流量小于零是最糟糕的情况，经营中“入不敷出”

   B. 经营活动现金净流量等于零意味着经营过程中的现金“收支平衡”，这种情况对企业发展是较好的

C. 经营活动现金净流量大于零意味企业生产经营比较正常，具有“自我造血”功能

D. 经营活动现金净流量大于零且能够补偿当期发生的非付现成本意味企业可以抽出长期资金进行投资，从而增加企业的竞争能力

8. 企业销售商品收到的增值税销项税应在（　　）项目反映。

A. 收到的税费返还

B. 收到其他与经营活动有关的现金

C. 收回投资收到的现金

D. 销售商品、提供劳务收到的现金

9. 支付的应由在建工程负担的职工薪酬现金支出应在（　　）项目反映。

A. 支付给职工以及为职工支付的现金

B. 投资支付的现金

C. 支付的其他与经营活动有关的现金

D. 购建固定资产、无形资产和其他长期资产支付的现金

10. 下列各项现金流出，不属于企业现金流量表中筹资活动产生的现金流量的有(　　)。

A. 偿还应付账款　　B. 偿还短期借款

C. 发放现金股利　　D. 支付借款利息

11. 下列业务中，涉及经营活动现金流量变化的项目为（　　）。

A. 交纳所得税　　B. 以存货偿还债务

C. 计提固定资产折旧　　D. 购买固定资产

12. 当期所有者权益净变动额等于（　　）。

A. 总权益变动额　　B. 总资产变动额

C. 总股本变动额　　D. 净资产变动额

13. 下列项目中，不影响当期所有者权益变动额的项目是（　　）。

A. 净利润　　B. 所有者投入和减少资本

C. 所有者权益内部结转　　D. 利润分配

二、多选题

1. 企业货币资金持有量的影响因素包括（　　）。

A. 企业规模　　B. 所在行业特性

C. 企业融资能力　　D. 企业负债结构

E. 货币资金的构成

2. 影响企业资产结构的因素包括（　　）。

A. 企业内部管理水平　　B. 企业规模
C. 管理层的风险态度　　D. 行业因素
E. 资金需要量

3. 在营业收入分析时，一般来说，可以质疑营业收入质量不高的情形有（　　）。
   A. 企业的营业收入主要来自于关联方的交易
   B. 行政手段造成的收入占企业收入的比重较大
   C. 企业研发的更适合市场需要的产品收入占全部营业收入的比重较大
   D. 企业对尚未占领的区域具有相应的推进计划并已经着手实施
   E. 企业产品的配置适应不同区域消费者的偏好
4. 下列关于利润表质量分析表述正确的有（　　）。
   A. 如果企业的利润总额绝大部分来源于营业收入，则企业的利润质量较高
   B. 来自于与关联方交易的营业收入，分析人员应当单列，或者对其按照公允价值进行调整
   C. 行政手段增加的收入与企业自身竞争力无关，质量不高，应当在财务分析中予以剔除
   D. 营业外收支项目没有可持续性，所以在分析利润状况时应当从利润总额中扣除
   E. 企业本期投资收益金额较大，说明本期利润质量较高
5. 下列关于现金流量表的表述正确的有（　　）。
   A. 现金流量表是反映企业一定会计期间现金和现金等价物流入和流出的报表
   B. 现金流量表将企业一定期间产生的现金流量分为经营活动现金流量、投资活动现金流量和筹资活动现金流量
   C. 现金流量表中的现金包括现金、银行存款和其他货币资金
   D. 间接法便于分析企业经营活动产生的现金流量的来源和用途，预测企业现金流量的未来前景
   E. 直接法便于了解净利润与经营活动产生的现金流量差异的原因，从现金流量的角度分析净利润的质量
6. 现金流量表分析的目的包括（　　）。
   A. 评价企业利润质量　　B. 分析企业财务风险
   C. 评价企业风险水平和抗风险能力　　D. 预测企业未来现金流量
   E. 评价企业财务状况
7. 下列经营活动现金流量的项目，财务分析人员应重点关注的是（　　）。
   A. 销售商品、提供劳务收到的现金

B. 收到其他与经营活动有关的现金

C. 购买商品、接受劳务支付的现金

D. 支付的其他与经营活动有关的现金

E. 吸收投资收到的现金

8. 下列关于现金流量项目之间相关关系说法正确的有（　　）。

A. 各类活动产生的现金流量净额等于现金流入小计与现金流出小计的差额

B. 现金及现金等价物净增加额等于经营活动产生的现金流量净额、投资活动产生的现金流量净额、筹资活动产生的现金流量净额之和

C. 主表经营活动现金流量净额是按直接法确定的

D. 补充资料经营活动现金流量净额是按间接法确定的

E. 主表现金及现金等价物净增加额与补充资料现金及现金等价物净增加额相互印证

9. 利润表不予披露的未实现损益通常包括（　　）。

A. 债券投资收益

B. 权益法下投资子公司的亏损

C. 固定资产重估产生的未实现损益

D. 货币折算价差产生的未实现损益

E. 长期商业投资重估产生的未实现损益

10. 下列项目中，影响当期所有者权益变动额的项目是（　　）。

A. 净利润　　B. 所有者投入和减少资本

C. 所有者权益内部结转　　D. 分配现金股利

E. 库存股增加

三、判断题

1. 因为货币资金的流动性最强，所以对企业经营来说是越多越好。（　　）

2. 预付账款体现的是一种商业信用和资金的无偿使用。（　　）

3. 企业持有较多的货币资金，最有利于投资人。（　　）

4. 通过比较资产负债表连续若干期间的绝对数趋势分析，就可以对报表整体的结构有非常清楚的认识。（　　）

5. 资本结构是指各种资本的构成及其比例关系，其实质是债务资本在资本结构中安排多大的比例。（　　）

6. 按我国现行会计制度规定，企业当期实现的净利润即为企业当期可供分配的利润。（　　）

7. 企业成本总额的增加不一定意味着利润的下降和企业管理水平的下降。（　　）

8. 销售成本变动对利润有着直接影响，销售成本降低多少，利润就会增加多少。
（　　）

9. 经营活动产生的现金流量大于零说明企业盈利。（　　）

10. 企业分配现金股利引起现金流出量的增加。（　　）

11. 企业支付所得税将引起投资活动现金流量的增加。（　　）

12. 利息支出将对筹资活动现金流量和投资活动现金流量产生影响。（　　）

13. 所有者权益变动表可以反映债权人所拥有的权益，据以判断资本保值、增值的情况以及对负债的保障程度。（　　）

14. 转增股本是指公司将盈余公积转化为股本，它并没有改变股东权益规模。（　　）

15. 若出现未实现的损益，公司的资产价值就会增减，所有者权益也会随之增减，但未实现的损益不在年度利润表中披露，而是直接计入所有者权益。（　　）

四、计算题

1. 甲公司 2018 年实现净利 3000 万元，分配股利 806 万元，增发新股 2000 万元，长期投资于 A 单位，股权占 40%，A 单位 2018 年增加其他综合收益 250 万元，试确定甲公司所有者权益变动额。

2. 以下是 A 公司 2017 年及 2018 年的利润表：

利润表

单位：元

项目	2017 年度	2018 年度
一、营业收入	100500	120500
减：营业成本	73500	100000
营业税金及附加	500	750
营业费用	2000	2500
管理费用	5340	9000
财务费用	100	200
加：投资收益	1600	1800
二、营业利润	20660	9850
加：营业外收入	380	364
减：营业外支出	5600	3300
三、利润总额	15440	6914
减：所得税费用	5095	2282
四、净利润	10345	4632

A 公司董事长认为，2018 年销售收入上升而利润下降不是正常情况，同时管理费

用大幅增加也属非常情形，需要进行分析解释。

要求：(1) 编制共同比财务报表。

(2) 简要评述两年的各项变动，并分析其变动原因。

3. 某公司2017年、2018年末的比较资产负债表有关数据如下：

单位：元

项目	2017年	2018年
货币资金	30000	45000
应收账款	70000	95000
存货	110000	97000
固定资产净额	60000	55000
资产总计	270000	292000
流动负债	60000	80000
长期负债	50000	45000
实收资本	120000	120000
盈余公积	25000	27000
未分配利润	15000	20000
负债及权益合计	270000	292000

要求：(1) 完成共同比资产负债表。

单位：元

项目	2017年	2018年
货币资金		
应收账款		
存货		
固定资产净额		
资产总计		
流动负债		
长期负债		
实收资本		
盈余公积		
未分配利润		
负债及权益合计		

(2) 对资产结构、负债结构进行简要分析。

职业核心能力测评

职业核心能力测评表

（在□中打√，A 通过，B 基本通过，C 未通过）

职业核心能力	评估标准	自测结果
自我学习	1. 能进行时间管理	□A　□B　□C
	2. 能选择适合自己的学习和工作方式	□A　□B　□C
	3. 能随时修订计划并进行意外处理	□A　□B　□C
	4. 能将已经学到的东西用于新的工作任务	□A　□B　□C
信息处理	1. 能根据不同需要去搜寻、获取并选择信息	□A　□B　□C
	2. 能筛选信息，并进行信息分类	□A　□B　□C
	3. 能使用多媒体等手段来展示信息	□A　□B　□C
数字应用	1. 能从不同信息源获取相关信息	□A　□B　□C
	2. 能依据所给的数据信息，作简单计算	□A　□B　□C
	3. 能用适当方法展示数据信息和计算结果	□A　□B　□C
与人交流	1. 能把握交流的主题、时机和方式	□A　□B　□C
	2. 能理解对方谈话的内容，准确表达自己的观点	□A　□B　□C
	3. 能获取信息并反馈信息	□A　□B　□C
与人合作	1. 能挖掘合作资源，明确自己在合作中能够起到的作用	□A　□B　□C
	2. 能同合作者进行有效沟通，理解个性差异及文化差异	□A　□B　□C
解决问题	1. 能说明何时出现问题并指出其主要特征	□A　□B　□C
	2. 能做出解决问题的计划并组织实施计划	□A　□B　□C
	3. 能对解决问题的方法适时做出总结和修改	□A　□B　□C
革新创新	1. 能发现事物的不足并提出新的需要	□A　□B　□C
	2. 能创新性地提出改进事物的意见和具体方法	□A　□B　□C
	3. 能从多种方案中选择最佳方案，在现有条件下实施	□A　□B　□C
学生签字：	教师签字：	20　年　月　日

项目三 财务状况与偿债能力分析

职业能力目标

通过本单元的学习，你应该能够：

理解财务状况和偿债能力的含义

掌握短期偿债能力和长期偿债能力分析的主要方法

运用指标分析法进行偿债能力分析

主要概念

财务状况　短期偿债能力　长期偿债能力

导入案例

三成房企资产负债率跃 80% 红线

截至 2018 年 4 月 10 日，据 Wind 资讯统计数据显示，按照申银万国行业分类，已披露年报业绩的 63 家上市房企负债合计超过 3 万亿元，同比增长幅度达 34%。

根据 Wind 资讯统计数据显示，2017 年，这 63 家上市房企的平均负债率为 78.6%，2016 年则为 76.7%，上升了 1.9 个百分点。其中，超过百亿元负债的房企总计为 35 家，占比为 56%，超过 300 亿元负债的房企有 19 家，占比为 30%，其中，万科、华夏幸福、招商蛇口、新城控股负债均超过1500亿元，分别为9786.7亿元、3048.3亿元、2398.4亿元和1575.4亿元。

从资产负债率的情况来看，不同企业的资金状况良莠不齐。《证券日报》记者根据统计数据测算，截至2017年底，资产负债率大于80%房企占29%，在70%–80%之间占比为25%，60%–70%之间的占比为14%。资产负债率排在榜首的企业为鲁商置业，高达93.96%。

有业内分析师向《证券日报》记者表示，龙头房企负债规模已经逼近万亿元，部分中小房企杠杆率也非常惊人。部分中型房企为了规模扩张，2016年拿了很多高价地，发行了大量公司债，有些公司债将在今年进入还款期，高价地又受到限价政策限制，难以入市销售，资金成本上涨，负债率持续走高。

不难看出，通过以上数据分析，标杆房企负债端风险看似可控，但多数房企负债规模攀上新高的现象仍难以改变。

在2017年年末多个监管部门共同推进去库存、去杠杆的背景下，2018年开年，面对资金链压力，房企纷纷拓宽融资渠道，多家房企寻求海外融资渠道。

事实上，每当境内融资渠道收紧时，境外债券融资都是房企资金来源的重要补充渠道。但2017年底，长租公寓融资渠道放开后，碧桂园、招商蛇口、泰禾集团等房企均抛出了百亿元量级的融资计划。虽然ABS融资尚难以与传统的融资渠道抗衡，但已经成为房企融资的重要补充渠道。

事实上，融资是房企的生命线，杠杆的释放助推了房企的快速发展。反之，多数房企不得不看中销售目标，是因为规模代表着一家房企的“土地谈判力、资本融资力和品牌影响力”的综合能力。换言之，规模是一种变相的背书，而融资与规模则是互为促进关系，获得低成本融资和强化现金回款率已经成为房企的“必修课”。不过，当前市场格局下，调控仍在不断加紧，还债高峰期即将来临，房企的“储粮”动作可能更加急迫。

资料来源：http://house.china.com.cn/home/view/1514920.htm 2018.04.11

房地产行业的资产负债率为什么高于其他行业？如何正确地看待不同行业、不同企业的资产负债率？应如何对企业的偿债能力进行评价？这就需要掌握一定的财务状况与偿债能力分析的知识。

任务一　认识财务状况与偿债能力

知识准备

一、财务状况的概念

财务状况指企业在某一时刻经营资金的来源和分布状况。一般通过资金平衡表及其附表来反映。财务状况是企业经营活动的成果在资金方面的反映，按照各项目间存在着的相互对应关系，将资金占用和资金来源之间的各个对应项目加以分析对比，观察资金占用及其来源是否合理，是否节约。按照这种关系，如果企业资金平衡表中资金来源及其对应的资金占用平衡或比较接近，则说明企业财务状况良好；如果企业未能按时偿还债务、未能完成财政上交任务，就会不合理地占用流动资金，破坏资金占用和资金来源的正常对应关系，造成资金周转困难，影响企业支付能力，这说明企业财务状况是不好的。为了反映和监督企业财务状况，企业应定期编制资金平衡表和其他报表，对报表中所提供的资料进行分析研究，从而发现问题，提出意见，总结经验，改善管理。

二、偿债能力的概念

企业偿债能力是指企业到期偿还债务本息的现金保障能力。偿债能力是现代企业综合财务能力的重要组成部分，是企业经济效益持续增长的稳健性保证。因此，重视并有效提高偿债能力，不仅是出于维护债权人正当权益的法律约束，而且也是企业保持良好市场形象和资信地位，避免风险损失，实现企业价值最大化目标的客观需求；不仅是企业走向市场并在瞬息万变的市场竞争中求得生存与发展的先决条件，而且也是增强企业的风险意识，树立现代市场观念的重要表现。

负债是指企业过去的交易或者事项形成的、预期会导致经济利益流出企业的现时义务。具有两方面的特征：一是负债是由过去的交易或事项形成的。作为现时义务，负债是指企业在现行条件下已承担的义务，是过去已经发生的交易或事项所产生的结果。未来发生的交易或者事项形成的义务，不属于现时义务，不应当确认为负债。二是负债的清偿预期会导致经济利益流出企业。如用货币、实物、资产、劳务等偿还都会导致经济利益流出企业。企业的负债按照偿还时间的远近可分为流动负债和长期负债。其中流动负债是指企业应在 1 年或超过 1 年的一个营业周期内偿还的债务，包括短期借款、应付票据、应付账款、预收账款、应付职工薪酬、应交税费等项目；长期负债是指偿还期限在 1 年或者超过 1 年的一个营业周期以上的债务，包括长期借款、应付债券、长期应付款等项目。

从负债的定义可以看出，负债需要在未来期间动用企业的资产或者提供劳务来偿付，而且提供劳务来偿付债务的方式受到很多主客观因素的限制，不是主要的方式，因此在分析偿债能力时可以忽略不计。因此企业偿债能力的强弱即为企业资产对负债的保障程度，一定负债规模下企业资产越多，对债务的保障程度就越强，反之则越弱。

三、偿债能力的分析目的

偿债能力是企业经营者、投资者、债权人等十分关心的重要问题。站在不同的立场上，其分析目的也有区别。

投资人更重视企业的盈利能力，但他们认为企业良好的财务状况和偿债能力更有助于提高企业盈利能力，因此他们同样会关注企业的偿债能力。对于投资人来说，如果企业的偿债能力发生问题，企业的经营者就会花费大量精力去筹措资金以应付还债，这不仅会增加筹资难度，加大临时性紧急筹资的成本，还会使企业管理者难以集中精力进行企业经营管理，使企业盈利受到影响，最终影响投资人的利益。

债权人对企业偿债能力的分析，目的在于做出正确的借贷决策，保证资金安全。债权人主要从他们的切身利益出发来研究企业的偿债能力，只有当企业有较强的偿债能力，他们的债权才有可能及时收回，并按期取得利息。通过对企业资金的主要来源和用途以及资金结构的分析，加上对企业过去盈利能力的分析和未来盈利能力的预测，可以判断企业的偿债能力。商品和劳务供应商主要指赊销商品和劳务给企业的单位与个人，他们最关心的是能否尽快安全地收回资金。因此，商品和劳务供应商必须判断企业能否及时支付商品和劳务的价款，他们对企业偿债能力的分析与债权人类似。

任何一家企业想维持正常的生产经营活动，必须持有足够的现金或可以随时变现的流动资产，以支付各种到期的费用账单和到期债务。进行偿债能力分析的目的在于：

1. 了解企业的财务状况

从企业财务状况这一定义来看，企业偿债能力的强弱是反映企业财务状况的重要标志，辅之以企业发展的稳定性和近期增长情况。

2. 揭示企业所承担的财务风险程度

当企业举债时，就可能会出现债务不能按时偿付的可能，这就是财务风险的实质所在。而且，企业的负债比率越高，到期不能按时偿付的可能性越大，企业所承担的财务风险就越大。

3. 预测企业筹资前景

当企业偿债能力强时，说明企业财务状况较好，信誉较高，债权人就愿意将资金借给企业，否则，债权人就不愿意将资金借给企业。当企业偿债能力较弱时，说明企业筹资前景不容乐观，或企业将承担更高的财务风险。

4. 为企业进行各种理财活动提供重要参考

企业进行理财活动必须充分考虑自身的偿债能力。如果自身偿债能力弱，则应慎重选择理财项目，以防产生财务风险。

四、偿债能力分析的内容

偿债能力是指企业偿还各种债务的能力。静态地讲，企业偿债能力就是用企业资产清偿企业非流动负债和流动负债的能力；动态地讲，企业偿债能力就是用企业资产和经营过程中创造的收益偿还长期负债、流动负债的能力。因此，企业有无支付现金的能力和偿还债务的能力是企业能否继续生存和发展的关键。

偿债能力分析主要包括以下两个方面的内容：

1. 短期偿债能力分析

反映的是企业对偿还期限在 1 年或超过 1 年的一个营业周期以内的短期债务的偿付能力；所涉及的债务偿付一般是企业的流动性支出，这些流动性支出具有较大的波动性，从而使企业长期偿债能力也会呈现较大的波动性；所涉及的债务偿付一般动用企业目前所拥有的流动资产，因此短期偿债能力的分析主要关注流动资产对流动负债的保障程度，即着重进行静态分析。通过对反映短期偿债能力的主要指标和辅助指标的分析，了解企业短期偿债能力的高低及其变动情况，说明企业的财务状况和风险程度。

2. 长期偿债能力分析

反映企业保证未来到期债务（一般为 1 年以上）有效偿付的能力；所涉及的债务偿付一般为企业的固定性支出，只要企业的资金结构与盈利能力不发生显著的变化，企业的长期偿债能力会呈现相对稳定的特点；债务偿付保证一般为未来所产生的现金流入，因此企业资产和负债结构以及盈利能力是长期偿债能力的决定因素。通过对反映长期偿债能力指标的分析，了解企业长期偿债能力的高低及其变动情况，说明企业整体财务状况和债务负担及偿债能力的保障程度。

不管是短期偿债能力还是长期偿债能力，都是保障企业债务及时有效偿付的反映。但提高偿债能力，降低企业偿债风险，并不是企业财务运作的唯一目的，短期偿债能力与长期偿债能力都并非越高越好。企业应在价值最大化目标的框架下，合理安排企业债务水平与资产结构，实现风险与收益的权衡。如果企业只有短期偿债能力，缺乏长期偿债能力，企业可能只有短期生存的空间，而没有长期发展的空间。因此，企业偿债能力分析必须同时考虑资产的短期流动性与长期安全性。

任务二　短期偿债能力分析

短期偿债能力是指企业偿还流动负债的能力，是企业流动资产对流动负债及时足额偿还的保证程度，是衡量企业当前财务能力特别是流动资产变现能力的重要标志。流动负债需要以流动资产来偿付，通常需要以现金来直接偿还，因而可以反映企业流动资产的变现能力。

在现代经济环境下，企业作为一个经济实体，能否偿还到期或即将到期的债务，是直接影响到企业的信誉、信用、能否再融资等一系列关系到企业能否继续发展的重大问题。甚至一个盈利企业如果不能偿还短期债务，也可能面临破产的威胁，其持续经营的能力将受到怀疑，仅从这点来看，流动性分析对企业的重要性就显而易见了。

知识准备

分析评价企业短期偿债能力的财务指标主要有：流动比率、速动比率、现金比率和现金流量比率。

一、流动比率

流动比率是流动资产与流动负债的比值。它表示企业每一元流动负债有多少流动资产作为偿还保证，反映企业用可在短期内转为现金的流动资产偿还到期流动负债的能力，考察短期债务偿还的安全性。其计算公式为：

$$\text{流动比率} = \frac{\text{流动资产}}{\text{流动负债}} \times 100\%$$

一般情况下，流动比率越高，反映企业短期偿债能力越强，债权人的权益越有保障。实践当中，将流动比率保持在 2∶1 左右时比较适宜，它表明企业财务状况稳定可靠，除了满足日常生产经营的流动资金需要外，还有足够的财力偿付当期短期债务。如果比率过低，则表示企业可能资金紧缺，难以如期偿还债务。但是，流动比率也不能过高，过高的流动比率表明企业流动资产占用较多，未能充分有效地利用，会影响资金的使用效率和企业的筹资成本，进而影响获利能力。

当然流动比率 2∶1 为适宜仅是一个经验数据，企业究竟应保持多高水平的流动比率，还要考虑企业所处行业及季节性因素，企业处在不同的发展阶段，这一数据也会有很大的差别。通常是将这个数据与往年同期的该数据进行比较，或者和行业数据进行比较。

流动比率虽然是分析企业短期偿债能力最通用的指标，该指标易于理解、计算简单、数据容易获取，但也存在一些缺陷，使得该指标反映企业短期偿债能力时可能会出现一些偏差，在运用该指标进行分析时需要特别注意，并结合其他分析指标和其他分析方法综合进行分析。

（1）流动比率是静态分析指标。企业下一个期间的短期偿债能力取决于企业下一个期间的现金流入和流出的数量及时间。而流动比率反映的是分析期期末这个静态时点上的流动资产与流动负债的关系。一般来说，分析期期末的流动资产将在下一个期间转变为现金，而分析期期末的流动负债将在下一个期间需要动用现金支付，因此两者的比值能够在一定程度上反映下一个期间的现金流入和流出。例如，企业下一个期间的应收账款即将到期带来的现金流入能直接增强企业的短期偿债能力，但却未能在流动比率中得到体现。又如，企业下一个期间的应付职工薪酬、应付账款、费用类等带来的现金流出将影响削弱企业的流动性和短期偿债能力，但同样未能在流动比率中得到体现。

（2）没有考虑流动资产的结构。事实上，一个企业流动比率高并不一定代表短期偿债能力肯定强，有可能该企业较高的流动比率是因为存货积压、应收账款增多且收款期延长所导致的，而真正可用来偿还到期债务的现金反而严重短缺，这种企业虽然流动比率较高，但实际短期偿债能力很弱。

因此在分析流动比率时，还应当分别从静态和动态两个角度分别分析流动资产的结构和流动资产的周转情况进行详细的分析。

二、速动比率

速动比率是速动资产与流动负债的比值。它表示企业每一元流动负债有多少可立即变现的流动资产做保证，是流动比率分析的一个重要辅助指标。所谓速动资产，是指企业货币资金和其他能快速变现的流动资产，即流动资产减去变现能力较差且不稳定的存货、一年内到期的非流动资产等之后的余额。由于剔除了存货等变现能力较弱且不稳定的资产，因此速动比率较之流动比率能够更加准确、可靠地评价企业资产的流动性及其偿还短期负债的能力。其计算公式为：

$$速动比率 = \frac{速动资产}{流动负债} \times 100\%$$

其中：速动资产 = 流动资产 − 存货 − 预付账款 − 一年内到期的非流动资产

需要说明的是，报表中如有应收利息、应收股利和其他应收款项目，可视情况划归速动资产项目。存货一般不包括在速动资产中，这是因为：一是在流动资产中存货的变现速度最慢；二是存货是企业正常生产经营所必需的物资，动用存货偿债有可能会影响企业正常的生产经营；三是由于某种原因，部分存货可能已损失、报废，但尚未做处理，或者已抵押给某债权人。

一般情况下，速动比率越高，说明企业的流动性越强，流动负债的安全程度越高，短期债权人到期收回本息的可能性也越大。但与流动比率类似，从企业的角度看，速动比率也不是越高越好，要进行具体分析。实践当中，一般认为，速动比率大于 1 是比较理想的情况，但这仅是一个经验数据，没有一个统一的标准。不同行业的速动比率是有很大差别的，比如，大量现金销售的商场几乎没有应收账款，速动资产数额小，速动比率低于 1 是正常的。

相反，一些应收账款较多的企业，速动比率可能要大于 1。正确评价速动比率的高低，要同全国同行业平均水平和先进水平比较。

速动比率虽然考虑了流动资产的结构，因而弥补了流动比率的某些不足，但在分析中还应注意以下问题：

（1）尽管速动比率较之流动比率更能反映出流动负债偿还的安全性和稳定性，但并不能认为速动比率较低企业的流动负债到期绝对不能偿还。实际上，如果企业存货流转顺畅、变现能力强，即使速动比率较低，只要流动比率高，企业仍然可以偿还到期的债务本息。此外，由于速动资产包括货币资金、短期投资、应收类等项目，这些构成项目的流动性也存在一定的差别，特别是应收款项并不能保证按期收回，因此在以速动比率衡量企业短期偿债能力时还需要考虑到应收款项的预计收回情况。

（2）速动比率以速动资产作为清偿债务的保障，但速动资产并不完全等同于企业的现时支付能力，因为即使是速动资产也存在某些难以短期变现的因素。其中影响最大的因素是应收账款，速动比率的计算公式中假设应收账款在下 1 年度或者超过 1 年的一个营业周期内都能顺利收回，但实际上有的企业可能很难做到这一点，以及还有考虑到计提坏账准备等问题，这也会影响到速动比率反映企业短期偿债能力的准确程度。因此在分析速动比率时，还应当考虑到速动资产的结构及其周转情况。

三、现金比率

现金比率是企业现金类资产与流动负债的比值。其中现金类资产包括企业持有的所有货币资金和持有的易于变现的有价证券，如可随时出售的短期有价证券等（本文中采用交易性金融资产替代）。它表示每一元流动负债有多少现款即刻支付。它的作用是表明企业在最坏的情况下即刻偿债能力如何，它适用于那些应收账款和存货变现都存在问题的企业。一般认为该比率在20%以上为好。其计算公式为：

$$\text{现金比率} = \frac{\text{货币资金} + \text{交易性金融资产}}{\text{流动负债}} \times 100\%$$

对于短期债权人来说，现金比率越高说明企业即刻变现能力越强，流动负债的安全程度越高，短期债权人到期收回本息的可能性越大。但对于企业来说，现金比率的确定不仅仅只考虑指标的高低，还应将风险与收益结合起来考虑。

在通常情况下，分析者不会主要依据这一比率分析判断公司的短期偿债能力，因为如果公司预期无法依赖应收账款和存货的变现，而是只能依赖目前现有的“现金”在未来偿还到期债务的话，意味着公司已处于财务困境。也就是说，现金比率主要适用于企业已陷入财务困境情形下的短期偿债能力分析。当然，如果公司已将应收账款和存货作为抵押品抵押给其他债权人；或者分析者怀疑公司的应收账款和存货存在严重的流动性问题，而公司又没有提足相关流动资产项目的减值准备，那么以现金比率分析判断公司短期偿债能力也是比较适当的选择。

四、现金流量比率

现金流量比率，也称之为经营活动净现金比率，是企业一定时期的经营现金净流量与流动负债的比值。它可以从现金流量角度来反映企业当期偿付短期负债的能力。其计算公式为：

$$\text{现金流量比率} = \frac{\text{经营现金净流量}}{\text{流动负债}} \times 100\%$$

其中：经营现金净流量指一定时期内，企业经营活动所产生的现金及现金等价物流入量与流出量的差额。经营现金净流量属于时期指标，流动负债属于时点指标，公式中的流动负债通常使用年初与年末的平均数。为了简便，也可以使用期末数。

该指标越大，表明企业经营活动产生的现金净流量越多，越能保障企业按期偿还到期债务。

任务实施

【例3-1】对艾华集团进行短期偿债能力分析，相关数据见表3-1。

表3-1　　艾华集团2015~2018年相关数据　　单位：万元

项目	2015.12.31	2016.12.31	2017.12.31	2018.12.31
货币资金	6852.18	14756.13	57696.94	23485.91
预付账款	3810.78	1124.51	2221.68	1711.07
存货	23355.66	24324.36	30475.13	43578.39
一年内到期的非流动资产	0.00	208.80	332.72	0.00
速动资产	122672.09	139556.34	118723.60	185563.15
流动资产	149838.53	165214.01	151753.13	230852.61
流动负债	26148.69	44935.52	44344.42	66489.49
经营活动现金净流量	25061.68	35663.21	17019.17	23046.17

步骤1、计算短期偿债能力分析比率：

2015年短期偿债能力指标计算：

$$流动比率 = \frac{流动资产}{流动负债} = \frac{149838.53}{26148.69} = 5.73$$

$$速动比率 = \frac{速动资产}{流动负债} = \frac{122672.09}{26148.69} = 4.69$$

$$现金比率 = \frac{货币资金 + 交易性金融资产}{流动负债} = \frac{6852.18}{26148.69} = 26.20\%$$

$$现金流量比率 = \frac{经营现金净流量}{流动负债} = \frac{25061.68}{26148.69} = 95.84\%$$

2016年短期偿债能力指标计算：

$$流动比率 = \frac{流动资产}{流动负债} = \frac{165214.01}{44935.52} = 3.68$$

$$速动比率 = \frac{速动资产}{流动负债} = \frac{139556.34}{44935.52} = 3.11$$

$$现金比率 = \frac{货币资金 + 交易性金融资产}{流动负债} = \frac{14756.13}{44935.52} = 32.84\%$$

$$现金流量比率 = \frac{经营现金净流量}{流动负债} = \frac{35663.21}{44935.52} = 79.37\%$$

2017 年短期偿债能力指标计算：

$$流动比率 = \frac{流动资产}{流动负债} = \frac{151753.13}{44344.42} = 3.42$$

$$速动比率 = \frac{速动资产}{流动负债} = \frac{118723.60}{44344.42} = 2.68$$

$$现金比率 = \frac{货币资金 + 交易性金融资产}{流动负债} = \frac{57696.94}{44344.42} = 130.11\%$$

$$现金流量比率 = \frac{经营现金净流量}{流动负债} = \frac{17019.17}{44344.42} = 38.38\%$$

2018 年短期偿债能力指标计算：

$$流动比率 = \frac{流动资产}{流动负债} = \frac{230852.61}{66489.49} = 3.47$$

$$速动比率 = \frac{速动资产}{流动负债} = \frac{185563.15}{66489.49} = 2.79$$

$$现金比率 = \frac{货币资金 + 交易性金融资产}{流动负债} = \frac{23485.91}{66489.49} = 35.32\%$$

$$现金流量比率 = \frac{经营现金净流量}{流动负债} = \frac{23046.17}{66489.49} = 34.66\%$$

上述计算结果见表 3－2：

表 3－2　　艾华集团 2015～2018 年短期偿债能力指标对比表

项目		2015. 12. 31	2016. 12. 31	2017. 12. 31	2018. 12. 31
流动比率	艾华集团	5. 73	3. 68	3. 42	3. 47
	行业平均	1. 55	1. 56	1. 51	1. 37
速动比率	艾华集团	4. 69	3. 11	2. 68	2. 79
	行业平均	1. 24	1. 25	1. 20	1. 06
现金比率	艾华集团	26. 20%	32. 84%	130. 11%	35. 32%
	行业平均	52. 00%	52. 00%	49. 00%	42. 00%
现金流量比率	艾华集团	95. 84%	79. 37%	38. 38%	34. 66%
	行业平均	14. 00%	9. 00%	11. 00%	12. 00%

注：上表中的行业平均数据按照艾华集团所属《上市公司行业分类指引》中的“计算机、通信和其他电子设备制造业”二级行业平均水平计算，数据来源于易董数据库。如无特别说明，本书后面所有章节均参照此行业平均数。

步骤 2、分析流动比率：

从表 3－2 可以看出这四年艾华集团的流动比率指标都维持在一个不错的水平，并且均高于行业的平均水平。特别是2015年艾华集团的流动比率达到5.73，主要是由于2015年年底时的流动资产有较大幅度的增长，其增幅达到了140%。说明公司的短期偿债能力比较强。2016~2018年流动比率稍有下降，由2015年的5.73逐渐回落到2018年的3.47，但仍高居于行业平均水平之上。过高的流动性往往意味着较低的收益性，因此高流动比率的回落应视为一种理性的回归。

步骤3、分析速动比率：

理论认为，速动比率为1较为合适，公司陷入违约风险的可能性较低。艾华集团在2015~2018年间的速动比率均达到了标准以上，说明该公司的短期偿债能力维持了动态的稳定，运用速动资产偿还流动负债的能力非常不错。从行业平均水平看，2015~2018年间艾华集团也是远远高于行业水平，说明艾华集团的短期偿债能力在行业内处于较高的水平。

步骤4、分析现金比率：

单从现金比率的数据中看，艾华集团的现金比率稍低于行业平均水平，2017年由于理财产品大量到期赎回，货币资金大幅度增长，故现金比率达到了100%以上，远高于行业平均水平，而2018年又将闲置资金大量购买了理财产品，导致该指标的回落。但是，由于现金比率存在一定的局限性，比较适用于那些应收账款和存货变现都存在问题的企业。对于艾华集团来说，因其他流动资产中常年保持一定量的理财产品，可作为货币资金的补充，因此即使现金比率较低，也无法得出其短期偿债能力较弱的结论。

步骤5、分析现金流量比率：

从现金流量角度看，2015~2016年艾华集团的现金流量比率都维持在80%上下，并且均高于行业水平很多，2017~2018年的现金流量比率虽然仍高于行业平均水平，却较前两年有大幅度降低。根据艾华集团这两年的年度报告中披露，经营活动产生的现金流量净额较前两年大幅下降，一是因为销售结算方式的改变，一部分货款由现金结算改为商业汇票结算，这部分应收票据往往又背书转让抵了其他支出，未能形成现金流入；二是因为主要原材料价格上涨及其囤货需要造成的付款环节前置，支付的材料款较前两年大幅增加。在关注该指标的同时，应该注意经营活动产生的现金流量净额是否异常。

任务三 长期偿债能力分析

长期偿债能力是指企业偿还超过一年或小于一年但超过一个营业周期债务的能力，它反映企业资本结构的合理性以及偿还长期债务本金和利息的能力，反映企业财务的安全和稳定程度。

企业的长期偿债能力可以利用利润表、资产负债表和现金流表等进行分析。

知识准备

分析评价企业长期偿债能力的财务指标主要有：资产负债率、产权比率、权益乘数、利息保障倍数、带息负债比率、净负债比率等，其中，前三个比率属于资本结构比率。

一、资本结构比率分析

资本结构比率是关于债务、所有者权益和资产三者之间相互关系的比率，它反映企业的财务风险和长期偿债能力，其指标主要有资产负债率、产权比率和权益乘数。

（一）资产负债率

资产负债率又称负债比率，是指企业负债总额对资产总额的比率。它表明企业资产总额中，债权人提供资金所占比重以及企业资产对债权人权益的保障程度。其计算公式为：

$$资产负债率=\frac{负债总额}{资产总额}\times 100\%$$

一般情况下，资产负债率越小，表明企业长期偿债能力越强，债权人的权益越有保障。从企业所有者来说，如果该指标较大，说明利用较少的自有资产投资形成了较多的生产经营用资产，不仅扩大了生产经营规模，而且在经营状况良好的情况下，还可以利用财务杠杆的原理，得到较多的投资利润；如果该指标过小则表明企业对财务杠杆利用不够。但资产负债率过高，则表明企业的债务负担重，企业资金实力不强，不仅对债权人不利，而且企业有濒临倒闭的危险。企业的长期偿债能力与获利能力密切相关，因此企业的经营决策者应当将偿债能力指标（风险）与获利能力指标（收

益）结合起来分析，予以平衡考虑。实践当中，通常认为资产负债率保持在60%左右比较适当，保守观点认为资产负债率不应高于50%。

（二）产权比率

产权比率又称资本负债率，是指企业负债总额与股东权益总额的比值，是企业财务结构稳健与否的重要标志。它反映企业股东权益对债权人权益的保障程度。其计算公式为：

$$产权比率=\frac{负债总额}{股东权益总额}\times 100\%$$

一般情况下，产权比率越低，表明企业的长期偿债能力越强，债权人权益的保障程度越高，承担的风险越小，但企业不能充分地发挥负债的财务杠杆效应。所以，企业在评价产权比率适度与否时，应从提高获利能力与增强偿债能力两个方面综合进行分析，即在保障债务偿还安全的前提下，应尽可能提高产权比率。

（三）权益乘数

权益乘数是指资产总额与股东权益总额的比值。它反映企业资产总额与股东权益的倍数关系。其计算公式为：

$$权益乘数=\frac{资产总额}{股东权益总额}=\frac{1}{1-资产负债率}=1+产权比率$$

该指标反映了企业财务杠杆的大小，权益乘数越大，说明股东投入的资本在资产中所占的比重越小，财务杠杆越大。一般情况下，权益乘数显然应该大于1，因此不用百分数表示。权益乘数和资产负债率及产权比率的变动方向一致，即资产负债率越高，产权比率越高，权益乘数就越大，反之亦然。

【例3-2】对艾华集团进行长期偿债分析，相关数据见表3-3。

表3-3　艾华集团2015~2018年资本结构相关数据　单位：万元

项目	2015.12.31	2016.12.31	2017.12.31	2018.12.31
资产合计	204494.50	228450.28	233111.12	331378.47
负债合计	27881.69	46668.52	46077.42	121665.42
所有者权益合计	176612.81	181781.76	187033.70	209713.05

步骤 1、计算长期偿债能力分析比率：

2015 年长期偿债能力指标计算：

$$资产负债率 = \frac{负债总额}{资产总额} = \frac{27881.69}{204494.5} = 13.63\%$$

$$产权比率 = \frac{负债总额}{股东权益总额} = \frac{27881.69}{176612.81} = 15.79\%$$

$$权益乘数 = \frac{资产总额}{股东权益总额} = \frac{204494.5}{176612.81} = 115.79\%$$

2016 年长期偿债能力指标计算：

$$资产负债率 = \frac{负债总额}{资产总额} = \frac{46668.52}{228450.28} = 20.43\%$$

$$产权比率 = \frac{负债总额}{股东权益总额} = \frac{46668.52}{181781.76} = 25.67\%$$

$$权益乘数 = \frac{资产总额}{股东权益总额} = \frac{228450.28}{181781.76} = 125.67\%$$

2017 年长期偿债能力指标计算：

$$资产负债率 = \frac{负债总额}{资产总额} = \frac{46077.42}{233111.12} = 19.77\%$$

$$产权比率 = \frac{负债总额}{股东权益总额} = \frac{46077.42}{187033.7} = 24.64\%$$

$$权益乘数 = \frac{资产总额}{股东权益总额} = \frac{233111.12}{187033.7} = 124.64\%$$

2018 年长期偿债能力指标计算：

$$资产负债率 = \frac{负债总额}{资产总额} = \frac{121665.42}{331378.47} = 36.71\%$$

$$产权比率 = \frac{负债总额}{股东权益总额} = \frac{121665.42}{209713.05} = 58.02\%$$

$$权益乘数 = \frac{资产总额}{股东权益总额} = \frac{331378.47}{209713.05} = 158.02\%$$

上述计算结果见表 3 -4。

表 3 -4　　艾华集团 2015 ~ 2018 年长期偿债能力指标对比表

项目		2015.12.31	2016.12.31	2017.12.31	2018.12.31
资产负债率	艾华集团	13.63%	20.43%	19.77%	36.71%
	行业平均	50.02%	51.98%	51.98%	54.94%

续表

项目		2015. 12. 31	2016. 12. 31	2017. 12. 31	2018. 12. 31
产权比率	艾华集团	15. 79%	25. 67%	24. 64%	58. 02%
	行业平均	100. 09%	108. 27%	108. 25%	121. 94%
权益乘数	艾华集团	115. 79%	125. 67%	124. 64%	158. 02%
	行业平均	200. 09%	208. 27%	208. 25%	221. 94%

步骤2、分析资产负债率：

从表3－4中可以看出，艾华集团近几年的资产负债率一直都维持在比较低的状况，均在20%上下浮动，其中最高2018年也只达到了36.71%。从行业数据中看，艾华的2015～2018年资产负债率也都均低于行业水平，说明艾华集团的长期偿债能力是比较强的，在行业中也处于领先地位。

从艾华集团所处的计算机、通信和其他电子设备制造行业来看，普遍的资产负债率都维持在50%之间。查阅艾华集团2015～2017年财务报告数据，公司没有短期借款和长期借款，负债较多的主要是经营活动过程中自然形成的流动负债，这种资本结构虽然对债权人保障程度很高，但无法获得财务杠杆效应。2018年，艾华集团为募集项目投资资金而发行了近7亿元可转换债券，资本结构得到适当调整，预期能从一定程度上利用财务杠杆的作用提高股东收益水平。

步骤3、分析产权比率：

艾华集团2015～2018年的产权比率，总体呈现上升趋势，并且远远低于行业的平均水平。说明该公司的长期偿债能力是比较强的，对债权人权益的保障程度比较高。

步骤4、分析权益乘数：

由于权益乘数和资产负债率的变动方向一致，因此该表格得出的结论与资产负债表数据中保持一致，艾华的2015～2018年权益乘数也都均低于行业水平，说明艾华的长期偿债能力是比较强的。

【延伸阅读】

万科巨变：资产负债率创上市以来最高的，资金究竟流向了哪里？

《国际金融报》记者调查发现，万科的资产负债率已创历史新高，举债发展的步伐明显加快；同时，它的流动比率创下1993年以来新低，偿还负债能力变弱。

万科的负债为何攀升，它的资金究竟流向了哪里？

2017 年半年报显示，截至 6 月 30 日，万科实现销售金额 2771.8 亿元，同比增长 45.8%；实现净利润 100.5 亿元，同比增长 41.7%。

然而，万科迅猛增长的销售金额背后，正酝酿着诸多债务上的隐患。

截至 6 月 30 日，万科资产负债率高达 82.66%，已经超过 2016 年全年资产负债率 2.12 个百分点。

表 3－5　　万科 2014～2017 年资产负债率数据表

日期	2014.12.31	2015.12.31	2016.12.31	2017.6.30
资产负债率	77.20%	77.70%	80.53%	83.98%

数据来源：万科 2017～2014 年财务报告资金都去哪了？

记者观察到，今年上半年，万科的投资动作愈加频繁。

上半年中，万科共获取新项目 79 个，总规划建筑面积 1559.8 万平方米，权益规划建筑面积 983.8 万平方米，权益地价总额约 537.9 亿元，新增项目均价为 5467.8 元/平方米。

万科有关方面表示，鉴于房地产融资渠道收紧、核心城市土地资源日益稀缺，资源的获取方式主要是通过与存量资源所有者合作以及资产包收购。

2017 年 7 月，万科以 551 亿元巨资接盘广东国际信托投资公司下属公司投资权益及相关债权（以下简称“广信资产包”）。

而万科需在明年 2 月 28 日前，分四期现金支付全部款项。

此外，万科上半年的物流地产业务也新获取 14 个项目，合计规划建筑面积为 108 万平方米。算上广信资产包，万科上半年拿地金额约 1463 亿元，占签约销售金额 54% 左右，在行业内投入最多。

对此，同策咨询研究部总监张宏伟认为，在市场低谷期，企业拿地、并购等阶段性的投入均会导致公司负债增高。但等到未来三到五年，市场上行时，这些投入将会有较好的价值变现。融资规模不断扩大、净负债率连年攀升、投资支出越来越高，万科未来能还上债吗?

两个因素的存在，使得万科的未来偿债能力令人担忧，分别是较低的流动比率和上升的利息支出。截至 6 月 30 日，万科的流动比率已降至 1.20，为 1993 年以来最低水平；速动比率为 0.47，自 2011 年以来持续低于 0.5.

金融分析师对记者表示，流动比率是用来衡量企业流动资产在短期债务到期以前，可以变为现金用于偿还负债的能力。万科上半年流动负债增幅较高，与其预收款项大幅上升有关。这应该与万科项目的结转周期有关。

由于融资规模扩大，万科应付利息较2016年末大增八成至6.83亿元，这或许也会影响到偿债能力。

7月以来，万科先后发行了两期公司债，均为5年期品种，发行规模分别为30亿元和10亿元，最终发行的票面利率分别为4.50%和4.54%。

资料来源：https：//finance.qq.com/a/20170907/008409.html

二、利息保障倍数

利息保障倍数又称已获利息倍数，或是利息支付倍数，是指企业息税前利润与利息费用的比值。其计算公式为：

$$利息保障倍数=\frac{息税前利润总额}{利息支出}=\frac{利润总额+利息支出}{利息支出}$$

利息保障倍数不仅反映了企业获利能力的大小，而且反映了获利能力对到期债务的保证程度，它既是企业举债经营的前提依据，也是衡量企业长期偿债能力大小的重要标志。一般情况下，利息保障倍数越高，表明企业偿债能力越强。此比率若低于1，说明企业实现的经营成果不足以支付当期利息费用，这意味着企业的付息能力非常低，财务风险非常高，需要引起高度重视。因此，从长远来看，若要维持正常偿债能力，利息保障倍数至少应当大于1。通常认为，该指标为3时较为适当。

三、带息负债比率

是指企业某一时点的带息负债总额与负债总额的比率，反映企业负债中带息负债的比重，在一定程度上体现了企业未来的偿债（尤其是偿还利息）压力。

在企业的负债总额中，不是全部负债都要支付利息，如应付账款、应付职工薪酬、应交税费等不需要支付利息。在分析企业偿债能力时，应分析带息的负债总额占全部负债的比例，这就是带息负债比率。

$$带息负债比率=\frac{带息负债总额}{负债总额}\times 100\%$$

带息负债总额一般包括：短期借款、一年内到期的长期负债、长期借款、应付债券、应付票据等。

四、净负债率

净负债率是指企业的有息负债减去货币资金后对所有者权益的比例。

$$净负债率=\frac{带息负债-货币资金}{净资产}\times 100\%$$

其中带息负债与上述的含义一致，短期借款、一年内到期的长期负债、长期借款、应付债券、应付票据等。

净负债比率是反映企业财务结构的一种指标，净负债率高的企业未必风险大，因为在其负债结构中可能有大量的长期贷款，且有相应充足的抵押物业，这样，其财务状况很可能是健康的，更可通过高负债的财务杠杆为股东创造更大的回报；另一方面，净负债率低的企业也未必质地上乘，因为不仅不能充分享受财务杠杆带来的股东的高回报，而且大量的货币资金闲置也影响着企业的经营效率。

通常情况下，资产负债率被用来反映上市公司的负债水平。然而在我国，房地产行业实施预售制，房屋竣工交付前产生的预售房款在财务上形成负债——也就是说，客户与开发商签订合同，交了房款，但只要没有到收楼之日，开发商只能把这笔资金作为“预收账款”，计入负债。这部分负债不需要支付利息，最终会随着项目竣工交付转化为结算收入，业内在衡量房企的真实负债情况时，需要剔除预售房款对总负债的影响，否则可能出现销售越好的企业负债越高的情况，总负债越高，资产负债率自然也会偏高。因此总负债、资产负债率并不能真正体现房地产企业的负债情况，带息负债比率和净负债率才能反应房企真实的负债情况。

【例 3－3】试对万科公司进行长期偿债分析，相关数据见表 3－6。

表 3－6　万科公司 2015～2018 年相关数据　单位：万元

	2015. 12. 31	2016. 12. 31	2017. 12. 31	2018. 12. 31
息税前利润.	3428035. 34	4084567. 97	5321720. 95	7345877. 61
利润总额	3380261. 76	3925361. 17	5114195. 27	6746020. 14
利息支出	47773. 58	159206. 80	207525. 68	599857. 47
有息负债合计：	7949088. 86	12886432. 36	19062441. 30	24721853. 16
短期借款	190008. 80	1657658. 92	1610885. 87	1010191. 74
一年内到期的非流动负债	2474640. 41	2677329. 73	4616383. 77	6909241. 30
长期借款	3382858. 42	5640606. 13	9602904. 47	12092905. 54
应付债券	1901581. 23	2910837. 58	3232267. 19	4709514. 58
货币资金	5318038. 10	8703211. 82	17412100. 92	18841744. 68

续表

	2015. 12. 31	2016. 12. 31	2017. 12. 31	2018. 12. 31
负债合计	47498595. 04	66899764. 26	97867297. 86	129295862. 65
所有者权益合计	13630961. 73	16167657. 13	18667393. 92	23562073. 00

步骤 1、计算长期偿债能力分析比率：

2015 年长期偿债能力指标计算：

$$利息保障倍数 = \frac{息税前利润总额}{利息支出} = \frac{3428035.34}{47773.58} = 71.76$$

$$带息负债比率 = \frac{带息负债总额}{负债总额} = \frac{7949088.86}{47498595.04} = 17.57\%$$

$$净负债率 = \frac{带息负债 - 货币资金}{净资产} = \frac{7949088.86 - 5318038.10}{13630961.73} = 19.30\%$$

2016 年长期偿债能力指标计算：

$$利息保障倍数 = \frac{息税前利润总额}{利息支出} = \frac{4084567.97}{159206.80} = 25.66$$

$$带息负债比率 = \frac{带息负债总额}{负债总额} = \frac{12886432.36}{66899764.26} = 19.26\%$$

$$净负债率 = \frac{带息负债 - 货币资金}{净资产} = \frac{12886432.36 - 8703211.82}{16167657.13} = 25.87\%$$

2017 年长期偿债能力指标计算：

$$利息保障倍数 = \frac{息税前利润总额}{利息支出} = \frac{5321720.95}{207525.68} = 25.64$$

$$带息负债比率 = \frac{带息负债总额}{负债总额} = \frac{19062441.30}{97867297.86} = 19.48\%$$

$$净负债率 = \frac{带息负债 - 货币资金}{净资产} = \frac{19062441.30 - 17412100.92}{18667393.92} = 8.84\%$$

2018 年长期偿债能力指标计算：

$$利息保障倍数 = \frac{息税前利润总额}{利息支出} = \frac{7345877.61}{599857.47} = 12.24$$

$$带息负债比率 = \frac{带息负债总额}{负债总额} = \frac{24721853.16}{129295862.65} = 19.12\%$$

$$净负债率 = \frac{带息负债 - 货币资金}{净资产} = \frac{26120759.65 - 18841744.68}{23562073.00} = 30.89\%$$

上述计算结果见表 3 - 7。

表 3-7　　万科公司的 2015～2018 年长期偿债能力指标对比数据

项目		2015. 12. 31	2016. 12. 31	2017. 12. 31	2018. 12. 31
利息保障倍数	万科	71. 76	25. 66	25. 64	12. 24
	行业平均	7. 02	7. 69	7. 81	7. 74
带息负债比率	万科	17. 57%	19. 26%	19. 48%	19. 12%
	行业平均	60. 96%	56. 86%	55. 27%	50. 64%
净负债率	万科	19. 30%	25. 87%	8. 84%	30. 89%
	行业平均	66. 63%	64. 24%	63. 13%	63. 51%

计算结果看出，万科公司的利息保障倍数远远高于行业平均值，这几年均处于领先地位。万科 2015 年的利息保障倍数为 71. 76 是近年来最高值，2016 年和 2017 年的利息保障倍数保持在 25 左右，而 2018 年该指标却只有 12. 24，虽然 2018 年利润总额较上年增长了 31. 91%，但是利息支出却比较于上年增长了 189%，因此该指标有所下降。总体上来说，利息保障倍数这一指标表明企业息税前利润对利息费用的保障程度尚可。

步骤 2、分析带息负债比率和净负债率：

从计算结果看，万科公司这几年的带息负债比率一直比较低，2016 年和 2017 年指标虽然有所攀升，但也还是控制在 20% 以内，表明万科公司实质上负债程度不高，财务风险比较低。同时，虽然万科公司在 2018 年提高了负债水平导致该年的净负债率到达了 30. 89%，但相较地产行业平均净负债率 60%～70% 之间来说，万科公司的净负债率在地产行业中也处于一个较低的水平。

因此可以得出，万科公司虽然负债总额达到了 1292 多亿元，但由于其带息负债比例和净负债率并不是很高，继续处于行业低位，现金充裕，信用评级良好，对债权人有较好的保障。而且万科公司很有效地运用了财务杠杆，也给投资者带来了较高的收益。

【职业道德与企业伦理】

英国政府正式启动对四大会计师事务所的审查

2018 年 1 月中旬，拥有约 200 年历史的英国建筑巨头 Carillion 因背负巨额负债、遭银行拒绝贷款而破产清算。这是英国十年以来规模最大的破产案，令监管机构颇为震惊。而过去十九年，毕马威一直为Carillion提供审计服务，收费2900万英镑。

在Carillion最后一份年度财报中，毕马威表示该公司有足够的实力，“至少还能存活三年”。但此后还不到3个月，Carillion就称高估了营收、现金和资金，随即提交破产申请，导致其4万多名员工被迫面临失业，股票投资者血本无归。

由于越来越多的人对审计质量提出诟病，英国竞争和市场管理局（CMA）决定出手对四大所进行全面审查。

此外，四大会计师事务所的垄断地位也使得监管者产生担忧。四大已经垄断了全球超过90%上市公司的审计业务，在英国和美国市场，这一比例甚至高达99%。

市场研究将重新评估四大所扮演的角色，由于四大“太大而不能倒”，这可能对市场的长期竞争产生威胁。虽然公司可以自行选择审计师，但审计公司因为害怕失去客户，其审计师可能缺乏动力去做富有挑战性的评估报告。

CMA主席Andrew Tyrie说道，如果许多人对审计过程的批评是正确的，那么不仅仅是公司花钱请审计公司将产生损失，数百万人因投资这些审计有缺陷公司将造成更大的损失。

英国议会工商专责委员在接受《华尔街日报》采访时表示，审计失败不是孤立现象，而是整个市场的一个症候，这个市场有利于四大审计公司，但不利于整体经济，四大的高收入与审计行业应当遵循的公正、公益理念格格不入。

［警示］

会计师事务所作为第三方，其独立性是保证财务报告真实公允的重要前提条件，因此独立性是会计师事务所的灵魂所在。会计师事务所的独立性是指会计师事务所不附属于任何机构，具有法人资格，在业务上具有较强的独立性、客观公正性，并且为公众所承认，为社会所接受。注册会计师、注册资产评估师的专业服务，目前已进入到经济的各个领域，“独立、客观、公正”地出具审计报告，保证会计资料的真实、可靠性应是审计师行业的基本道德规范，离开了诚信、公正，谁还敢相信上市司公司的业绩报告，谁还敢真正地在证券市场中投资，这种混乱继续下去，证券市场的投机行为必将难以制止。

资料来源：https：//wallstreetcn. com/articles/34172512018 -10 -09

项目小结

财务状况偿债能力分析
认识财务状况与偿债能力
偿债能力分析的目的
了解企业的财务状况
提示企业所承担的财务风险
预测企业筹资前景
辅助企业理财决策
偿债能力分析的内容
短期偿债能力分析
长期偿债能力分析
短期偿债能力分析
流动比率分析
速动比率分析
现金比率分析
现金流量比率分析
长期偿债能力分析
资本结构比率分析
资产负债率分析
产权比率分析
权益系数
利息保障倍数分析
带息负债比率分析
净负债比率分析

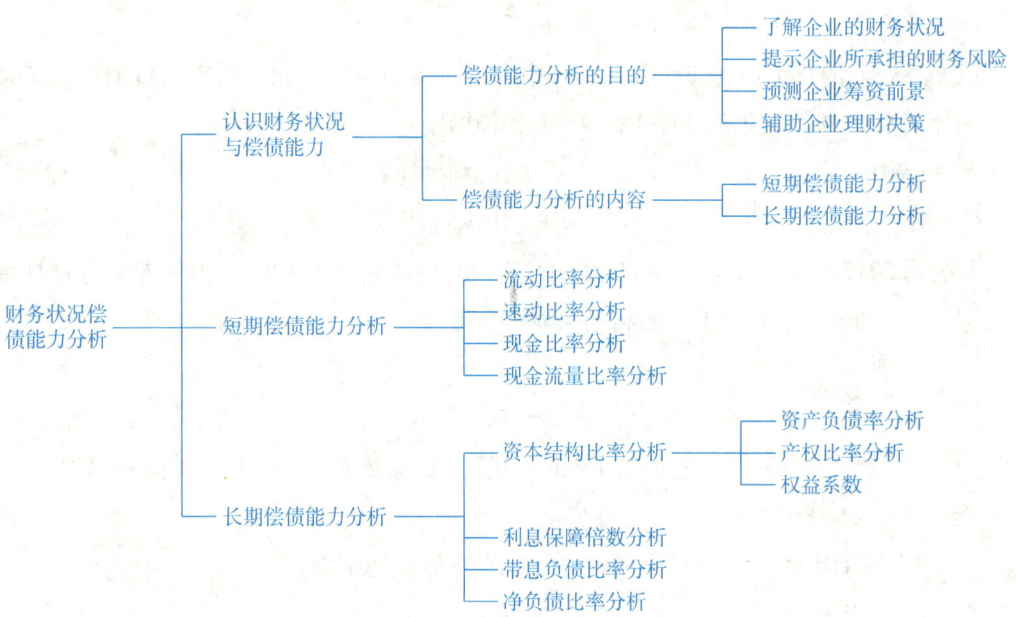

项目训练

一、单选题

1. 已知某企业的总负债为500万元，其中流动负债为100万元，则流动负债占总负债的比例为20%。这里的20%属于财务比率中的（　　）。

   A. 效率比率　　B. 相关比率

   C. 结构比率　　D. 动态比率

2. 某公司2017年平均负债为1000万元，负债的平均利率为10%，2018年财务杠杆系数为2，则该公司20×1年的利息保障倍数为（　　）。

   A. 2　　B. 3

   C. 4　　D. 6

3. 已知业务发生前后，速动资产都超过了流动负债，则赊购原材料若干，将会(　　)。

   A. 增大流动比率　　B. 降低流动比率

   C. 降低营运资金　　D. 增大营运资金

4. 下列关于企业偿债能力指标的说法中，错误的是（　　）。

   A. 营运资金为正，说明企业财务状况稳定，不能偿债的风险较小

   B. 流动比率高意味着短期偿债能力一定很强

   C. 资产负债率属于长期偿债能力指标

   D. 可动用的银行贷款能够影响企业的偿债能力

5. 若星海公司的权益乘数为7/5，则该公司的资产负债率为（　　）。

   A. 5/7　　B. 0.6

   C. 2/7　　D. 0.4

6. 乙公司2017年年末资产总额为6000万元，权益乘数为5，则资产负债率为(　　)。

   A. 80%　　B. 69.72%

   C. 82.33%　　D. 85.25%

7. 乙公司的流动资产由速动资产和存货组成，年末流动资产为70万元，年末流动比率为2，年末速动比率为1，则年末存货余额为（　　）万元。

   A. 70　　B. 45

C. 35　　　　D. 15

8. 下列各项中，属于速动资产的是（　　）。

A. 预付款项　　　　B. 存货

C. 货币资金　　　　D. 一年内到期的非流动资产

9. 下列不属于反映企业短期偿债能力的财务指标是（　　）。

A. 流动比率　　　　B. 速动比率

C. 产权比率　　　　D. 现金流量比率

10. 下列关于资产负债率、权益乘数和产权比率之间关系的表达式中，正确的是（　　）。

A. 资产负债率+权益乘数=产权比率

B. 资产负债率-权益乘数=产权比率

C. 资产负债率×权益乘数=产权比率

D. 资产负债率÷权益乘数=产权比率

11. 下列业务中，能够降低企业短期偿债能力的是（　　）。

A. 企业采用分期付款方式购置一台大型机械设备

B. 企业从某国有银行取得5年期1000万元的贷款

C. 企业向战略投资者进行定向增发

D. 企业向股东发放股票股利

12. 下列比率指标的不同类型中，流动比率属于（　　）。

A. 构成比率　　　　B. 动态比率

C. 相关比率　　　　D. 效率比率

13. 下列各项中，不属于速动资产的是（　　）。

A. 现金　　　　B. 产成品

C. 应收账款　　　　D. 交易性金融资产

14. 较高的现金流动负债比率一方面会使企业资产的流动性较强，另一方面也会带来（　　）。

A. 存货购进的减少　　　　B. 销售机会的丧失

C. 利息的增加　　　　D. 机会成本的增加

15. 如果企业速动比率很小，下列结论成立的是（　　）。

A. 企业流动资产占用过多　　　　B. 企业短期偿债能力很强

C. 企业短期偿债风险很大　　　　D. 企业资产流动性很强

16. 利息保障倍数不仅反映了企业获利能力，而且反映了（　　）。

A. 总偿债能力　　　　B. 短期偿债能力

C. 长期偿债能力 D. 经营能力

17. 产权比率越高，通常反映的信息是（ ）。

A. 财务结构越稳健 B. 长期偿债能力越强

C. 财务杠杆效应越强 D. 股东权益的保障程度越高

18. 乙公司2018年的营业收入为14500万元，财务费用为500万元，资产减值损失为10万元，所得税费用为32.50万元，净利润为97.50万元，乙公司2018年资本化利息支出100万元，已经计入在建工程，则利息保障倍数为（ ）。

A. 1.26 B. 1.17

C. 1.05 D. 0.93

二、多选题

1. 下列各项中，属于速动资产的有（ ）。

A. 货币资金 B. 交易性金融资产

C. 应收账款 D. 预付账款

2. 在计算速动资产时，应将存货从流动资产中剔除，其主要原因有（ ）。

A. 流动资产中存货的变现速度最慢

B. 部分存货可能已被抵押

C. 存货不能变现

D. 存货成本和市价可能存在差异

3. 下列选项能够影响企业的偿债能力的因素有（ ）。

A. 可动用的银行存款指标或授信额度

B. 资产质量

C. 或有事项和承诺事项

D. 经营租赁

4. 某公司目前的速动比率为1.3，以下业务导致速动比率降低的有（ ）。

A. 用所生产的产品抵偿应付购买设备款

B. 从银行借入短期借款用以购买短期股票作投资

C. 赊购原材料一批

D. 用银行支票购买一台机床

5. 影响企业短期偿债能力的表外因素有（ ）。

A. 可动用的银行贷款指标 B. 经营租赁合同中的承诺付款

C. 可以很快变现的非流动资产 D. 涉及长期负债的债务担保

6. 下列属于反映企业长期偿债能力的指标有（ ）。

A. 资产负债率　　B. 权益乘数

C. 利息保障倍数　　D. 现金流量债务比

7. 影响长期偿债能力的表外因素包括（　　）。

A. 长期租赁中的融资租赁　　B. 可以很快变现的非流动资产

C. 债务担保　　D. 未决诉讼

8. 甲公司2017年末资产总额6500万元，其中流动资产为2400万元；负债总额3000万元，其中流动负债为1800万元；2017年财务费用中的利息费用总额240万元，资本化利息60万元，净利润1500万元，企业所得税费用360万元。则甲公司（　　）。

A. 2017年年末权益乘数为1.86

B. 2017年年末流动比率1.33

C. 2017年度已获利息倍数为8.75

D. 2017年年末资产负债率为46.15%

9. 乙企业目前的流动比率为1.5，若赊购材料一批，将会导致乙企业（　　）。

A. 速动比率降低　　B. 流动比率降低

C. 营运资本增加　　D. 短期偿债能力增强

10. 下列哪些因素的存在会提高企业偿债能力（　　）。

A. 可动用的银行贷款指标或授信额度

B. 准备很快变现的固定资产

C. 或有事项和承诺事项

D. 经营租赁

11. 公司当年的经营利润很多，却不能偿还到期债务。为查清其原因，应检查的财务比率包括（　　）。

A. 销售净利率　　B. 流动比率

C. 存货周转率　　D. 应收账款周转率

12. 在不考虑其他影响因素的情况下，（　　）反映企业偿还债务能力较弱。

A. 资产负债率较高　　B. 产权比率较高

C. 销售净利率较低　　D. 已获利息倍数较高

13. 下列有关偿债能力分析的说法中，正确的有（　　）。

A. 计算营运资金使用的流动资产和流动负债，通常可以直接取自资产负债表

B. 流动比率高则短期偿债能力强

C. 产权比率与资产负债率对评价偿债能力的作用一致

D. 如果企业存在很快变现的长期资产，会增加企业的短期偿债能力

三、判断题

1. 权益乘数主要受资产负债率指标的影响，资产负债率越高，权益乘数就越高，说明企业的负债程度越低，杠杆效应越小。 (　　)
2. 现金比率用于分析企业的短期偿债能力，所以现金比率越大越好。 (　　)
3. 流动比率高的企业短期偿债能力不一定很强。 (　　)
4. 权益乘数的高低取决于企业的资金结构：资产负债率越高，权益乘数越高，财务风险越大。 (　　)
5. 从股东角度分析，因为利息支出可以税前扣除，有抵税效应，所以资产负债率越高，节约所得税带来的收益就越大。 (　　)
6. 营运资金是反映企业资产营运能力的重要指标。 (　　)
7. 分析企业的长期偿债能力除了关注企业的资产与负债的规模和结构以外，还需要关注企业的盈利能力。 (　　)
8. 资产负债率越高，表明企业利用他人资金越充分，对企业发展越有利。 (　　)
9. 一般来说，速动比率保持在 1 左右比较合适。 (　　)
10. 已获利息倍数是指企业的利润总额与利息支出的比率，反映企业经营成果对利息支出的保障程度。 (　　)

四、计算题

1. 甲公司 2017 年流动负债 200 万元，流动资产 400 万元，其中：货币资金 50 万元，应收票据 50 万元，存货 90 万元，预付账款 10 万元，应收账款 200 万元。

要求：计算该公司的流动比率和速动比率。

2. 乙公司 2018 年初的资产总额为 5000 万元，产权比率为 1，2018 年末资产总额 6500 万元，其中流动资产为 2400 万元、无形资产净值为 500 万元；负债总额 3000 万元，其中流动负债为 1800 万元；2018 年财务费用中的利息费用总额 200 万元，资本化利息为 40 万元，2018 年净利润 1500 万元，企业所得税费用 360 万元。

要求：（1）计算 2018 年年末权益乘数；

（2）计算 2018 年年末产权比率；

（3）计算 2018 年度利息保障倍数；

（4）计算 2018 年年末流动比率；

（5）计算 2018 年年末资产负债率。

3. 丙公司 2017 年年末资产负债表简表如下表所示：

资产	期末数	权益	期末数
货币资金	25000	应付账款	(3)
应收账款净额	(1)	应交税费	25000
存货	(2)	长期借款	(4)
固定资产净额	294000	实收资本	180000
		未分配利润	(5)
总计	432000	总计	(6)

已知：丙公司期末流动比率 = 1.5，期末资产负债率 = 50%，2017 年营业成本 = 315000 元，存货周转率 = 4.5 次，期末存货等于期初存货。

要求：计算并填列上述资产负债表简表空白项的金额。

五、技能实训题

1. 实训目的

增强学生运用所学知识与分析方法进行财务综合分析的实际操作能力，提高学生发现问题、分析问题和解决问题的能力，并培养学生团队协作意识，提高职业判断能力、语言表达能力和沟通能力。

2. 实训资料

一家上市公司近三年的财务报告（年报）及其所属行业的偿债能力财务比率平均水平。

3. 实训组织

按 6 人为一个学习小组，选定小组长一人，负责组织小组讨论、实训和学习。

4. 实训任务

(1) 搜集指定行业的一家上市公司近三年的财务报告年报；

(2) 搜集该行业偿债能力相关指标平均水平；

(3) 计算偿债能力的相关指标；

(4) 完成偿债能力的评价分析。

5. 实训要求

(1) 能熟练利用网络搜集查阅所需的资料；

(2) 能把握偿债能力分析的关键点；

(3) 能运用所学的方法进行偿债能力的计算分析，得出评价结论；

(4) 制作 PPT 汇报。

职业核心能力测评

职业核心能力测评表

（在□中打√，A 通过，B 基本通过，C 未通过）

职业核心能力	评估标准	自测结果
自我学习	1. 能进行时间管理	□A　□B　□C
	2. 能选择适合自己的学习和工作方式	□A　□B　□C
	3. 能随时修订计划并进行意外处理	□A　□B　□C
	4. 能将已经学到的东西用于新的工作任务	□A　□B　□C
信息处理	1. 能根据不同需要去搜寻、获取并选择信息	□A　□B　□C
	2. 能筛选信息，并进行信息分类	□A　□B　□C
	3. 能使用多媒体等手段来展示信息	□A　□B　□C
数字应用	1. 能从不同信息源获取相关信息	□A　□B　□C
	2. 能依据所给的数据信息，作简单计算	□A　□B　□C
	3. 能用适当方法展示数据信息和计算结果	□A　□B　□C
与人交流	1. 能把握交流的主题、时机和方式	□A　□B　□C
	2. 能理解对方谈话的内容，准确表达自己的观点	□A　□B　□C
	3. 能获取信息并反馈信息	□A　□B　□C
与人合作	1. 能挖掘合作资源，明确自己在合作中能够起到的作用	□A　□B　□C
	2. 能同合作者进行有效沟通，理解个性差异及文化差异	□A　□B　□C
解决问题	1. 能说明何时出现问题并指出其主要特征	□A　□B　□C
	2. 能做出解决问题的计划并组织实施计划	□A　□B　□C
	3. 能对解决问题的方法适时做出总结和修改	□A　□B　□C
革新创新	1. 能发现事物的不足并提出新的需要	□A　□B　□C
	2. 能创新性地提出改进事物的意见和具体方法	□A　□B　□C
	3. 能从多种方案中选择最佳方案，在现有条件下实施	□A　□B　□C
学生签字：	教师签字：	20　年　月　日

项目四 经营成果与获利能力分析

职业能力目标

通过本单元的学习，你应该能够：

了解获利能力分析的含义和主要内容

掌握销售获利能力的主要分析方法

掌握资产获利能力的主要分析方法

掌握资本获利能力的主要分析方法

运用指标分析法对企业进行获利能力分析

主要概念

销售获利能力　资产获利能力　资本获利能力

导入案例

透过家电行业三巨头的财报数据看获利能力

从2007年至2016年间，美的集团、格力电器、青岛海尔的营业总收入增速全都超过10%，其中格力（12.53%）＜美的（14.32%）＜海尔（16.78%）；净利润增速同样可观，从归母净利润GAGR表现来看，海尔（25.68%）＜美的（29.45%）＜格力（31.97%）。三巨头为保持规模增长，纷纷使出浑身解数。海尔拿下GE家电业务，为开辟国际市场做铺垫；美

的收购德国机器人公司库卡，想借助机器人产业开启自己的第二条跑道；格力留有憾事，本想进军新能源领域却在股东的反对下戛然而止。截至2017年第三季度，收入规模上美的领跑，海尔居中，格力第三。

青岛海尔的净利率在三者中排最末，并且近几年低于行业平均水平，与其公司期间费用较高有关（主要原因是其高端品牌建设及海外市场布局带来的高费用支出），销售费用、管理费用、财务费用三费之和占总收入之比逐年升高。美的集团三费占总收入之比一直维持在15%~16%，格力的三费占总收入之比虽然在2012–2015年极速攀升后在2016年又降至15%左右，海尔的三费占总收入之比从2007年的16%逐年升高至今的24%。

从以上财务指标来看，格力电器表现最为亮眼，而美的和海尔在不断对外扩张、发展多样化产品的同时也能提高自身盈利能力，始终保持在行业前列。有一个年份值得注意，即前一年房地产景气度下行延后影响＋去库存＋经济环境疲软的2015年，在家电扶持政策透支之后，冰箱洗衣机持续下滑，空调甚至出现月度最大跌幅超过40%的情况，整个家电行业呈现衰退状况。这一年格力受创最严重，营收从上一年的1400亿元跌落到1005亿元，同比下降29.04%，净利润同比下降11.46%；青岛海尔营收同比下降7.41%，净利润同比下降19.42%；相比之下，美的集团表现出极大的抗风险能力，营收1393亿元，同比微跌2.28%，净利润同比增长21%。在通过财务数据了解家电行业三巨头的盈利能力同时，发现在逆境之下，美的表现优于格力与海尔，主要原因是美的集团早已建立起良好的职业经理人管理机制和企业文化。

资料来源：http://free.chinabaogao.com/jiadian/201804/04432P012018.html 中国报告网，2018.04.04

投资者该如何透过财务数据来判断企业获利的主要来源，分析企业的获利能力，从而考察企业资产结构是否合理、营销策略是否成功、经营管理水平的高低，帮助自己做出正确的决策，这就需要具备一定的获利分析的能力，对企业获利能力进行客观分析与评价。

任务一　认识经营成果与获利能力

生存、发展、获利是经营企业的目标，而只有获利才能使企业更好地生存与发展，因此追求最大经济效益就成为各个企业的最终目标。获利能力是指企业在一定时期内获取利润的能力，也称为企业的资金或资本增值能力，通常表现为一定时期内企业收益数额的多少及其水平的高低，是经营成果最直接的体现。保持最大的获利能力是企业财务工作的目标，同时也是企业实现持续健康发展的根本保证。由于获利能力是企业组织生产经营活动、销售活动和财务管理水平高低的综合体现，因而企业获利能力是企业所有利益相关者共同关注的问题，企业经营的失败和财务状况的恶化无不是由于企业的获利能力的衰减造成的。对企业经营成果进行剖析的过程也就是对企业获利能力做出评价与判断的过程。

知识准备

一、获利能力分析的目的

投资者和潜在投资者关注获利能力，是因为他们的股息收入来源于利润，而且企业获利能力增加还能使股票价格上升，从而使股东获得资本增值；债权人关注获利能力，是因为企业利润是其债权安全性的保障，是企业偿债的主要来源；由于企业获利能力的大小是企业资产结构是否合理、营销策略是否成功、经营管理水平高低的主要表现，企业管理层为了衡量业绩、发现问题、履行和承担受托经营责任，同样会非常关心企业自身的获利能力；对于政府机构而言，企业获利水平是其税收收入的直接来源，获利的多寡直接影响财政收入的实现。因此，获利能力对于所有报表使用者都有着十分重要的影响。

作为自主经营、自负盈亏的独立商品生产者和经营者，企业必须维护其资本的完整性并尽最大可能地获取利润，这样才能向股东们发放股利，增加雇员薪金，保证可靠的偿债能力，才能使企业健康、顺利地发展。只有净资产得到保全和维护并取得盈余，才能保持企业经济实力，保证国家财政收入的稳定，才有利于整个国民经济的健康发展。因此，获利能力在财务报表分析中处于非常重要的地位。

综上所述，获利能力分析的目的有以下几点：

1. 有利于投资者进行投资决策

企业的投资者进行投资的目的是获取更多的利润，投资者总是将资金投向获利能力最强的企业。投资者对获利能力进行分析是为了判断企业获利能力的大小、获利能力的稳定性和持久性及未来获利能力的变化趋势。在市场经济条件下，投资者往往认为企业的获利能力比财务状况、营运能力更为重要，所以投资者关心企业赚取利润的多少并重视对利润率的分析。企业获利能力增强，投资者的直接利益就会提高，此外还会使股票价格上升，从而使股票投资者获得资本收益。

2. 有利于债权人衡量投入资金的安全性

债权人可以通过分析企业的获利能力来衡量收回本息的安全程度，从而使借贷资金流向具有较高安全性和利润率的社会生产部门。

企业短期债权人关注的是在短期内企业能否按时还本付息，因此主要分析企业当期的获利水平。在短期借款时期内企业的获利水平高，短期债权人的利益就有较好保证，他们较少关心企业未来获利水平的稳定性和持久性。此外，短期债权人是否能收回其借款本息，还常常取决于企业的现金净流量，因此短期债权人还特别关心企业获利情况下的现金支付能力。

企业长期债权人关注的是企业在长期债务到期时能否及时足额还本付息。长期债务的偿还要以企业高水平、持久稳定的获利能力为基础，因此长期债权人侧重于分析判断企业长期获利水平的高低、获利的稳定性和持久性，并以此预期在长期借款到期后他们能否及时足额收回本金和利息。

3. 有利于政府行使社会职能

政府行使其管理职能，要有足够的财政收入做保证。税收是国家财政收入的主要来源，而税收的大部分来自于企业。企业获利能力越强，就意味着对政府的税收贡献越大。

4. 有利于企业经理人员对企业进行经营管理

从企业的角度看，企业从事生产经营活动，其根本目的是最大限度地赚取利润并维持企业稳定的经营和发展。持续稳定的经营和发展是获取利润的基础，而最大限度地获取利润又是企业持续稳定发展的目标和保证。因此，对企业经理人员来说，分析企业的获利能力具有十分重要的意义。首先，用已达到的获利能力指标与标准、基期、同行业平均水平、其他企业相比较，可以衡量经理人员工作业绩的优劣；其次，通过对获利能力的深入分析或因素分析，可以发现经营管理中存在的重大问题，进而采取措施予以解决，提高企业的收益水平。

5. 有利于保障企业职工的劳动者权益

企业获利能力的高低，直接关系到企业员工的切身利益。企业的竞争实际上是人才的竞争，企业具有较强的获利能力，就能为员工提供较为稳定的就业岗位、较多的深造和发展机会、较丰富的薪金及物质待遇，为员工工作、生活、健康等各方面创造良好的条件，同时也能吸引人才，使他们更努力地为企业工作。

二、获利能力分析的内容

获利能力的分析是企业财务分析的重点，财务结构分析、偿债能力分析等的根本目的是通过分析及时发现问题，改善企业财务结构，提高企业的偿债能力和经营能力，最终提高企业的获利能力，促进企业持续稳定发展。然而，对企业获利能力的分析主要是指对利润率的分析。尽管利润额的分析可以说明企业财务成果的增减变动状况及其原因，为改善企业经营管理指明方向，但是由于利润额受企业规模或投入总量的影响较大，一方面使不同规模的企业之间不便于对比，另一方面也不能准确反映企业的获利能力和获利水平。因此，仅进行利润额分析一般不能满足各方面对财务信息的要求，还必须对利润率进行分析。

获利能力分析主要包括以下几个方面的内容：

1. 基于商品经营角度的获利能力分析

不同层次、不同性质企业的经营方式不同，使得反映企业获利能力的指标形式有所不同。经营方式包括商品经营、资产经营和资本经营三种类型，因此对企业获利能力的分析主要从这三个角度进行。

商品经营与生产经营型企业紧密相连。所谓生产经营型，其基本特点是围绕产品生产进行经营管理，包括供应、生产和销售各环节的管理及相应的筹资和投资管理。

管理目标是追求供产销的衔接和商品的获利性。商品经营的基本内涵是企业以市场为导向，组织供产销活动，以一定的人力、物力消耗生产与销售尽可能多的社会需要的商品。商品经营获利能力分析主要利用利润表资料进行利润率分析，包括收入利润率分析和成本利润率分析两方面的内容。

2. 基于资产经营角度的获利能力分析

资产经营与资产经营型企业紧密相连。所谓资产经营，其基本特点是把资产作为企业资源投入，并围绕资产的配置、重组和使用等进行管理。管理目标是追求资产的增值和资产获利能力的最大化。资产经营的基本内涵是合理配置使用资产，以一定的资产投入取得尽可能多的收益。资产经营获利能力分析主要对总资产报酬率指标进行

分析和评价。影响总资产报酬率的指标主要有总资产周转率和销售息税前利润率。

3. 基于资本经营角度的获利能力分析

资本经营与资本经营型企业紧密相连。所谓资本经营型，其基本特点是围绕资本保值与增值进行经营管理，把资本收益作为管理的核心，资产经营、商品经营和产品经营都服从于资本经营目标。资本经营型企业的管理目标是实现资本保值与增值或追求资本获利能力最大化。资本经营的基本内涵是指企业以资本为基础，通过优化配置来提高资本经营效益的经营活动，包括资本流动、收购、重组、参股和控股等能实现资本增值的领域，从而使企业以一定的资本投入取得尽可能多的资本收益。资本经营获利能力分析主要对净资产收益率指标进行分析和评价。影响净资产收益率的指标主要有总资本报酬率、负债利息率、企业资本结构和所得税税率等。上市公司因为股权流通、股票价格公开等因素的影响而具有一些特殊的指标，还应对上市公司的获利能力指标进行分析。上市公司获利能力分析主要对每股收益、普通股权益报酬率、股利发放率、价格与收益比率、托宾 Q、现金分配率以及每股经营现金流量等指标进行分析和评价。

虽然对获利能力的分析可以分别基于以上三种经营方式来进行，但三者之间是相互联系的，在分析时不能简单地割裂开来。

首先，商品经营和资产经营既相互联系，又相互区别。主要表现在：第一，资产经营不能离开商品经营而独立存在，没有有效的商品经营，难以取得良好的资产经营效果。第二，资产经营是对商品经营的进一步发展，不仅考虑商品本身的消耗与收益，而且将资产的投入与产出及周转速度作为经营的核心。第三，资产经营目标比商品经营目标更综合。商品经营目标是实现资产经营目标的基础而非全部。要实现资产经营目标，必须在商品经营目标的基础上，进一步搞好资产的重组与有效使用，加快资产周转速度。

其次，资本经营和资产经营同样既相互联系，又相互区别。它们的主要区别在于：第一，经营内容不同。资产经营主要强调资产的配置、重组及有效使用；资本经营主要强调资本流动、收购、重组、参股和控股等。第二，经营出发点不同。资产经营从整个企业出发，强调全部资源的运营，而不考虑资源的产权问题；资本经营则在产权清晰的基础上从企业所有者的角度出发，强调资本（主要指自有资本）的运营。它们之间的联系主要表现在：第一，资本与资产的关系决定了二者之间相互依存、相互作用，资本经营要以资产经营为依托，资本经营不能离开资产经营而孤立存在；第二，资本经营是企业经营的最高层次，商品经营是产品经营的进步，资产经营是商品经营的进步，而资本经营是资产经营的进步，资产经营可以看作资本经营的一个环节或组成部分。

三、获利能力的影响因素

获利能力受营销能力、成本费用管理水平、资产管理水平、财务状况及风险等各方面因素的影响，分析和研究这些因素的影响对于准确评价企业的获利能力非常重要。

获利能力主要包括以下几个方面的影响：

1. 营销能力

营业收入尤其是主营业务收入是企业利润最重要的源泉，是企业发展的基础。企业的营销能力是扩大经营规模、增加营业收入的保证。科学有效的营销策略有助于形成良好的营业状况，为企业获利提供最基本的条件。

2. 成本费用管理水平

利润是收入扣减费用后的差额。如果说营销能力是企业“增收”的保障，那么成本费用管理水平就是企业“节支”的基础。在企业营销能力一定的情况下，其成本费用越高，获利能力越差，企业抵御市场风险的能力和市场竞争能力越弱；反之，其成本费用越低，则获利空间越大，企业抵御市场风险的能力和市场竞争能力越强。加强对成本费用的管理，不断挖掘成本潜力，是企业增加利润的重要手段。当然，降低成本费用应以不减少企业现在和未来的收入为前提。

3. 资产管理水平

资产是可以带来经济利益的经济资源。资产规模适度与否、资产结构合理与否以及资产运用效率的高低直接影响企业获取经济利益的能力，即获利能力。有效的资产管理有助于确定适度的资产规模，安排合理的资产结构，不断提高资产效率。

4. 财务状况及风险

财务状况的稳定性取决于资本结构，而资本结构对获利能力有着重要影响。资本结构是风险与收益相权衡的结果，它对企业经营具有重要影响。由于非流动负债的利息在税前列支，而且具有相对稳定性，它不仅影响着税前、税后利润，还发挥着财务杠杆的作用，即当长期资本报酬率高于非流动负债利息率时，净资本报酬率随着负债率的增加而增加，反之则减少，甚至由正值变为负值。可见，资本结构变化时企业股东权益报酬率发生变化，属于一种典型的理财收益，同时，它也反映了与高财务风险相关的获利能力的易变性。因此，增强权益的获利能力，需要在尽可能减少资本占用的同时妥善安排资本结构。

任务二 销售获利能力分析

销售获利能力的分析是基于企业的商品经营方式，商品经营的基本内涵是企业以市场为导向，组织供产销活动，以一定的人力、物力消耗生产与销售尽可能多的社会需要的商品。

商品经营是相对于资产经营和资本经营而言的。商品经营的获利能力，即销售获利能力分析只研究利润与收入或成本之间的比率关系，而不考虑企业筹资或投资问题。因此，销售获利能力分析主要利用利润表资料进行利润率分析，反映销售获利能力的指标可分为两类：一类是各种利润额与收入之间的比率，统称收入利润率；另一类是各种利润额与成本之间的比率，统称成本利润率。

以销售收入为基础的获利能力分析评价指标主要有：营业毛利率、营业利润率、营业净利率等。

以销售成本为基础的获利能力分析评价指标主要有：成本费用利润率、期间费用率等。

知识准备

一、营业毛利率

营业毛利率是由营业收入减去营业成本而得，它最大的特点在于没有扣除期间费用。因此，它能够排除管理费用、财务费用、营业费用对主营业务利润的影响，直接反映销售收入与成本的关系，该指标反映了企业的主营业务经营成果和获利能力。其计算公式为：

营业毛利率 = 营业毛利 / 营业收入 ×100%

= （营业收入 − 营业成本） / 营业收入 ×100%

营业毛利率反映了企业主营业务的基本获利能力，该指标越高说明企业的获利能力越强；反之，则获利能力弱。营业毛利率有很明显的行业特点，同行业企业毛利率通常是比较接近的，若出现差异往往是由于企业在价格制定和变动成本控制方面存在着差距。通过与同行业企业的毛利率的比较，企业可以发现问题，分析原因进行改进，从而提高企业的获利能力。

二、营业利润率

营业利润率是指企业营业利润与营业收入的比率，该指标体现了扣除营业税金及附加和期间费用并加上投资收益等之后的利润占营业收入的比率。其计算公式为：

营业利润率＝营业利润／营业收入×100%

与营业毛利率相比，营业利润率不仅考虑了变动成本（即营业成本），同时还考虑了主要的固定成本（即期间费用）和投资收益，在评价企业的获利能力方面更进了一步。营业利润率越高，说明企业经营状况越好，获利能力越强；反之，则说明企业获利能力弱。

三、营业净利率

营业净利率是指企业的税后利润与营业收入的比率。该比率反映了企业最终获得的利润占总收入的比率，其计算公式为：

营业净利率＝净利润／营业收入 ×100%

该指标的分子净利润是企业最终的利润，营业净利率越高，说明企业最终获利能力越强；反之，则说明企业最终获利能力越弱。通过分析营业净利润的升降变动，可以促使企业在扩大销售的同时，注意改进企业经营管理，提高获利水平，提示企业在增加销售收入的同时，必须要相应获取更多的净利润才使营业净利率保持不变或有所提高。

四、成本费用利润率

成本费用利润率是指企业一定时期利润总额与成本费用总额的比率。该比率反映了一定时期企业成本费用耗用的盈利能力。其计算公式为：

成本费用利润率＝利润总额／成本费用总额 ×100%

其中：成本费用总额＝营业成本＋营业税金及附加＋销售费用＋管理费用＋财务费用。

该指标越高，说明企业为取得利润而付出的代价越小，成本费用控制得越好，获利能力越强。同利润一样，成本费用的计算口径也可以分为不同层次，例如，主营业务成本、营业成本等。在评价成本费用开支效果时，应当注意成本费用与利润之间在计算层次和口径上的对应关系。成本费用利润率从耗费角度补充评价企业的收益状况

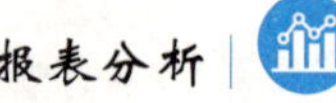

和获利水平，有利于促进企业加强内部管理，节约支出，提高经济效益。

五、期间费用率

期间费用率是指企业在生产经营过程中为了销售产品以及正常经营管理发生的各种期间费用与营业收入的比率，其计算公式为：

期间费用率 = 期间费用 / 营业收入 ×100%

期间费用率反映了企业对期间费用的控制情况。在企业实际生产经营过程中，期间费用的控制情况可能差别较大，能否有效地控制期间费用对企业的获利能力有直接的影响。期间费用率越低说明企业对期间费用的控制情况越好，企业的获利能力越强；反之，则获利能力弱。

任务实施

【例 4 – 1】对艾华集团进行销售获利能力分析，相关数据见表 4 – 1。

表 4 – 1　　艾华集团 2015 ~ 2018 年相关财务数据　　单位：元

项目	2015	2016	2017	2018
一、营业收入	1308500033.28	1553647139.85	1792502985.37	2165573917.78
减：营业成本	854650020.87	1011767209.23	1185155379.29	1508611535.25
税金及附加	11366022.96	16248046.70	15484402.79	15622068.02
销售费用	75213347.16	99373218.85	118562460.25	133966769.27
管理费用	106438485.75	137672878.94	74073025.94	89374950.43
研发费用			70911242.43	82699722.35
财务费用	–5540345.32	–6552318.93	6818862.67	14052340.93
资产减值损失	7887410.79	12955289.95	10376282.71	10147151.65
投资收益	3527737.88	25661042.13	22187498.86	23094946.10
资产处置收益		–915197.41	–142003.56	88770.87
其他收益			3771600.00	4137538.00
二、营业利润	262012828.95	306928659.83	336938424.59	338420634.85
加：营业外收入	11124098.61	20916307.72	14473322.46	17225253.46
减：营业外支出	4534485.22	15466034.37	9377524.91	4320071.96

续表

项目	2015	2016	2017	2018
三、利润总额	268602442. 34	312378933. 18	342034222. 14	351325816. 35
减：所得税费用	41130305. 80	48689460. 98	49514809. 79	51974913. 31
四、净利润	227472136. 54	263689472. 20	292519412. 35	299350903. 04

步骤 1、计算销售获利能力分析比率：

2015 年销售获利能力指标计算：

$$营业毛利率 = \frac{营业毛利}{营业收入} = \frac{453850012.41}{1308500033.28} \times 100\% = 34.68\%$$

$$营业利润率 = \frac{营业利润}{营业收入} = \frac{262012828.95}{1308500033.28} \times 100\% = 20.02\%$$

$$营业净利率 = \frac{净利润}{营业收入} = \frac{227472136.54}{1308500033.28} \times 100\% = 17.38\%$$

$$成本费用利润率 = \frac{利润总额}{成本费用总额} = \frac{268602442.34}{1042127531.42} \times 100\% = 25.77\%$$

$$期间费用率 = \frac{期间费用}{营业收入} = \frac{176111487.59}{1308500033.28} \times 100\% = 13.46\%$$

其余年度指标计算同上。

上述财务分析指标计算结果见表 4 -2：

表 4 -2　　艾华集团 2015 ~ 2018 年销售获利能力相关财务分析比率

项目	2015	2016	2017	2018
营业毛利率	34. 68%	34. 88%	33. 88%	30. 34%
营业利润率	20. 02%	19. 75%	18. 80%	15. 63%
营业净利率	17. 38%	16. 97%	16. 32%	13. 82%
成本费用利润率	25. 77%	24. 57%	23. 09%	18. 94%
期间费用率	13. 46%	14. 84%	15. 08%	14. 79%

步骤 2、对营业毛利率进行分析：

表 4 -3　　艾华集团 2015 ~ 2018 年营业毛利率

项目	2015	2016	2017	2018
艾华集团	34. 68%	34. 88%	33. 88%	30. 34%
行业平均	20. 65%	20. 95%	22. 18%	18. 94%

从表 4 -3 可以看出从 2015 年到 2018 年，这四年艾华集团的营业毛利率指标都维

持在一个不错的水平，均远远高于行业的平均水平，表示其销售获利能力高于整个行业水平。其中，从2015年到2016年期间营业毛利率持续上升，说明其销售获利能力持续增强，从财务数据可看出营业收入的增长幅度大于营业成本的增长幅度，这主要得益于其销售实力和品牌实力不断增强以及技术创新、精益生产、高效生产所带来的成本节约。2017年营业毛利率有所下滑以及2018年较大幅度的下滑，主要原因在于营业成本以高于营业收入的增长率急剧攀升，艾华公司接下来经营管理工作的重点是继续创新技术，同时改善生产管理，通过控制产品成本来促使企业获得更多的营业毛利。

步骤3、对营业利润率进行分析：

表4－4　　艾华集团2015～2018年营业利润率

项目	2015	2016	2017	2018
艾华集团	20.02%	19.75%	18.80%	15.63%
行业平均	4.29%	4.79%	6.36%	4.02%

从表4－4可以看出艾华集团营业利润率远高于行业平均数据，说明其销售获利能力处于行业领先水平，但2015年到2018年期间艾华集团在整体行业营业利润率维持相对较稳定的情况下一直处于下滑的状态，说明其销售获利能力水平有所下降。由财务数据分析可知，除了成本攀升导致的毛利率下降以外，期间费用的快速增长是使营业利润率下降的另一个主要原因。

步骤4、对营业净利率进行分析：

表4－5　　艾华集团2015～2018年营业净利率

项目	2015	2016	2017	2018
艾华集团	17.38%	16.97%	16.32%	13.82%
行业平均	5.29%	5.11%	5.61%	3.06%

从表4－5可以看出，与营业利润率的变化一样，艾华集团营业净利率远高于行业平均水平，但近几年也处于持续下滑的状态。经分析，可以发现公司营业收入虽然一直呈现15%到20%的高增长率，但是近两年营业利润的增长却微乎其微，2018年公司的营业总成本增速远高于营业收入的增长速度，毛利率较2017年下降了4个百分点，营业利润增长率不到1%，因此企业的营业净利率增长乏力，盈利能力有所减退，企业应注意控制营业成本和期间费用。当然，2018年各项销售获利能力指标的行业平均数都有不同程度下降，可由此推测经营大环境的变化对该行业的经营活动产生了一定的影响。

步骤5、对成本费用利润率进行分析：

表4－6　艾华集团2015～2018年成本费用利润率

项目	2015	2016	2017	2018
艾华集团	25.77%	24.57%	23.09%	18.94%
行业数据	6.47%	6.44%	6.79%	3.92%

对于企业来说，要想提高获利水平，不仅应通过“开源”的方式增加收入，也应该采取必要的手段“节流”，减少成本费用以提高企业的获利能力。

从表4－6中可以看出，从2015年到2018年，艾华集团的成本费用利润率指标始终处在一个不错的水平，并且均远远高于行业的平均水平，表示艾华集团为取得相同利润而付出的代价相比行业内其他企业要小，成本费用控制能力高于行业整体水平，获利能力较强。然而，2015～2018年期间艾华集团的成本费用利润率持续下降，从25.77%降至18.94%，经分析后得知，由于生产所需的原材料价格大幅上涨导致2018年的营业成本激增，期间费用的同步增长进一步加大了营业总成本费用，导致利润的增长幅度微乎其微，因此成本费用利润率在2018年出现了断层式下跌。成本费用利润率是体现企业市场竞争力的关键，公司应当积极采取措施应对经营环境的变化，努力降低成本，控制费用，以改善经营管理，提高企业的经济效益。

步骤6、对期间费用率进行分析：

表4－7　艾华集团2015～2018年期间费用率

项目	2015	2016	2017	2018
艾华集团	13.46%	14.84%	15.08%	14.79%
行业平均	286.96%	280.06%	15.91%	13.67%

从表4－7中可以看出，2017年和2018年艾华集团的期间费用率与行业平均水平基本持平，而2015年和2016年，同行很多企业因投入了巨额的研发费用，导致其平均期间费用率畸高，相对而言艾华集团在研发支出方面投入并不很多，因此期间费用率始终稳定在13%至15%之间。鉴于公司在研发方面投入不大，负债率又很低，但期间费用率几乎与销售同步增长，导致利润增长乏力，公司应进一步查明销售费用和管理费用是否存在失控的情况，分析是否还有改进管理、压缩费用的空间。

任务三　资产获利能力分析

资产获利能力，是指企业运营资产而产生利润的能力。由于企业不仅可以采用高销售净利率、低周转率的政策，也可以采用低销售净利率、高周转率的政策，所以销售净利率会受企业政策的影响。但是，这种政策选择不会改变企业的资产利润率，因此资产利润率能更加全面地反映企业获利的能力。

反映资产获利能力的指标主要有：总资产报酬率、净资产收益率、长期资本收益率等。

知识准备

一、总资产报酬率

总资产报酬率，是指企业占用的全部资产的获利能力，是息税前利润与平均资产总额的比率，是反映企业资产综合利用效果的指标，也是衡量企业利用债权人和所有者权益总额所取得盈利的重要指标，也称为总资产收益率、资产利润率，常用 ROA 表示。其计算公式如下：

总资产报酬率 = 息税前利润 / 平均资产总额 ×100%

息税前利润 = 利润总额 + 利息支出 = 净利润 + 所得税 + 利息支出

平均总资产 = （年初资产总额 + 年末资产总额）/ 2

总资产报酬率由于采用息税前利润来计算，因而更适用于企业不同时期和其他企业的比较。因为不同时期和不同企业的资本结构是不同的，负债高则利息多，负债低则利息少，而利息也是要通过企业的盈利收益来补偿的，所以，用息税前利润计算的总资产报酬率不但能真实地反映企业实际的盈利能力，也能保证在相同的基础上进行不同企业间的比较。该指标能够帮助管理者重视资产的应用效率，加强对资产的管理，在有限的资产投入情况下，尽可能多地获取利润。该比率越高，说明资产投入的产出效率越高，企业的获利能力越强；反之，则企业的获利能力弱。

二、净资产收益率

净资产收益率是指企业一定时期净利润与平均净资产的比率。它是反映自有资金投资收益水平的指标，是企业获利能力指标的核心，常用 ROE 表示。其计算公式如下：

净资产收益率 = 净利润 / 平均净资产（所有者权益）×100%

净资产 = 资产 - 负债 = 所有者权益

平均净资产 =（所有者权益年初数 + 所有者权益年末数）/ 2

企业获取的报酬最终归属于企业的投资者，净资产收益率能够充分说明所有者的每一单位投资能够获取多少回报。因此，净资产收益率是评价企业自有资本及其积累获取报酬水平的最具综合性与代表性的指标，反映企业资本运营的综合效益。该指标通用性强，适用范围广，不受行业局限，在国际上的企业综合评价中使用率最高。通过对该指标的综合对比分析，可以看出企业获利能力在同行业中所处的地位，以及与同类企业的差异水平。一般认为，净资产收益率越高，企业自有资本获取收益的能力越强，意味着权益资本投资者所拥有的财富在不断增长。

三、长期资本收益率

长期资本在数额上具有较高的稳定性，是企业发展的坚实基础。长期资本收益率等于企业的息税前利润与企业的平均长期资本的比率。其计算公式为：

长期资本收益率 = 息税前利润/平均长期资本 ×100%

其中：平均长期资本 = 长期负债平均值 + 所有者权益平均值

长期资本是指长期负债与所有者权益之和，来源于长期债权人和股东，平均长期资本是期初和期末长期资本的平均数。长期资本收益率越高，说明企业的长期资本获取报酬的能力越强。对长期资本收益率进行横向的比较，可以观察到企业的该指标在整个行业中的地位，分析出企业与其竞争对手相比的优势或劣势，在此基础上，对企业的经验方法及时做出调整，以保证长期的获利能力。因此，长期资本收益率越高，说明企业长期资本的获利能力越强；反之，则长期资本的获利能力弱。

【例 4 - 2】对艾华集团财务报表进行资产获利能力分析，相关数据见表 4 - 8：

表 4-8　　艾华集团 2015~2018 年相关财务数据

项目	2016	2017	2018
利息	-1577596. 04	-5088448. 93	15237114. 62
利润总额	312378933. 18	342034222. 14	351325816. 35
息税前利润	310801337. 14	336945773. 21	366562930. 97
净利润	263689472. 20	292519412. 35	299350903. 04
平均长期负债	17330000. 00	17330000. 00	551759311. 37
平均资产总额	2164723893. 88	2307806958. 57	2822447924. 13
平均净资产	1791972850. 97	1844077293. 25	1983733729. 75
平均长期资本	1809302850. 97	1861407293. 25	2535493041. 12

步骤 1、计算资产获利能力分析比率：

2016 年资产获利能力指标计算：

$$总资产报酬率 = \frac{息税前利润}{平均资产总额} = \frac{310801337.14}{2164723893.88} \times 100\% = 14.36\%$$

$$净资产收益率 = \frac{净利润}{平均净资产} = \frac{263689472.20}{1791972850.97} \times 100\% = 14.72\%$$

$$长期资本收益率 = \frac{息税前利润}{平均长期资本} = \frac{268364963.65}{1809302850.97} \times 100\% = 17.18\%$$

其余年度指标计算同上。

上述财务分析指标计算结果见表 4-9：

表 4-9　　艾华集团 2015~2018 年资产获利能力相关财务分析比率

项目	2016	2017	2018
总资产报酬率	14. 36%	14. 60%	12. 99%
净资产收益率	14. 72%	15. 86%	15. 09%
长期资本收益率	17. 18%	18. 10%	16. 16%

步骤 2、对总资产报酬率进行分析：

表 4-10　　艾华集团 2015~2018 年总资产报酬率

项目	2016	2017	2018
艾华集团	14. 36%	14. 60%	12. 99%
行业平均	2. 90%	3. 98%	3. 25%

从表 4-10 中可以看出，从 2016 年到 2018 年，这三年艾华集团的总资产报酬率指

标都远远高于行业平均水平，说明艾华集团的资产利用效益高于整个行业水平，企业资产的回报能力较强。但也要看到，从2016年到2018年期间，艾华集团的总资产报酬率总体上呈下降趋势，参看本书项目八“财务综合分析与业绩评价”中的杜邦财务分析可知，艾华集团总资产报酬率的下降既有营业净利率下滑的原因，也有资产周转速度变慢的因素在内，这正说明了总资产报酬率是资产运营能力与销售获利能力综合作用的结果。

步骤3、对净资产收益率进行分析：

表4－11　　艾华集团2015～2018年净资产收益率

项目	2016	2017	2018
艾华集团	14.72%	15.86%	15.09%
行业数据	6.87%	10.44%	12.96%

从表4－11中可以看出，艾华集团2017年的净资产收益率为15.86%，2018年有所下滑，但总体上仍处于行业内较高的水平。在本书项目八“财务综合分析与业绩评价”中的杜邦财务分析部分会介绍到，净资产收益率主要受总资产报酬率和权益乘数影响，前已介绍艾华集团总资产报酬率的下降既有营业净利率下滑的原因，也有资产周转速度变慢的因素在内，因此，净资产收益率是一个综合性非常强的指标，与资产运营能力、销售获利能力和资本结构均密切相关。

步骤4、对长期资本收益率进行分析：

表4－12　　艾华集团2016～2018年长期资本收益率

项目	2016	2017	2018
艾华集团	17.18%	18.10%	16.16%
行业数据	4.69%	6.43%	7.59%

从表4－12中可以看出，从2016年到2018年，艾华集团的长期资本收益率指标都维持在一个不错的水平，并且均远远高于行业的平均水平，说明艾华集团的长期资本获取报酬的能力高于整个行业水平，企业整体获利能力在行业内处于领先水平。值得注意的是，2018年公司的长期资本收益率明显低于2017年，这主要是艾华集团2018年发行了可转换债券，导致非流动负债大幅增加，平均长期资本随之增长，但增加的长期资本尚未形成有效的生产能力，未能产生明显的效益，故而长期资本收益率暂时走低。

任务四 资本获利能力分析

知识准备

资本获利能力，是指企业所有者通过投入资本经营而取得利润的能力。投资者投资的目的是获得投资报酬。投资者十分关心企业的资产运用效率，因为这会影响到投资报酬的高低，但资产报酬率高并不等于投资者的收益高，当企业的总资本包括债务融资时，如果企业用债务资本带来的利润支付利息以后有剩余，产权融资的收益率就会提高，否则就会降低。

资本获利能力反映的是企业所有者投入资本产生利润的能力，用于评价资本获利能力的指标主要有：股东权益回报率、市盈率、每股现金流量、每股股利等指标。

一、股东权益回报率

股东权益回报率指标反映的是所有者权益的获利能力，是所有者最为关注、决定企业内在价值的重要指标，其计算公式为：

$$股东权益回报率 = \frac{净利润}{期初所有者权益} \times 100\%$$

在上市公司中，对于股东权益回报率的分析是以基本每股收益和稀释每股收益指标来表现的。

1. 基本每股收益

基本每股收益是指归属于普通股股东的当期净利润与发行在外的普通股加权平均数之比。其计算公式为：

$$基本每股收益 = \frac{净利润 - 优先股股利}{发行在外的普通股的加权平均数}$$

发行在外的普通股的加权平均数计算公式为：

$$\begin{array}{c}发行在外普通股\\加权平均数\end{array} = \begin{array}{c}期初发行在外的\\普通股股数\end{array} + \begin{array}{c}当期发行\\普通股股数\end{array} \times \frac{已发行时间}{报告期时间} - \begin{array}{c}当期回购\\普通股股数\end{array} \times \frac{已回购时间}{报告期时间}$$

优先股股东股利的分配权优先于普通股股东，因此在计算基本每股收益时应将优先股股利扣除，公式中分母采用加权平均数，因为本期内发行在外的普通股股数只能在增加以后的这一段时期内产生收益，而减少的普通股股数在减少以前的期间内仍然产生收益，所以采用加权平均数可以正确反映发行在外的股份数额。已发行时间、报告期时间和已回购时间一般按照天数计算，在不影响计算结果合理性的前提下，也可以采用简化的计算方法，即按月计算。

每股收益，是衡量上市公司获利能力最重要的财务指标。它反映普通股的获利水平。在分析时，可以进行公司间的比较，评价该公司相对的获利能力；可以进行不同时期的比较，了解该公司获利能力的变化趋势；可以进行经营实绩和获利预测的比较，掌握该公司的管理能力。基本每股收益率指标越高，说明股东获取的收益越多，股东的投资报酬情况越好；反之，则股东获取的收益少，股东的投资报酬情况差。

2. 稀释每股收益

稀释每股收益是指当企业存在稀释性潜在普通股时，应当分别调整归属于普通股股东的当期净利润和发行在外的普通股加权平均数，并据以计算稀释每股收益。

$$稀释每股收益=\frac{净利润-优先股股利}{发行在外的普通股的加权平均数+稀释性潜在普通股}$$

潜在普通股是指赋予其持有者在报告期或以后期间享有取得普通股权利的一种金融工具或合同。稀释性潜在普通股是指假设当期转换为普通股会减少每股收益的潜在普通股，例如可转换公司债券、认股权证、股份期权。

二、市盈率

市盈率又称价格盈余比率，是股票的市场价格与其每股收益的比值，是衡量股票价格高低和股票市场风险的一个重要指标。其在衡量证券市场中的股票质量和投资价值、评估上市公司价值和获利能力、指导投资者筛选股票、帮助其进行投资决策分析等方面，具有重要的意义。

这里的每股收益一般是指年度每股收益，市盈率分为静态市盈率和动态市盈率两种。其计算公式为：

$$市盈率=\frac{每股市价}{每股收益}$$

一般情况下，高市盈率表示股票价格高，但也可能出现例外，比如有些公司所处的行业属于周期行业，公司获利随着周期阶段的变化会有很大的差别。在行业周期高处，公司获利多，市盈率则低，但这时恰恰说明公司股价高；在行业周期底部，公司获利少，市盈率高，但此时公司股价却是在低位，因为随着周期从底部向上攀升，公司获利逐渐增加，股价也会逐渐升高，所以此时市盈率高，股价却低。

市盈率分析与宏观经济、公司行业、当前业绩以及未来业绩预期有着重要的关系，一般情况下，高科技、新能源、生物制药等具有广阔发展前景的上市公司市盈率较高，从事普通制造业等传统产业的上市公司市盈率普遍较低。不同的证券市场的平均市盈率也不相同，规模较大，并在主板市场的上市公司市盈率相对较低，而规模较小的中小板和创业板的上市公司市盈率相对较高。市盈率指标过高，一方面意味着目前的投资风险较大，另一方面也意味着投资者对企业的未来预期比较看好。

【延伸阅读】

市盈率的经济内涵显示市盈率是一个代表公司成长性和收益性，反映本期获利能力与未来获利能力之间的差别，体现公司经营现状和发展潜力的综合指标。运用市盈率进行投资分析时，首先应分析公司的股票价格是否真实反映出公司的发展潜力，当期的收益能否成为未来收益增长的基础。由于公司的发展潜力和获利能力与其所处行业有很大联系，市盈率的高低存在着明显的行业特征，在分析股票的投资价值时，通常以所属行业上市公司的平均市盈率水平作为比较标准，再结合公司的基本情况，去寻找价值被低估即具有低市盈率的股票。根据价值决定价格，价格围绕价值上下波动的价格形成机制，正确的投资决策引导股票价格向股票价值的回归，具有低市盈率的股票随着其投资价值被逐步重视，股票价格的上升推动其市盈率的上升，在股票市场上最终表现为一个较高的市盈率。因此，在运用市盈率进行投资决策分析时，要充分理解和运用其传递出的公司成长性和收益性的信息，具体运用为：

(1) 行业市盈率反映了整个行业的平均发展能力和收益水平，是判断公司市盈率是否具有一个合理水平的重要参考依据。一般而言，处于高增长行业的公司往往具有发展潜力，收益增长较快，投资者对处于该行业的股票预期也较高。

(2) 股票是否具有投资价值最终取决于公司的发展潜力和获利能力。一些高市盈率的股票仍旧被认为具有投资价值，就是因为公司的高成长性增强了投资者的投资信心。

(3) 公司当期收益在很大程度上影响着投资者对未来收益增长能力的预测，如果当期收益受暂时性收益影响较大，那么根据当期收益对未来收益的判断会偏离其未来收益的实际情况。因此，对当期收益的分析应重点关注收益的构成情况，去分析收益中能持续增长的部分对未来收益的影响。

(4) 公司的高成长性会形成高市盈率，市场投机或利润操纵也会形成高市盈率。因此，市盈率高或低并不能绝对的反映出股票的投资价值，最重要的是要分析市盈率形成的因素及其对股票价格的影响。

资料来源："市盈率能否成为投资决策分析的有效指标——来自中国A股的经验数

据”；陈共荣、刘冉；会计研究，2011.09.15.

三、每股现金流量和每股股利

（1）每股现金流量是经营活动所产生的净现金流量与流通在外的普通股股数的比率。经营活动现金流量不仅是企业日常经营的必要保障，也是企业寻找新的获利机会的重要资本，同时还是企业分配现金股利的重要前提。每股现金流量指标与每股收益指标类似，每个企业的股本规模设置存在较大差异。

每股现金流量越高，说明每股股份可支配的现金流量越大，普通股股东获得现金股利回报的可能性越大。如果每股收益很高，但是缺乏现金，那么也无法分配现金股利。因此，每股现金流量在短期内比每股收益更能显示公司在资本性支出和支付股利方面的能力。其计算公式为：

$$每股现金流量=\frac{经营活动所产生的净现金流量}{发行在外的普通股的加权平均数}$$

（2）每股股利是股利总额与普通股股份数的比值。每股股利反映了普通股获得现金股利的情况。每股股利越高，说明普通股获取的现金报酬越多。股利分配状况取决于企业的获利水平、现金流量状况，同时也取决于企业的股利分配政策。其计算公式为：

$$每股股利=\frac{现金股利总额-优先股股利}{发行在外的普通股股数}$$

在公司分配方案的公告中每股股利通常表述为“每10股发放现金股利X元”，所以投资者需要将分配方案中的现金股利再除以10才可以得到每股股利。此外，如果公司一年中有两次股利发放，需要将两次股利相加后除以总股本得出年度每股股利。

【延伸阅读】

连续分红10年的格力电器突然宣布不分红了

4月25日晚间，格力电器发布2017年年度报告，公司2017年营业收入达到了1482.9亿元，同比增长36.92%；实现净利润224亿元，同比增长44.87%。格力的《2017年度利润分配预案》显示，拟定2017年度不派发现金红利，不送红股，不以公积金转增股本，余额转入下年分配。

而在之前，格力电器现金分红已持续10年。2016年年报还宣布分红上百亿元。

对此，4月26日，深圳证券交易所发布《关注函》，要求格力电器董事会就相关问题作出说明，要求格力电器结合同行业特征、自身经营模式、多年度财务指标等，说

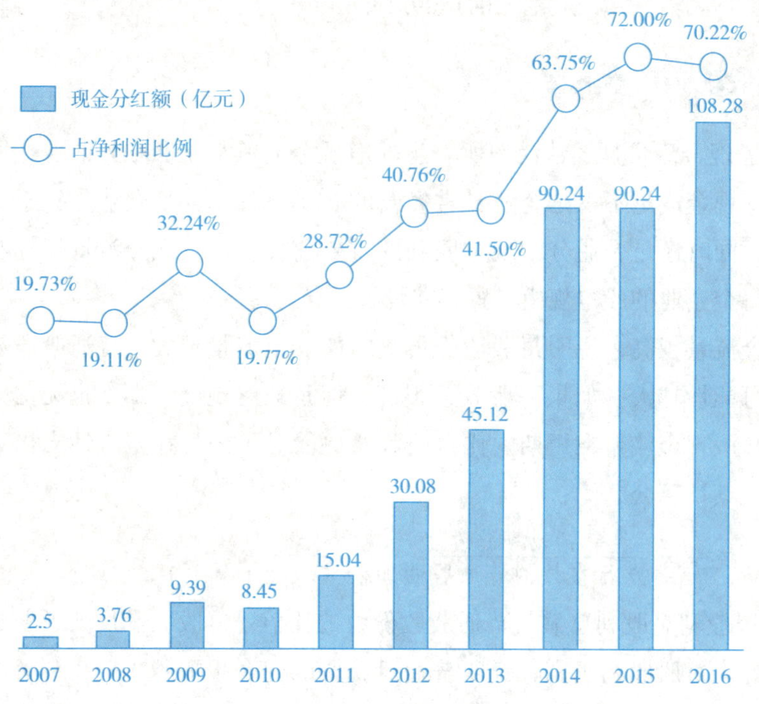

格力电器每年现金分红金额及占归属净利润比例

明该公司所处发展阶段、行业特点、资金需求状况等情况，并结合公司目前资金状况等说明2017年度未进行现金分红的具体原因及合理性，是否符合公司章程规定的利润分配政策。

格力电器26日晚间回复深交所关注函称，将尽快明确资金需求和现金流测算，充分考虑投资者诉求，进行2018年度中期分红。分红金额届时将依据公司资金情况确定。

2016年年度分红方案中，格力电器共计派发现金108亿元。2015年其向全体股东每10股派发现金15元（含税），共计派发现金90亿元。2014年度其也曾分红90亿元。

中国人民大学法学院教授、中国人民大学商法研究所所长刘俊海认为，股东与债权人不同，债权人可以不管债务人的经营状况要求还本付息。但股东需要承受投资风险，投资者就是冲着分红而来，既然上市公司获利，就需要回报投资者，应当尊重投资者的分红权。如果不分红需要说明具体原因，尊重投资者的知情权。

格力拿钱要去做啥？多元化曾引发争议

至于不分红原因，格力电器回复称，公司主业所处空调行业具有资产投入大、消费季节性和地域性差异显著等特征，且物流成本日益提高，为满足市场需求，进一步降低经营成本，强化竞争优势，公司计划对空调产能进行逐步扩充；同时，公司经过近年的高速高质量发展，空调主业龙头地位稳固，为谋求公司长远发展和股东长期利益，公司计划重点布局智能装备、智能家电、集成电路等产业领域，实现公司持续、稳定、健康发展。

在董明珠近期的一个表态中，她定下了新的“小目标”：“未来五年，我们要在智能装备发力，智能装备必须坚持自主创新，成为格力电器未来的第二主业。”

家电业内人士认为，智能装备是未来一个很重要发展领域，与格力现有业务也有相关性。

不过，格力多元化曾引发诸多争议。格力宣布做手机后，业内有声音认为，格力入局手机缺乏逻辑性，并从销量、渠道、品牌等方面细数其入局手机行业的不合理。

资料来源：http：//www. xinhuanet. com/2018 –04/27/c_1122749704. htm 2018 –04 –27

【例 4 –3】对艾华集团进行资本获利能力分析，相关数据见表 4 –13：

表 4 –13 艾华集团 2015 ~2018 年资本获利能力相关数据 单位：元

项目	2015. 12. 31	2016. 12. 31	2017. 12. 31	2018. 12. 31
净利润	227472136. 54	263689472. 20	292519412. 35	299350903. 04
现金净流量	250616815. 26	356632052. 12	170191651. 73	230461690. 80
优先股股利	0	0	0	0
每股市价（收盘价）	35. 69	36. 81	38. 42	20. 14
现金股利	20000000. 00（中期） 30000000. 00（年底）	240000000. 00	24000000. 00	117000510. 60
发行在外普通股的加权平均数	26146. 2225 万股	30000 万股	30000 万股	39000. 1702 万股

步骤 1、计算发行在外普通股的加权平均数：

根据艾华公司近四年的报表数据，除了 2015 年发生增发股份和转增股本的情形以外，其他年份股份数均无变化，因此在计算发行在外普通股的加权平均数时，均采用年度报告所披露的当年的总股份数，如表4-13所示。

步骤2、计算资本获利指标：

2015年资本获利指标计算：

$$2015\text{年基本每股收益}=\frac{\text{净利润}-\text{优先股股利}}{\text{发行在外的普通股的加权平均数}}=\frac{227472136.54-0}{261462225}=0.87(\text{元})$$

$$2015\text{年市盈率}=\frac{\text{每股市价}}{\text{每股收益}}=\frac{35.69}{0.87}=41.02$$

$$2015\text{年每股现金流量}=\frac{\text{经营活动所产生的净现金流量}}{\text{发行在外的普通股的加权平均数}}=\frac{250616815.26}{261462225}=0.959(\text{元})$$

截取艾华公司2015年年报如下：

2015年8月28日，公司召开股东大会审议并通过《关于公司2015年中期利润分配的议案》同意以2015年6月30日总股本20000.00万股为基数，向全体股东按每10股转增5股、派发现金股利10元（含税），共分配现金股利20000.00万元。

2016年4月10日，公司召开股东大会审议并通过了《关于2015年度利润分配的议案》，以2015年12月31日公司总股本30000万股为基数，向全体股东按每10股派发现金股利7元（含税），共分配现金股利21000万元，占2015年实现归属于母公司所有者的净利润的93%，剩余未分配利润结转以后期间。

$$2015\text{年（中期）每股股利}=\frac{\text{现金股利总额}-\text{优先股股利}}{\text{发行在外的普通股股数}}=\frac{200000000.00}{200000000.00}=1(\text{元})$$

$$2015\text{年（年底）每股股利}=\frac{\text{现金股利总额}-\text{优先股股利}}{\text{发行在外的普通股股数}}=\frac{210000000.00}{300000000.00}=0.7(\text{元})$$

2015年每股股利 = 1 + 0.7 = 1.7(元)

2016年资本获利指标计算：

$$2016\text{年基本每股收益}=\frac{\text{净利润}-\text{优先股股利}}{\text{发行在外的普通股的加权平均数}}=\frac{263689472.20-0}{300000000.00}=0.88(\text{元})$$

$$2016\text{年市盈率}=\frac{\text{每股市价}}{\text{每股收益}}=\frac{36.81}{0.88}=41.83$$

$$2016\text{年每股现金流量}=\frac{\text{经营活动所产生的净现金流量}}{\text{发行在外的普通股的加权平均数}}=\frac{356632052.12-0}{300000000.00}=1.189(\text{元})$$

$$2016\text{年每股股利}=\frac{\text{现金股利总额}-\text{优先股股利}}{\text{发行在外的普通股股数}}=\frac{240000000.00-0}{300000000.00}=0.8(\text{元})$$

2017 年资本获利指标计算：

$$2017\text{年基本每股收益}=\frac{\text{净利润}-\text{优先股股利}}{\text{发行在外的普通股的加权平均数}}=\frac{292519412.35-0}{300000000.00}=0.97(\text{元})$$

$$2017\text{年市盈率}=\frac{\text{每股市价}}{\text{每股收益}}=\frac{38.42}{0.97}=39.60$$

$$2017\text{年每股现金流量}=\frac{\text{经营活动所产生的净现金流量}}{\text{发行在外的普通股的加权平均数}}=\frac{170191651.73-0}{300000000.00}=0.567(\text{元})$$

$$2017\text{年每股股利}=\frac{\text{现金股利总额}-\text{优先股股利}}{\text{发行在外的普通股股数}}=\frac{240000000.00-0}{300000000.00}=0.8(\text{元})$$

2018 年资本获利指标计算：

$$2018\text{年基本每股收益}=\frac{\text{净利润}-\text{优先股股利}}{\text{发行在外的普通股的加权平均数}}=\frac{299350903.04-0}{390001702}=0.77(\text{元})$$

$$2018\text{年市盈率}=\frac{\text{每股市价}}{\text{每股收益}}=\frac{20.14}{0.77}=26.16$$

$$2018\text{年每股现金流量}=\frac{\text{经营活动所产生的净现金流量}}{\text{发行在外的普通股的加权平均数}}=\frac{230461690.80}{390001702}=0.591(\text{元})$$

$$2018\text{年每股股利}=\frac{\text{现金股利总额}-\text{优先股股利}}{\text{发行在外的普通股股数}}=\frac{117000510.60}{390001702}=0.3(\text{元})$$

上述计算结果见表 4－14：

表 4－14　　艾华集团 2015～2018 年资本获利指标

项目	2015.12.31	2016.12.31	2017.12.31	2018.12.31
每股收益	0.87	0.88	0.97	0.77
市盈率	41.02	41.63	39.60	26.24
每股现金流量	0.959	1.189	0.567	0.591
每股股利	1.7	0.8	0.8	0.3

步骤 3、对基本每股收益指标进行分析：

本书选取了与艾华公司同属细分行业“电容器行业”的主要竞争对手江海股份和东阳光股份进行对比分析。从趋势图中我们可以明显的发现艾华公司作为新兴上市的公司，其每股收益均高于行业均值，也高于其同行业的两家竞争对手。

2015 年底较 2014 年底每股收益下降幅度大，是由于报告期股本增加所致。2017 年

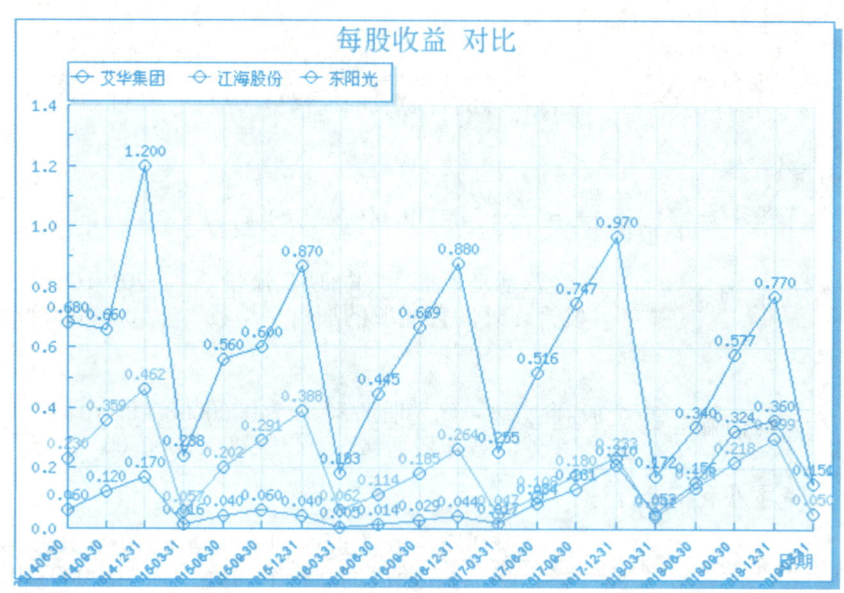

图 4－1　近五年的同行业每股收益对比图

12 月 31 日，艾华公司的每股收益为 0. 97 元，而行业的均值为 0. 34，高出行业均值 186%。依据计算每股收益的走势可以看出，由于净利润的增长导致了每股收益出现较小幅度的上涨。到了 2018 年，由于该公司又以资本公积转增股本的方式，导致股本增加，所以每股收益有所下降。

步骤 4、对市盈率指标进行分析：

按照国际惯例，市盈率在 5 ~ 20 倍之间较为合理。艾华是 2015 年 5 月上市，因此上市初期市盈率一路上涨，随后又下降，并维持在 30 ~ 40 倍之间，2017 年年底到 2018 年年底，一路上涨到 60 倍左右，在近期又维持在 30 倍左右。从行业中来看，艾华公司所处的计算机、通信和其他电子设备制造行业近两年发展态势比较好，目前来看艾华公司的市盈率还是比较合理的。

步骤 5、对每股现金流量进行分析：

从对比图可以看出，艾华公司的每股现金流量与行业平均数据变化趋势保持一致，并高于同行业的江海股份和东阳光股份。说明艾华公司现金比较充沛，普通股股东获得现金股利回报的基础条件具备，这也是艾华集团得以实现连续数年高股利分配政策的强大支撑。

步骤 6、对每股股利进行分析：

通过上述计算可以看出，艾华集团 2015 年一共分配了两次股利，所以当年的每股股利达到了 1. 7 元，其分配的现金股利占 2015 年艾华公司占归属于母公司所有者的净

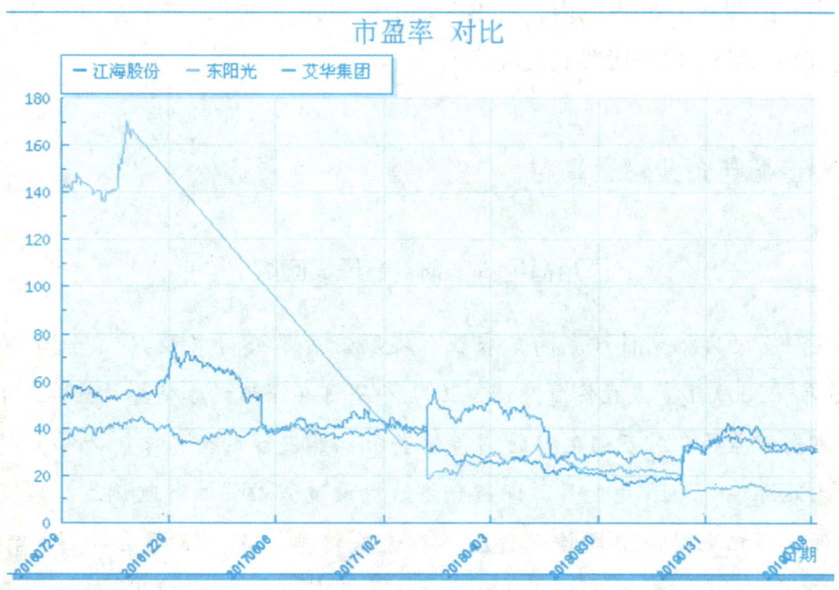

图 4 – 2　近三年的同行业市盈率对比图

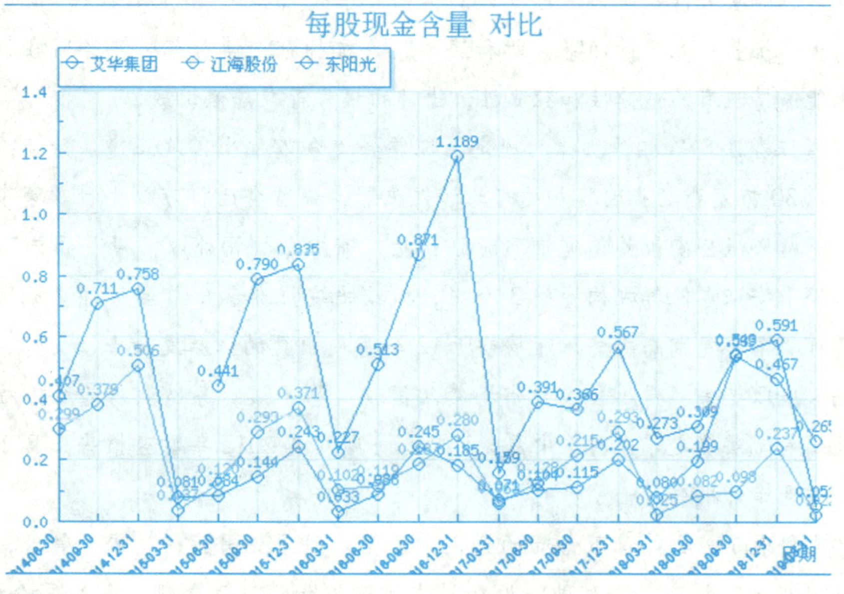

图 4 – 3　近三年的同行业每股现金流量对比图

利润的 93%，2016 ~ 2017 年，每年分配的股利占当年归属于母公司所有者的净利润的 90% 以上，可见艾华集团的股利分配率一直很高。股利的分配既取决于企业的股利分配政策，也受当年该公司的获利水平等状况影响，艾华公司良好的盈利能力使其能够连续数年实行高额的股利分配。2018 年，艾华集团一改往年的高股利分配政策，首次将股利分配率控制在了50%以内，将更多现金留在公司用于发展需要以及应对市场变化，因此2018年公司的每股股利大幅降低。

【职业道德与企业伦理】

“万福生科”财务造假案回顾

万福生科全称万福生科（湖南）农业开发股份有限公司（股票代码300268），成立于2003年，2009年完成股份制改造，2011年9月在深圳证券交易所挂牌上市。2012年8月，湖南证监局在对万福生科的例行检查中偶然发现两套账本，万福生科财务造假问题便由此浮现。2013年5月，证监会终结对该造假案件的行政调查。调查结果显示，一方面，万福生科涉嫌欺诈发行股票和违法信息披露。万福生科上市前2008～2010年分别累计虚增销售收入约46000万元，虚增营业利润约11298万元；上市后披露的2011年年报和2012年半年报累计虚增销售收入44500万元，虚增营业利润10070万元，同时隐瞒重大停产事项。另一方面，相关中介机构未能勤勉尽责。保荐机构平安证券、审计机构中磊会计师事务所和法律服务机构湖南博鳌律师事务所在相关业务过程中未能保持应有的谨慎性和独立性，出具的报告存在虚假记载。

根据《证券法》等相关法律的规定，证监会责令万福生科改正违法行为，给予警告，并处以30万元罚款；因其相关行为涉嫌犯罪，证监会已将万福生科及董事长龚永福和财务总监移送公安机关追究刑事责任；对三家中介机构处以“没一罚二”的行政处罚，暂停平安证券保荐机构资格3个月，撤销平安证券和中磊会计师事务所证券服务业务许可，不接受湖南博鳌律师事务所12个月内出具的证券发行专项文件；同时对相关责任人采取警告、罚款和终身市场禁入措施。鉴于该财务造假行为给万福生科带来的负面影响无法确定等原因，中磊会计师事务所对其2012年财务报告出具了带强调段的保留意见审计报告。

万福生科表示，公司犯下如此的错误，主要是因为公司放松了内部管理，没有很好地执行内部控制制度，没有进一步加强法律意识和提高法制观念。公司全体董事、监事及管理层通过深刻反思，认识到公司所犯错误的严重性，将虚心接受监管部门的批评教育和处罚、积极整改所犯错误、严肃处理相关责任人员。然而投资者并不认同，若仅是内部管理不严，财务数字填错若可以理解的话，那么生产线停产长达两个月的事项隐瞒不披露又作何解释？

［警示］

由以上资料以及分析可知：财务造假案件频频发生，不得不引起重视，更重要的是财务造假并非一日速成，长时间的运筹帷幄必然会有蛛丝马迹可循，我们必须反思如何充分利用上市公司的公开资料以及风险导向的审计模型，尽早发现上市公司的财务造假。

（1）关注特定行业的风险点：在本案例中，万福生科属于高科技行业，对于高科技行业而言，资金支持和技术研发是关键要素，通过分析其研发的资金来源和用途可以发现可能存在的异常，进而引起关注，评估可能存在的风险。万福生科的发展得到当地政府的高度支持，多次得到政府补贴，并且其法定代表人龚永福的发家基础也与相关利益方有关，这些都应该引起重视。此外高科技行业的研发支出资本化的问题也是值得关注的风险点，通过调节研发支出的资本化时点来影响资产和收入也可能成为高科技行业财务造假的惯用伎俩。

（2）加强分析性复核程序：根据上市公司的公开年报数据以及行业标准等分析其数据可能存在的逻辑矛盾，本案例中有很多年度报告数据前后逻辑不一致的地方，如“在建工程”每年资金投入和工程进度前后矛盾，就可以怀疑其可能存在造假。其次根据行业标准通过判断企业的产量是否与行业平均产能相一致也可以发现其财务数据是否真实可靠。再有可以根据上市公司的销量与采购商的采购量是否相匹配来判断其是否存在财务造假。还有根据前五大客户与应收账款前五名的匹配也可以在一定程度上发现其可能存在的问题。

（3）加强实地走访获取直接证据：对于以销售为主营业务的公司，其与客户之间的关系以及客户之间的真实性是必须要关注的问题，通过实地走访可以获得更多更为真实的直接证据来证实其销售的真实性，进一步发现其是否虚构销量虚增收入来进行财务造假。

财务人员要坚持自己的会计原则，不能被管理层所控制而违背自己的会计职责，并且社会与公司都要加强对会计人员财务人员职业道德的培训，增强财会人员的职业道德意识。

项目小结

经营成果与获利能力分析
认识经营成果与获利能力
获利能力分析的目的
有利于投资者进行投资决策
有利于债权人衡量投入资金的安全性
有利于政府行使社会职能
有利于企业经理人员对企业进行经营管理
获利能力分析的内容
基于商品经营角度的获利能力分析
基于资产经营角度的获利能力分析
基于资本经营角度的获利能力分析
获利能力的影响因素
营销能力
成本费用管理水平
资产管理水平
财务状况及风险
销售获利能力分析
基于销售收入的获利能力分析
营业毛利率分析
营业利润率分析
营业净利率分析
基于销售成本的获利能力分析
成本费用利润率分析
期间费用率分析
资产获利能力分析
总资产报酬率分析
净资产收益率分析
长期资本收益率分析
资本获利能力分析
股东权益回报率分析
市盈率分析
每股现金流量分析
每股股利分析

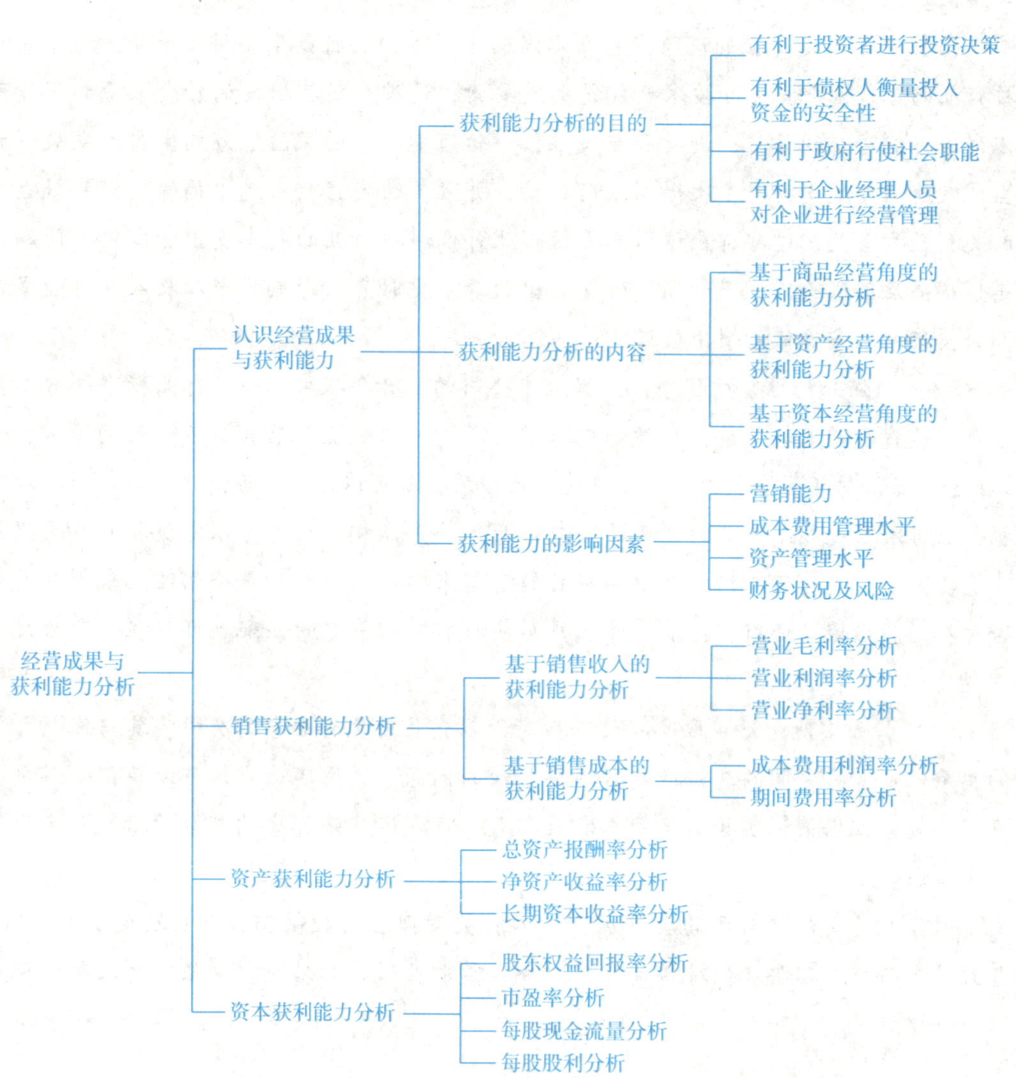

项目训练

一、单选题

1. 企业所有者作为投资人，主要进行（　　）。

A. 盈利能力分析　　B. 偿债能力分析

C. 综合分析　　D. 运营能力分析

2. 某企业2007年和2008年的销售净利率分别为7%和8%，资产周转率分别为2和1.5，两年的资产负债率相同，与2007年相比，2008年的净资产收益率变动趋势为（　　）。

A. 上升　　B. 下降

C. 不变　　D. 无法确定

3. 下列各项财务指标中，能够综合反映投资者对股票投资收益和投资风险预期的是（　　）。

A. 市盈率　　B. 每股收益

C. 销售净利率　　D. 每股净资产

4. 明珠公司没有优先股，2011年实现净利润200万元，发行在外的普通股加权平均数为100万股，年末每股市价20元，该公司实行固定股利支付政策，2010年每股发放股利0.4元，该公司净利润增长率为10%。则下列说法不正确的是（　　）。

A. 2011年每股净利为2元　　B. 2011年每股股利为0.44元

C. 2011年每股股利为0.4元　　D. 2011年年末公司市盈率为10

5. 下列有关盈利能力分析和发展能力分析的有关说法中，错误的是（　　）。

A. 企业可以通过提高销售净利率、加速资产周转来提高总资产净利率

B. 一般来说，净资产收益率越高，股东和债权人的利益保障程度越高

C. 企业本年销售收入有所增长，说明销售收入增长率大于1

D. 资本积累率越高，表明企业的资本积累越多，应对风险、持续发展的能力越强

6. 下列会引起企业营业利润率上升的是（　　）。

A. 提高售价　　B. 减少销量

C. 对固定资产采用加速折旧　　D. 增加研发支出

7. 下列各项财务指标中，能够反映公司每股股利与每股收益之间关系的是（　　）。

A. 市净率　　B. 股利支付率

C. 每股市价　　D. 每股净资产

8. 甲企业2013年流动资产平均余额为200万元，流动资产周转次数为8次，2013年净利润为420万元，则2013年甲企业销售净利率为（　　）。

A. 26.25%　　B. 30%

C. 35%　　D. 28.25%

9. 甲公司2013年的销售净利率比2012年下降6%，总资产周转率提高8%，假定权益乘数与2012年相同，那么甲公司2013年的净资产收益率比2012年提高（　　）。

A. 4.5%　　B. 5.5%

C. 2%　　D. 10.5%

10. 2013年甲公司的所有者权益为5000万元，发行在外普通股股数为1000万股，无优先股，普通股的每股收益为0.8元，该公司的市盈率为25，则甲公司的市净率为（　　）。

A. 4　　B. 4.5

C. 5　　D. 0.5

11. 下列各项指标中，能够揭示公司每股股利与每股收益之间关系的是（　　）。

A. 市净率　　B. 股利支付率

C. 每股市价　　D. 每股净资产

12. 某上市公司2016年底流通在外的普通股股数为5000万股，2017年5月7日派发普通股股利1000万股，2017年7月1日经批准增发普通股250万股，2017年净利润1600万元，其中应付优先股股利200万元，则2017年的基本每股收益为（　　）元。

A. 0.18　　B. 0.28

C. 0.20　　D. 0.23

二、多选题

1. 下列说法不正确的有（　　）。

A. 一般认为，净资产收益率越高，表明投资收益的能力越强

B. 基本每股收益=归属于公司普通股股东的净利润/发行在外的普通股股数

C. 每股股利=股利总额/流通股的加权平均数

D. 上市公司的市盈率一直是广大股票投资者进行中长期投资的重要决策指标

2. 上市公司特殊财务分析指标包括（　　）。

A. 每股收益　　B. 每股股利

C. 市盈率　　D. 每股净资产

3. 对企业盈利能力指标的下列分析中，错误的有（　　）。
   A. 销售毛利率反映产品每销售 1 元所包含的毛利润是多少
   B. 总资产净利率反映产品最终的盈利能力
   C. 销售净利率反映每 1 元销售收入最终赚取了多少利润
   D. 总资产净利率是杜邦财务指标体系的核心
4. 下列说法正确的有（　　）。
   A. 上市公司每股股利发放多少，除了受上市公司获利能力大小影响以外，还取决于企业的股利发放政策
   B. 上市公司的市盈率一直是广大股票投资者进行短期投资的重要决策指标
   C. 市盈率越高，投资者对该股票的评价越高
   D. 市净率 = 每股市价/每股净利润
5. 企业计算稀释每股收益时，应当考虑的稀释性潜在的普通股包括（　　）。
   A. 股份期权　　B. 认股权证
   C. 可转换公司债券　　D. 不可转换公司债券
6. 下列各项中，可能直接影响企业净资产收益率指标的措施有（　　）。
   A. 提高销售净利率　　B. 提高资产负债率
   C. 提高总资产周转率　　D. 提高流动比率
7. 股利发放率是上市公司财务分析的重要指标，下列关于股利发放率的表述中，正确的有（　　）。
   A. 股利发放率越高，盈利能力越强
   B. 该指标是每股股利和每股净资产之间的比率
   C. 该指标可以评价公司的股利分配政策
   D. 该指标反映每股股利和每股收益之间的关系
8. 下列指标中，属于反映企业盈利能力的指标有（　　）。
   A. 权益净利率　　B. 销售净利率
   C. 应收账款周转率　　D. 速动比率
9. 下列关于股票股利、股票分割和股票回购的表述中，正确的有（　　）。
   A. 假设市盈率和盈利总额不变，发放股票股利会导致每股股价下降，因此股票股利会使股票总市场价值下降
   B. 假设盈利总额不变，如果发放股票股利后股票的市盈率增加，则原股东所持股票的市场价值增加

C. 发放股票股利和进行股票分割对企业的所有者权益各项目的影响是相同的

D. 股票回购本质上是现金股利的一种替代选择，但是两者带给股东的净财富效应不同

10. 获利能力比率分析主要包括（　　）。

A. 与投资有关的获利能力　　B. 与筹资有关的获利能力

C. 与销售有关的获利能力　　D. 与经营有关的获利能力

E. 与股本有关的获利能力

三、判断题

1. 某企业去年的销售净利率为5.73%，总资产周转率为2.17；今年的销售净利率为4.8%，总资产周转率为2.88。若两年的资产负债率相同，今年的净资产收益率与去年相比变化趋势为上升。（　　）

2. 对企业进行获利能力分析，可以有利于投资者做出投资决策，也有利于企业管理者改进企业管理，但是获利能力分析对债权人没有意义。（　　）

3. 只要企业成本费用总额增加，就一定意味着利润的减少和企业管理水平的下降。（　　）

4. 2008年中大公司实现净利润100万元，营业收入为1000万元，平均股东权益总额为600万元，预计2009年净利润增长5%，其他因素不变，则该公司2009年净资产收益率为17.5%。（　　）

5. 每股收益是绝对数指标，不能用于在不同行业、不同规模的上市公司之间进行比较。（　　）

6. 上市公司盈利能力的成长性和稳定性是影响其市盈率的重要因素。（　　）

7. 市净率较低的股票，投资价值一定较高；反之，则投资价值较低。（　　）

8. 获利能力受营销能力、成本费用管理水平、资产管理水平、财务状况及风险等各方面因素的影响。（　　）

9. 税率变动对企业的营业利润率没有影响，但对营业净利率有影响。（　　）

10. 如果甲产品的营业利润率高于乙产品的营业利润率，那么加大甲产品构成对企业是有利的。（　　）

四、计算题

1. 某企业2017年初负债总额为200万元，所有者权益总额为400万元；年末资产负债率为30%，所有者权益总额为700万元；期初、期末长期负债占负债总额的60%；期初、期末流动资产占资产总额的40%，期初、期末固定资产占资产总额的50%；2017年度企业的税前利润为400万元，所得税率为25%，利息费用为60万元；经营活

动产生的现金流量为600万元。

要求：根据资料计算企业2017年度的总资产报酬率、净资产报酬率。

2. A公司2017年有关财务报表数据如下：

项目	本期金额（万元）	项目	本期金额（万元）
营业收入	8000	净利润	1000
营业成本	6000	经营活动净现金流量	1500
营业利润	900	利息费用	400
利润总额	1200		

要求：

（1）计算2017年销售毛利率；

（2）计算2017年营业利润率；

（3）计算2017年利息保障倍数；

（4）计算2017年现金流量利息保障倍数；

（5）计算2017年盈余现金保障倍数。

3. 甲公司2018年净利润4760万元，发放现金股利290万元。公司适用的所得税税率为25%。其他资料如下：

［资料1］2018年年初股东权益合计为1亿元，其中普通股股本4000万元（每股面值1元，全部发行在外）；

［资料2］2018年3月1日新发行2400万股普通股，发行价格为5元，不考虑发行费用；

［资料3］2018年12月1日按照每股4元的价格回购600万股普通股；

［资料4］2018年年初按面值的110%发行总额为880万元的可转换公司债券，票面利率为4%，每100元面值债券可转换为90股普通股；

［资料5］2018年年末按照基本每股收益计算的市盈率为20。

要求：

（1）计算2018年的基本每股收益；

（2）计算2018年稀释每股收益；

（3）计算2018年的每股股利；

（4）计算2018年年末每股净资产；

（5）计算2018年年末的每股市价；

（6）计算2018年年末的市净率。

五、技能实训题

1. 实训目的

增强学生运用所学知识与分析方法进行财务综合分析的实际操作能力，提高学生发现问题、分析问题和解决问题的能力，并培养学生团队协作意识，提高职业判断能力、语言表达能力和沟通能力。

2. 实训资料

一家上市公司近三年的财务报告（年报）及其所属行业的获利能力财务比率平均水平。

3. 实训组织

按6人为一个学习小组，选定小组长一人，负责组织小组讨论、实训和学习。

4. 实训任务

（1）搜集指定行业的一家上市公司近三年的财务报告年报；

（2）搜集该行业获利能力相关指标平均水平；

（3）计算获利能力的相关指标；

（4）完成获利能力的评价分析。

5. 实训要求

（1）能熟练利用网络搜集查阅所需的资料；

（2）能把握获利能力分析的关键点；

（3）能运用所学的方法进行获利能力的计算分析，得出评价结论；

（4）制作 PPT 汇报。

职业核心能力测评

职业核心能力测评表

（在□中打√，A 通过，B 基本通过，C 未通过）

职业核心能力	评估标准	自测结果
自我学习	1. 能进行时间管理	□A　□B　□C
	2. 能选择适合自己的学习和工作方式	□A　□B　□C
	3. 能随时修订计划并进行意外处理	□A　□B　□C
	4. 能将已经学到的东西用于新的工作任务	□A　□B　□C
信息处理	1. 能根据不同需要去搜寻、获取并选择信息	□A　□B　□C
	2. 能筛选信息，并进行信息分类	□A　□B　□C
	3. 能使用多媒体等手段来展示信息	□A　□B　□C
数字应用	1. 能从不同信息源获取相关信息	□A　□B　□C
	2. 能依据所给的数据信息，作简单计算	□A　□B　□C
	3. 能用适当方法展示数据信息和计算结果	□A　□B　□C
与人交流	1. 能把握交流的主题、时机和方式	□A　□B　□C
	2. 能理解对方谈话的内容，准确表达自己的观点	□A　□B　□C
	3. 能获取信息并反馈信息	□A　□B　□C
与人合作	1. 能挖掘合作资源，明确自己在合作中能够起到的作用	□A　□B　□C
	2. 能同合作者进行有效沟通，理解个性差异及文化差异	□A　□B　□C
解决问题	1. 能说明何时出现问题并指出其主要特征	□A　□B　□C
	2. 能做出解决问题的计划并组织实施计划	□A　□B　□C
	3. 能对解决问题的方法适时做出总结和修改	□A　□B　□C
革新创新	1. 能发现事物的不足并提出新的需要	□A　□B　□C
	2. 能创新性地提出改进事物的意见和具体方法	□A　□B　□C
	3. 能从多种方案中选择最佳方案，在现有条件下实施	□A　□B　□C
学生签字：	教师签字：	20　年　月　日

项目五 现金流量与收益质量分析

职业能力目标

通过本单元的学习，你应该能够：

理解现金流量表给报表使用者提供的主要信息

掌握现金流量的收益质量分析方法

掌握现金流量表的结构分析、趋势分析与财务比率分析的思路

对企业进行现金流量与收益质量的评价分析

主要概念

现金流量　收益质量　结构分析　趋势分析　财务比率分析

导入案例

北亚实业的“纸面富贵”

北亚实业在2007年5月25日由于公司连续三年亏损，股票被实施暂停上市，一直未能复牌。因管理层财务舞弊产生虚假信息导致广大投资者遭受损失的悲剧再次惨痛上演。这家自1995年上市以来9年平均净资产收益率8.68%的公司从2004年起连续三年分别报出2.58亿、2.63亿和12.92亿的巨额亏损。经查实，北亚实业1998年至2003年共报告运输业务收入为73944.91万元，其中通过虚构未实际发生的业务虚增收入67217.56万元。

其实北亚实业盈利质量恶化的讯号早已在报表中出现。根据北亚实业的财务报表，1998–2003年间，共实现净利润4.81亿元，而在这期间共获得经营活动现金流量净额0.62亿元，净利润的含金量仅为13%。净利润的含金量过低，属于典型的“纸面富贵”，这种“富贵”往往是难以为继的。因为净利润持续高于经营活动产生的现金流量净额很可能走向两种结果，其一，销售是真实的，但没有收回现金，存在回收风险；其二，销售是虚构的，所以何来现金？北亚实业即属于第二种情况。

现金被喻为企业的血液。只有现金循环周转顺畅，企业才能焕发勃勃生机。而经营活动产生现金流量的能力则是企业自身的造血功能，如果企业无法持续产生充足的经营现金流量，则需要通过不断筹资来填补资金缺口，必然会遭遇资金链断裂的厄运。所以现金流量分析的作用不容忽视。

那么，投资者该如何对企业的现金流量表进行分析，又该从哪些方面去评价企业的盈利质量呢？如何根据公司的现金流量状况分析其对企业未来的影响？这就需要具备一定的现金流量表分析知识。

任务一　认识现金流量与收益质量

知识准备

一、现金与现金流量表

现金是企业最重要的经济资源，几乎企业所有的经济活动都与现金有关，企业可以在一定时期内无利润甚至亏损，但是如果没有现金，企业将不可能持续下去。因此现金流量信息对投资者的未来决策至关重要，编制和分析现金流量表可以弥补资产负债表和利润表的不足。

现金流量表中所揭示的现金流量信息可以从现金角度对企业偿债能力和支付能力作出更可靠、更稳健的评价。企业的净利润是以权责发生制为基础计算出来的，而现金流量表中的现金流量是以收付实现制为基础的，通过对现金流量中经营活动净现金流量和净利润的比较分析，可以对收益的质量做出评价。

通过现金流量表分析，会计报表使用者可以达到以下目的：

1. 评价企业利润质量

企业利润质量的一个关键就是观察利润受到现金流量支撑的程度，因为利润的确认计量基础是权责发生制，其实现的时间与收取现金的时间往往存在一定差距。对于企业更重要的是取得现金的流入，而不是仅仅得到账面的利润，通过对现金流量表中间接法的计算过程，可以充分了解利润与现金流量之间差异的大小和原因，真实评价企业利润质量。

2. 分析企业的财务风险，评价企业风险水平和抗风险能力

企业资金的主要来源之一是负债，负债水平过低，会导致企业不能获得财务杠杆收益，但是负债水平过高，又会引起较大的财务风险。这种财务风险的承担能力与企业现金流状况直接相关，如果企业债务到期而没有足够的现金归还，这种风险就会转化为真实的危机，从而导致企业破产，反之如果企业现金充裕，现金流量状况稳定，则可以承担较高的负债水平，同时利用高负债获得高杠杆收益。对现金流量表的分析正可以满足会计信息使用者对企业未来偿债现金流预测和判断的需要。

3. 预测企业未来现金流量

企业未来现金流量必然也来自经营活动、投资活动和筹资活动，这些方面的历史现金流量信息都反映在现金流量表中，从而构成了未来企业现金流量预测的基础。对现金流量表的分析就是将历史现金流量与未来现金流量联系起来，满足会计信息使用者的要求。

二、收益质量

收益质量是指会计收益（通常是指报表收益）所表达的信息与企业经济价值的可靠程度。通过收益质量分析，挤干收益中的“水分”，有利于掌握企业可靠的获利能力，正确地评价企业管理者的业绩，促进企业脚踏实地“练内功”；也有利于公正、公平地处理企业利益相关者之间的关系，维护市场经济秩序，调动多元积极因素，增强企业竞争实力，促进企业快速发展。

通过收益质量分析，可以揭示出权责发生制原则造成的企业利润的非现实性，从而提高会计信息的有用性。从企业利益相关者的角度出发，债权人希望企业能够按期偿还债务，投资者希望获得应得的红利，但仅从企业的利润数量上进行分析不一定能得到全部的有用信息，因为企业可能并没有同步取得能够用于满足债权人和投资者有关目的的现金。

开展企业收益质量分析，对企业利润做出正确的评价，有利于增强企业会计信息的决策有用性。企业管理当局为了某些利益，往往选择对自身有利的会计政策和会计估计等方法调整收益水平，如虚报盈利、夸大亏损等，以实现上市、保牌、配股等目的。通过开展收益质量分析，可以发现企业的不法盈余管理行为，纠正已公布会计报告中的不正确收益信息，向管理当局提出改进意见，或对管理者进行惩处，以规范其管理行为。

三、现金流量的一般分析

在衡量企业业绩时，企业现金流量的指标与利润指标相比有较大差异，利润指标的总额是越大越好，但是对现金流量的评价却并非如此。所以对于企业现金流量的质量分析，应从以下两个方面进行：第一，对三类现金流量各自的整体质量分析。企业经营活动、投资活动和筹资活动的现金流量性质都不相同，但是各自的现金净流量都有三种结果，即大于零、等于零和小于零。每种结果都与企业所在的经营周期、发展战略以及市场环境等因素有关，在分析时，不能仅仅依据现金净流量的大小做出优劣判别；第二，对各个现金流量项目的质量分析。在对三类现金流量各自的整体质量分析基础上，再进行各个现金流量项目的质量分析，分析的内容包括判断企业现金流量的构成，以及哪些项目在未来期间可以持续，哪些项目是偶然发生的，各个项目发生的原因是什么等等。

1. 经营活动现金流量分析

企业经营活动现金流量是企业现金的主要来源，而且其在未来的可持续性也最强，所以对该部分内容的分析是现金流量分析的重点。

（1）经营活动现金净流量大于零。一般而言，企业经营活动现金净流量大于零意味着企业生产经营比较正常，具有“自我造血”功能，且经营活动现金净流量占总现金净流量的比率越大，说明企业的现金状况越稳定，支付能力越有保障。企业在日常经营活动中不仅有导致现金流出的付现成本，还会发生一些非付现成本和费用，这些成本费用在生产经营过程中短期内不涉及现金支付，如固定资产折旧、无形资产摊销、预提费用、待摊费用等，但是从长期来看，只要企业维持简单再生产，这些项目的现金流出迟早会发生。所以如果企业当期经营活动现金净流量在大于零的基础上，还能补偿当期发生的这部分非付现成本，则说明剩余的现金在未来期间基本上不再为经营活动所需，则企业可以将该部分现金用于扩大生产规模，或者选择其他有盈利能力的项目进行投资，从而增加企业的竞争能力；反之如果企业现金净流量大于零的程度很小，只能部分或几乎不能补偿当期发生的非付现成本，则企业就难以抽出长期资金进行投资，难以得到战略上的发展。因此当经营活动现金净流量大于零时，分析人员还应注意大于零的程度，能否补偿非付现成本费用，否则就可能得出片面的结论。

（2）经营活动现金净流量等于零。该种情况在现实中比较少见，意味着经营过程中的现金“收支平衡”，长此以往不仅使得企业能够增加未来收益的长期投资无法实施，而且对简单再生产的维持也只能停留在短期内，当企业简单再生产条件不再具备，例如需要对陈旧设备进行更新改造时，则简单再生产也无法维持，此时如果企业想继续存在下去，只能通过外部融资来解决资金困难。因此，经营活动现金净流量等于零这种情况对企业的长远发展不利。

（3）经营活动现金净流量小于零。这是最糟糕的情况，意味着经营过程的现金流转存在问题，经营中“入不敷出”。在此种情况下，企业不仅不能长期发展，以至于短期内进行简单再生产都出现问题。如果这种局面长期内不能改变，企业的现金亏损将越积累越大，必须通过再融资或挤占本应投资的长期资金来维持流动资金的需求，如果自身的资金积累消耗殆尽，又难以从外部取得资金，则企业将陷入财务危机状态。

2. 投资活动现金流量分析

投资活动是指企业对外的股权、债权投资，以及对内的非货币性资产（固定资产、无形资产等）投资。投资活动对当期经营成果的影响一般较小，但是直接影响企业本来期间的损益。当然，该部分内容也核算以前期间的投资在本期处置所导致的现金流入状况，该部分事项会影响企业当期损益，同时投资的回收也说明企业经营规模的下降以及战略的调整。

（1）投资活动现金净流量大于或等于零。投资活动产生的现金流量大于或等于零的情况可以得出两种相反的结论：一种是企业投资收益显著，尤其是短期投资回报收现能力较强；另一种可能就是企业因为财务危机，同时又难以从外部筹资，而不得不处置一些长期资产，以补偿日常经营活动的现金需求。如果是后一种情况，分析人员应进一步研究企业的财务状况以及以后期间是否会演化为财务危机。

（2）投资活动现金净流量小于零。同样，投资活动现金净流量小于零的结果也有两种解释：第一是企业投资收益状况较差，投资没有取得经济效益，并导致现金的净流出；另一种可能是企业当期有较大的对外投资，因为大额投资一般会形成长期资产，并影响企业今后的生产经营能力，所以这种状况下的投资活动现金流量小于零对企业的长远发展是有利的。因此分析人员应注意区分该结果的原因，以得出准确的结论。

3. 筹资活动现金流量分析

（1）筹资活动现金净流量大于零。正常情况下，企业的资金需求主要通过自身经营现金流入解决，但是当企业处于初创、成长阶段，或者企业遇到经营危机时，仅仅依靠经营现金流入是不够的，此时企业应通过外部筹资满足资金需求。因此企业筹资活动现金流量一般会大于零，但是分析人员应注意分析企业筹资活动现金流量大于零是否正常，企业的筹资活动是否已经纳入企业的发展规划，是企业管理层以扩大投资和经营活动为目标的主动筹资行为，还是企业因投资活动和经营活动的现金流入不足，企业不得已的筹资行为。

（2）筹资活动现金净流量小于零。这种情况的出现原因一般是企业在本会计期间集中发生偿还债务、支付筹资费用、进行利润分配、偿付利息等业务。但是，企业筹资活动产生的现金流量小于零，也可能是企业在投资活动和企业战略发展方面没有更多作为的一种表现。

总体来说，对于一个健康的、正在成长的公司来说，经营活动现金净流量一般应大于零，投资活动的现金净流量应小于零，筹资活动的现金净流量应正负相间。

任务二　现金流量趋势分析

知识准备

现金流量趋势分析，是通过计算现金流量表各项目在一定时期内的变动情况，观察和分析经营活动、筹资活动、投资活动产生净现金流量的变动趋势，评价企业各项活动产生现金净流量的能力和合理性，发现现金流入、流出的规律，从而为预测企业现金的流动方向、金额、进行财务决策和编制现金预算奠定基础。

任务实施

【例5－1】下面我们以艾华集团有限公司2017～2018年报表数据为例，编制现金流量趋势分析表进行分析。

表5－1　　艾华集团现金流量趋势分析表　　单位：万元

项目	2018年	2017年	增减（%）	2016年
一、经营活动产生的现金流量				
销售商品、提供劳务收到的现金	129180.20	201565.00	－35.91	163238.36
收到的税费返还	2091.02	2012.77	3.89	1209.33
收到的其他与经营活动有关的现金	1719.94	1183.38	45.34	1023.38
经营活动现金流入小计	132991.16	204761.14	－35.05	165471.07
购买商品、接受劳务支付的现金	50883.31	133317.30	－61.83	80669.28
支付给职工以及为职工支付的现金	31778.73	26093.55	21.79	23835.11
支付的各项税费	10563.92	13975.04	－24.41	11901.30
支付的其他与经营活动有关的现金	16719.03	14356.09	16.46	13402.17
经营活动现金流出小计	109944.99	187741.98	－41.44	129807.86
经营活动产生的现金流量净额	23046.17	17019.17	35.41	35663.21
二、投资活动产生的现金流量				
取得投资收益所收到的现金	2317.79	2228.02	4.03	2566.10

续表

项目	2018 年	2017 年	增减（%）	2016 年
处置固定资产、无形资产和其他长期资产收回的现金净额	627.34	753.50	-16.74	363.81
收到其他与投资活动有关的现金	166601.12	99333.69	67.72	294617.02
投资活动现金流入小计	169546.24	102315.21	65.71	297546.93
购建固定资产、无形资产和其他长期资产支付的现金	13473.41	21096.01	-36.13	13862.09
投资支付的现金	508.00	104.77	384.87	
支付其他与投资活动有关的现金	255696.12	30730.00	732.07	290510.71
投资活动现金流出小计	269677.53	51930.78	419.30	304372.79
投资活动产生的现金流量净额	-100131.29	50384.43	-298.73	-6825.86
三、筹资活动产生的现金流量				
吸收投资收到的现金				
其中：子公司吸收少数股东投资收到的现金取得借款收到的现金				
发行债券收到的现金	67856.20			
筹资活动现金流入小计	67856.20			
偿还债务支付的现金				
分配股利、利润或偿付利息支付的现金	24389.42	23664.72	3.06	21200.00
其中：子公司支付给少数股东的股利、利润				200.00
筹资活动现金流出小计	24389.42	23664.72	3.06	21200.00
筹资活动产生的现金流量净额	43466.78	-23664.72	-283.68	-21200.00

2018 年经营活动现金流入量与流出量分别比 2017 年下降 35.05% 和 41.44%，下降额分别为7.18 亿元和7.78 亿元，经营活动现金流入量的降低幅度要低于经营活动现金流出量的下降幅度，致使经营活动现金净流量有了增长。进一步分析经营活动现金流入和流出的构成可知，经营活动现金流入量的降低主要是销售商品、提供劳务收到的现金明显减少，表明公司因销售而收取现金的情况有一定的下滑，经营活动现金流出量的大幅下降主要因为购买商品、接受劳务支付的现金减少了8.24 亿元，较2017 年下降了61.83%。根据利润表和资产负债表数据，2018 年公司有较多的应收票据及其他应收款未收回，分别较上年增长317.80% 和95.87%，导致现金的明显减少。公司收到的其他与经营活动有关的现金比去年增长了45.34%，增长幅度很明显，支付给职工以及为职工支付的现金也增长了21.79%。总体上，经营活动产生的现金流量净额大于零且比上年增长了35.41%，意味着公司生产经营正常，经营活动能够产生足够的现金流

量满足经营活动需要，并可为投资活动提供一部分资金。

投资活动现金净流量方面，2017 年由 2016 年的净流出 0.68 亿元变成了净流入 5.04 亿元后，在 2018 年再次变为负数，且较上年下降了 15.05 亿元。公司构建固定资产、无形资产和其他长期资产所支付的现金明显减少，回到了与 2016 年相当的规模，说明长期资产投资规模没有扩大。造成公司投资活动现金净流量大起大落的主要原因是其他投资活动的影响，2018 年支付其他与投资活动有关的现金为 25.57 亿，在该项目上收到的现金则只有 16.67 亿。通过阅读艾华集团财务报表附注可知，这些其他投资活动主要是购买理财产品，公司在 2017 年大量收回了理财产品，从而投资活动现金净流量出现了 5.04 亿元的净流入，反映到资产负债表上，可以看到 2017 年期末货币资金增加了近 5 亿元。2018 年公司又将更多的闲置资投入到理财产品中，支付其他与投资活动有关的现金达到 25 亿元以上。公司频繁进行大量的短期理财活动，也由此带来了一定的投资收益。艾华集团货币资金一直比较充裕，在没有大规模扩大经营的情况下，将大部分资金投放在了风险较低、收益尚可的短期理财产品上，可以看作是一种韬光养晦、厚积薄发的策略，这也使得公司的投资活动现金净流量呈现不规则变化。

筹资活动净现金流量本年比上年增加 6.7 亿元，主要是因为发行债券收到的现金。公司自 2015 年首发上市以来，一直没有发生大的融资行为，2018 年发行可转换债券后，资本结构发生了改变，也使得公司近三年来首次实现了筹资活动现金净流入 4.3 亿元。由此可以看出，艾华集团正属于前面所提到的那一类单一经营、筹资政策较为保守、不愿意举债经营的企业。此前，艾华集团筹资活动现金流量项目仅有“分配股利、利润或偿付利息支付的现金”这一项，每年净流出 2 亿多元，且该项目逐年有所增长。公司逐年增长的利润率和一贯坚持的高股利分配政策使得公司每年分配股利支付的现金必然会有所增长。

任务三　现金流量结构分析

知识准备

现金流量的结构分析就是通过对现金流量表中不同项目之间的比较，分析企业现金流入和流出的来源与方向，评价各种现金流量的形成原因。现金流量表分为经营活动现金流量、投资活动现金流量和筹资活动现金流量，三大部分的现金流入量和流出量的含义不同，对会计信息使用者的作用也不一样。下面分别从现金流入和现金流出和两个方面进行结构分析。

（一）现金流入结构分析

现金流入结构分析就是将经营活动、投资活动和筹资活动的现金流入加总合计，然后计算每个现金流入项目金额占总流入金额的比率，分析现金流入的结构和含义。其计算公式为：

$$\text{现金总流入结构比率}=\frac{\text{各类活动现金流入量}}{\text{总现金注入量}}\times 100\%$$

$$\text{现金流入内部结构比率}=\frac{\text{某单项活动现金流入量}}{\text{某类活动现金流入量}}\times 100\%$$

通常情况下，经营状况良好的企业的现金流入结构特征表现为经营活动现金流入量占总现金流入量比重较大，特别是其销售商品、提供劳务收到的现金应明显高于其他经营活动流入的现金。这样的企业财务风险较低，现金流入结构较为合理。当然，由于行业差异较大，还应根据所处行业进行具体分析。对于不同性质的企业，这个比例也可能有较大的差异。如一个单一经营，专心于某一特定经营业务，不愿意进行其他投资，筹资政策保守，不愿意举债经营的企业，该比例可能尤其高。

（二）现金流出结构分析

现金流出结构分析就是将经营活动、投资活动和筹资活动的现金流出加总合计，然后计算每个现金流出项目金额占总流出金额的比率，分析现金流出的结构和含义。通过现金流出结构分析，可以看出企业资金的主要去向，进而分析企业未来发展状况和各项现金流出波动的原因。其计算公式为：

$$\text{现金总流出结构比率}=\frac{\text{某类活动现金流出量}}{\text{总现金流出量}}\times 100\%$$

$$\text{现金流出内部结构比率}=\frac{\text{某单项活动现金流出量}}{\text{某类活动现金流出量}}\times 100\%$$

在现金流出结构中，经营活动现金流出量一般在总现金流出量中占较大比重，同时具有一定的稳定性，各期之间的变化幅度不大。投资活动和筹资活动的现金流出量则因企业不同时期的财务策略而不同，其流出量的变化有时会比较大，具有偶发性。因此，应当结合企业不同时期的发展情况和战略对企业现金流出结构进行分析。

任务实施

【例 5 - 2】对艾华集团公司 2018 年的现金流量进行结构分析。

步骤 1、计算并分析 2018 年现金流入结构：

表 5 - 2　　艾华集团现金流量流入结构分析表　　单位：万元

项目	2018 年	流入结构（%）
经营活动产生的现金流量		
销售商品、提供劳务收到的现金	129180.20	34.88%
收到的税费返还	2091.02	0.56%
收到的其他与经营活动有关的现金	1719.94	0.46%
经营活动现金流入小计	132991.16	35.91%
二、投资活动产生的现金流量		
取得投资收益所收到的现金	2317.79	0.63%
处置固定资产、无形资产和其他长期资产收回的现金净额	627.34	0.17%
收到其他与投资活动有关的现金	166601.12	44.98%
投资活动现金流入小计	169546.24	45.77%
三、筹资活动产生的现金流量		
发行债券收到的现金	67856.20	18.32%
筹资活动现金流入小计	67856.20	18.32%
现金流入合计	370393.60	100%

从表 5 - 2 可以看出艾华集团 2018 年现金流入总量为 37.04 亿元，其中经营活动现金流入量、投资活动现金流入量现金流入量所占比重分别为 35.91%、45.77%，筹资活动则占比 18.23%，可见，公司 2018 年的现金流入量主要由投资活动产生。公司正处于稳定发展期，经营活动所产生的现金流量能够满足正常生产经营和投资活动的需要，稳健的投资则能够起到锦上添花的作用。

步骤 2、计算并分析 2018 年现金流出结构：

表 5 - 3　　艾华集团现金流量流出结构分析表　　单位：万元

项目	2018 年	流出结构（%）
一、经营活动产生的现金流量		
购买商品、接受劳务支付的现金	50883.31	12.59%
支付给职工以及为职工支付的现金	31778.73	7.87%

续表

项目	2018 年	流出结构（%）
支付的各项税费	10563.92	2.61%
支付的其他与经营活动有关的现金	16719.03	4.14%
经营活动现金流出小计	109944.99	27.21%
二、投资活动产生的现金流量		
购建固定资产、无形资产和其他长期资产支付的现金	13473.41	3.33%
投资支付的现金	508.00	0.13%
支付其他与投资活动有关的现金	255696.12	63.29%
投资活动现金流出小计	269677.53	66.75%
三、筹资活动产生的现金流量		
分配股利、利润或偿付利息支付的现金	24389.42	6.04%
筹资活动现金流出小计	24389.42	6.04%
现金流出合计	404011.94	100%

由表5－3可知，艾华集团2018年现金流出总量为40.40亿元，其中经营活动现金流出量、投资活动现金流量和筹资活动现金流出量所占比重分别为27.21%、66.75%、6.04%。可见，企业的现金流出量中投资活动现金流出量比重最大，经营活动现金流出量所占比重次之，具有一定的风险。

步骤3、计算并分析现金流量内部结构：

表5－4　艾华集团经营活动现金流量内部结构分析表　单位：万元

项目	2018 年	内部结构（%）
销售商品、提供劳务收到的现金	129180.20	97.13%
收到的税费返还	2091.02	1.57%
收到的其他与经营活动有关的现金	1719.94	1.29%
经营活动现金流入小计	132991.16	100%
购买商品、接受劳务支付的现金	50883.31	46.28%
支付给职工以及为职工支付的现金	31778.73	28.90%
支付的各项税费	10563.92	9.61%
支付的其他与经营活动有关的现金	16719.03	15.21%
经营活动现金流出小计	109944.99	100%

从表5－4中可知，经营活动的现金流入量中，销售产品、提供劳务收到的现金占经营活动现金流入量的绝大部分比重，达到97.13%，现金流出量中，购买商品、接受劳务支付的现金、支付给职工以及为职工支付的现金以及支付的其他与经营活动有关

的现金分别占经营活动现金流出量的46.28%、28.90%和15.21%，流入、流出结构都非常合理。

表5－5　　艾华集团投资活动现金流量内部结构分析表　　单位：万元

项目	2018年	内部结构（%）
取得投资收益所收到的现金	2317.79	1.37%
处置固定资产、无形资产和其他长期资产收回的现金净额	627.34	0.37%
收到其他与投资活动有关的现金	166601.12	98.26%
投资活动现金流入小计	169546.24	100%
购建固定资产、无形资产和其他长期资产支付的现金	13473.41	5.00%
投资支付的现金	508	0.19%
支付其他与投资活动有关的现金	255696.12	94.82%
投资活动现金流出小计	269677.53	100%

由表5－5可知，在投资活动现金流出量当中，支付其他与投资活动有关的现金占94.82%，是现金流出的主要项目，其次是构建固定资产、无形资产和其他长期资产所支付的现金，占现金流出量的5.00%，比例并不高，说明公司2018年没有大额长期资产投资。艾华集团的其他投资活动是短期理财活动，主要是购买风险较低、收益尚可且变现较快的信托投资产品，这是该公司管理富余现金的最主要的方式，因此收到的其他与投资活动有关的现金和支付的其他与投资活动有关的现金数额都特别巨大，每年也能带来一定的投资收益。

任务四　现金流量财务比率分析

知识准备

现金流量比率分析是指通过与现金流量有关的财务比率的计算和比较，对公司的偿债能力、盈利能力、盈利质量和财务弹性进行评价。现金流量比率包括现金流量偿债能力比率、现金流量支付能力比率和盈利质量分析比率。

（一）现金流量偿债能力比率

公司的偿债能力最终由资产的流动性，即资产的周转与变现能力来评价。公司所有资产中，现金和现金等价物的变现速度最快、变现能力最强。因此，用现金流量来衡量和评价偿债能力，是最稳健、最能说明问题的分析方法。现金流量比率与流动比率、速动比率、资产负债率等结合使用，能对公司的偿债能力做出更准确的判断和评价。因此，现金流量在评价偿债能力比率的体系中占有重要地位，具有重要作用。

分析偿债能力的现金流量比率包括现金比率、经营活动净现金比率、现金流量利息保障倍数。

1. 现金比率

现金比率是以现金衡量公司偿还短期债务能力的一个比率，其计算公式为：

$$现金比率=\frac{现金}{流动负债}$$

式中，现金是指会计期末公司所拥有的现金数额，包括现金和现金等价物，可从现金流量表中的“期末现金及现金等价物余额”项目获得数据。

2. 经营活动净现金比率

经营活动净现金比率又叫现金流量比率，是一个以本期经营活动现金流量净额偿还债务的比率，其计算公式为：

$$经营活动净现金比率=\frac{经营活动现金流量净额}{流动负债}\times 100\%$$

3. 现金流量利息保障倍数

现金流量利息保障倍数是指公司经营活动现金流量净额与利息费用的比率。该指标反映经营产生的现金流量净额是利息费用的多少倍。其计算公式为：

$$现金流量利息保障倍数=\frac{经营活动现金流量净额}{利息费用}$$

现金流量利息保障倍数比利息保障倍数更能反映公司的偿债能力。当公司息税前利润和经营活动净现金流量变动基本一致时，这两个指标结果相似，但如果公司正处于高速成长期，息税前利润和经营活动净现金流量相差很大，使用现金流量利息保障倍数指标更稳健、更保守。

（二）现金流量支付能力比率

支付能力是一个广义的概念，除了上面所讲的现金偿付债务，还包括各种支付，如购买商品支出、接受劳务支出、经营性租赁支出、各项费用支出、各项资本性支出、对外投资支出等。现金流量支付能力比率包括支付现金股利比率、现金充分性比率和每股经营现金流量。

1. 支付现金股利比率

支付现金股利比率是一个以本期经营活动现金流量净额衡量现金股利支付能力的

比率。其计算公式为：

$$支付现金股利比率 = \frac{经营活动现金流量净额}{现金股利} \times 100\%$$

式中，现金股利是指本期已宣告分配的全部现金股利额，可从报表附注中获得数据。该比率越高，支付现金股利的现金保证程度越高。

2. 现金充分性比率

现金充分性比率是对公司进行综合衡量，判断是否有足够现金偿还债务、进行投资以及支付股利和利息等的一个比率。其计算公式为：

$$现金充分性比率 = \frac{经营活动现金流量净额 + 投资活动现金流量净额 + 筹资活动现金流量净额}{债务偿还额 + 资本性支出额 + 支付股利、利息额} \times 100\%$$

从以上计算公式可以看出，现金充分性比率必须保持在 1 以上，才能满足分母中各项支付的现金需要，如果小于 1，则会出现现金短缺局面。

3. 每股经营现金流量

每股经营现金流量是指经营活动现金流量净额与发行在外的普通股股数的比率。该指标反映每股发行在外的普通股平均占有的经营净现金流量。这个指标越大，说明公司进行资本支出和支付股利的能力越强。其计算公式为：

$$每股经营现金流量 = \frac{经营活动现金流量净额}{发行在外的普通股加权平均数}$$

如果使用可转换债券等对发行股票股数具有稀释作用的融资工具，则应按照稀释后的股数计算。

（三）盈利质量分析比率

用于计算现金流量的盈利保障程度的指标主要包括净资产现金回收率、全部资产现金回收率和盈利现金比率。

1. 净资产现金回收率

净资产现金回收率是经营活动现金流量净额与平均净资产之间的比率。该指标是对净资产收益率的有效补充，对那些提前确认收益而长期未收现的公司，可用净资产现金回收率与净资产收益率进行对比，从而观察净资产收益率的盈利质量。其计算公式为：

$$净资产现金回收率 = \frac{经营活动现金流量净额}{平均净资产} \times 100\%$$

2. 全部资产现金回收率

全部资产现金回收率是指经营活动现金流量净额与平均总资产之间的比率。该指标可以作为对总资产收益率的补充，反映企业利用资产获取现金的能力，可以衡量企业资产获利能力的强弱。其计算公式为：

$$\text{全部资产现金回收率} = \frac{\text{经营活动现金流量净额}}{\text{平均总资产}} \times 100\%$$

3. 盈利现金比率

盈利现金比率，也称盈余现金保障倍数，反映公司本期经营活动产生的现金流量净额与净利润之间的关系。其计算公式为：

$$\text{盈利现金比率} = \frac{\text{经营活动现金流量净额}}{\text{净利润}} \times 100\%$$

一般情况下，盈利现金比率越大，公司盈利质量就越高。如果比率小于1，说明本期净利润中存在尚未收现的收入。在这种情况下，即使公司盈利，也可能发生现金短缺。因此，需要进一步对应收账款进行分析。应收账款的增加可能有以下三方面原因：(1) 为了扩大市场份额而导致赊销增加；(2) 公司规模扩大（资产增加）导致应收账款增加；(3) 盈余管理促成虚列收入，应收增加。第一种原因可以借助指标销售商品、提供劳务收到的现金/经营活动现金流入量来分析，若该指标持续上升，应收账款的增加尚属正常；第二种原因可以借助除应收账款以外的其他资产总额增长幅度来分析，若其他资产也有较大幅度增长，说明公司规模扩大，债权资产增加也属正常；若非前两种原因，则有利用应收操纵利润之嫌。

在进行盈利质量分析时，仅仅靠一年的数据未必能说明问题，需要进行连续的盈利现金比率的比较，若企业盈利现金比率一直小于1甚至为负数，则说明企业盈利质量低下，严重时会导致公司破产。

任务实施

【例5-3】根据艾华集团财务报表的有关资料，分别计算该公司现金流量偿债能力、现金流量支付能力和盈利质量等相关比率并与2017年对比的变动情况进行分析，有关数据如表5-6所示。

表5-6　艾华集团有关财务数据　单位：万元

项目	2018年	2017年	增减额	2016年
现金	23485.91	57696.94	-34211.03	14707.13
流动负债	66489.49	44344.42	22145.07	44935.52

续表

项目	2018 年	2017 年	增减额	2016 年
经营活动现金流量净额	23046. 17	17019. 17	6027	35663. 21
发行在外的普通股加权平均数	39000. 17	30000	9000. 17	30000
平均净资产	198373. 38	184407. 73	13965. 645	179197. 29
净资产收益率	15. 09%	15. 86%	-0. 77%	14. 72%
平均总资产	282244. 80	230780. 70	51464. 10	216472. 39
总资产收益率	10. 61%	12. 68%	-2. 07%	12. 18%
净利润	29935. 09	29251. 94	683. 15	26368. 95

注：此表中的现金与现金流量表中的“期末现金及现金等价物余额”数值相等。

步骤 1、计算 2018 年现金流量财务比率：

$$现金比率 = \frac{现金}{流动负债} = \frac{23485.91}{66489.49} = 0.35$$

$$经营活动净现金比率 = \frac{经营活动现金流量净额}{流动负债} = \frac{23046.17}{66489.49} = 0.35$$

$$每股经营现金流量 = \frac{经营活动现金流量净额}{发行在外的普通股股数} = \frac{23046.17}{39000.17} = 0.59$$

$$净资产现金回收率 = \frac{经营活动现金流量净额}{平均净资产} = \frac{23046.17}{198373.38} = 11.62\%$$

$$全部资产现金回收率 = \frac{经营活动现金流量净额}{平均总资产} = \frac{23046.17}{282244.8} = 8.17\%$$

$$盈利现金比率 = \frac{经营活动现金流量净额}{净利润} = \frac{23046.17}{29935.09} = 76.99\%$$

2016 年、2017 年现金流量财务比率指标计算同上。

上述财务指标计算结果见表 5 -7。

表 5 -7

项目	2018 年	2017 年	增减额	2016 年
现金比率	0. 35	1. 30	-0. 95	0. 33
经营活动净现金比率	0. 35	0. 38	-0. 03	0. 79
每股经营现金流量（元）	0. 59	0. 57	0. 02	1. 19
净资产现金回收率	11. 62%	9. 23%	2. 39%	19. 90%
全部资产现金回收率	8. 17%	7. 37%	0. 8%	16. 47%
盈利现金比率	0. 77	0. 58	0. 19	1. 35

步骤2、现金流量偿债能力比率分析:

从上表可以看出，艾华集团2018年的现金比率比2017年降低了95%，说明公司为每1元流动负债提供的现金资产保障减少了0.95元，比去年降低了3.7倍，说明在流动负债比较稳定的情况下，现金持有量大幅减少。通过阅读公司财务报告可知，2018年艾华集团有相当一部分资金以理财产品的形式存在于其他流动资产项目上，因此仅凭该指标并不能得出公司偿债能力减弱的结论。

艾华集团2018年的经营活动净现金比率为35%，比2017年略有下降，但相比2016年来说，该比率大幅降低，说明公司为每1元流动负债提供的经营活动产生的现金流量保障降低了。

步骤3、现金流量支付能力比率分析:

与经营活动净现金比率相对应，艾华集团建立在经营活动现金流量净额基础上的每股经营现金流量在2016~2018年下降幅度也比较大，2018年在2017年基础上稍有增长，但总体说来，艾华集团近三年每股经营现金流量都高于同行业公司，说明公司现金比较充沛，普通股股东获得现金股利回报的基础条件具备，这也是艾华集团得以实现连续数年高股利分配政策的强大支撑。

步骤4、盈利质量比率分析:

艾华集团2018年净资产现金回收率相较2017年有所提高，表明该公司的盈利质量略有提高，但尚未达到2016年的水平。因加强应收账款的催收管理、改进购货付款环节等原因，2018年公司经营活动产生的现金流量净额比2017年提高了35.41%，但因为公司净资产的增长幅度更大，因此净资产现金回收率未能上升到理想水平。同时，与2017年相比，该公司2018年的全部资产现金回收率也有所提高，相对于公司总资产收益率的增幅而言，该指标增幅更显著，表明艾华集团2018年的盈利能力和盈利质量在2017年基础上有显著提高。

同样，在2017年盈利现金比率经历了大幅下降的情况下，艾华集团2018的盈利现金比率年相比2017年有了明显的提高，说明公司在保持利润持续增长的同时，通过销售收款和采购付款环节的优化管理，促使经营活动现金流量努力也实现了更大幅度的增长，盈利质量进一步提高。

【例5-4】根据中国石油公司利润表和现金流量表提供的资料，计算该公司2016~2018年的现金流量利息保障倍数及与2016年对比的变动情况，有关数据如表5-8所示。

表 5－8　　中国石油公司现金流量利息保障倍数分析表　　单位：百万元

项目	2018 年	2017 年	增减额	2016 年
经营活动现金流量净额	239288	290155	－50867	318796
利息费用	21602	13775	7827	9909
现金流量利息保障倍数	11.08	21.06	－9.99	32.17

从表 5－8 中可以看出，中国石油公司 2016～2018 年的经营活动现金流量净额分别是利息费用的 32.17 倍、21.06 倍和 11.08 倍，表明近三年的比率对公司偿债来说是安全的。但近三年该比率却在逐年下降。从中国石油公司所在行业——石油和天然气开采业的行业平均数据来看，现金流量利息保障倍数则是逐年上升，2018 年达到了 27 倍以上，两相对照之后，中国石油公司偿债能力减弱的趋势值得关注。

【职业道德与企业伦理】

安然公司收益质量越来越差的警示

安然公司成立于 1930 年，拥有 37000 公里的州内及跨州天然气管道，主要从事天然气的采购和出售，拥有遍布全球的发电厂和输油管线，是世界上最大的天然气采购商和出售商，最大的电力交易商，最领先的能源批发做市商和最大的电子商务交易平台。1990～2000 年的 10 年间，安然公司的销售收入从 59 亿美元上升到 1008 亿美元，净利润从 2.02 亿美元上升到 9.79 亿美元。2000 年 8 月，安然公司的股票每股高达 90.56 美元，2000 年在美国《财富》杂志的“美国 500 强”中位列第七，在世界 500 强中位列第十六。可是，安然的成功毕竟是个“泡沫”，2001 年 12 月 2 日，安然申请破产保护。

安然公司从 1997 年开始净利润逐年大幅度上升，而经营利润却逐年下降，非经营利润的比重逐年加大。该公司的收益越来越依靠能源证券交易和资产处置，这是收益质量越来越差的明显标志。安然公司的营运现金流在 1998 年为 16 亿美元，1999 年为 12 亿美元，而 2000 年的头 9 个月仅为 1 亿美元。在营运现金流逐步下跌的同时，安然公司所公告的净利润却在年年上升，这就说明安然公司的利润不是来自主营业务，要么来自非经常性收入，要么来自造假。

促使安然公司崩溃的关键在于其与关联企业的关联交易及相关信息披露上均出现了极大问题。安然公司把大量债务通过关联企业隐藏起来，运用关联交易大规模操纵收入和利润额，采用模糊会计手法申报财务报表。这些欺诈、误导股东的手法于 2001

年 11 月被披露后，市场对安然公司完全丧失信心，安然公司股价跌到低于 1 美元的水平。这是受害者给施害者的惩罚，也是最终埋葬安然公司的主因。

［警示］

安然大厦的轰然倒塌，向世人揭示了一个道理：现金流量比利润更重要。现金是企业一定时期最真实的财务状况的表现，企业要保持稳定发展，将财务风险控制在一定范围内，就必须维持合理、稳定的现金流量状态。安然公司在财务状况江河日下的情况下，通过关联方交易大量虚构利润，隐瞒债务，编造没有现金流支撑的业绩谎言，导演了世界上最大的财务造假丑闻，最终将自己连同当时位列世界第一的安达信会计师事务所拖入万劫不复的深渊。

项目小结

现金流量与收益质量分析
认识现金流量与收益质量
现金与现金流量表
现金流量信息的意义
现金流量分析的作用
收益质量
收益质量的内涵
收益质量分析的意义
现金流量的一般分析
经营活动现金流量分析
投资活动现金流量分析
筹资活动现金流量分析
现金流量趋势分析
现金流量结构分析
现金流入结构分析
现金总流入结构比率
现金流入内部结构比率
现金流出结构分析
现金总流出结构比率
现金流出内部结构比率
现金流量财务比率分析
现金流量偿债能力比率分析
现金比率分析
经营活动净现金比率分析
现金利息保障倍数分析
现金流量支付能力比率分析
支付现金股利比率分析
现金充分性比率分析
每股经营净现金流量分析
盈利质量比率分析
净资产现金回收率分析
全部资产现金回收率分析
盈利现金比率分析

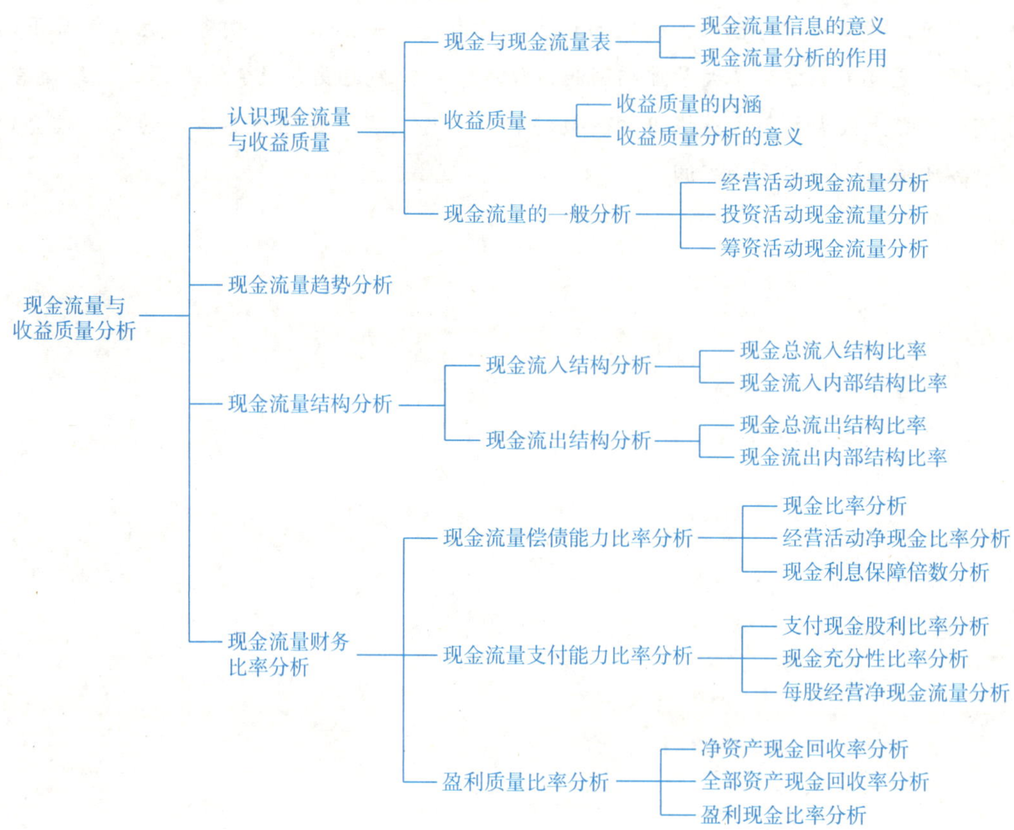

项目训练

一、单选题

1. 下列现金流量比率中，最能够反映现金流量支付能力的指标是（　　）。
   A. 现金毛利率　　B. 现金充分性比率
   C. 流动比率　　D. 盈余现金保障倍数
2. 能使经营现金流量减少的项目是（　　）。
   A. 无形资产摊销　　B. 出售长期资产利得
   C. 存货增加　　D. 应收账款减少
3. 在企业处于高速成长阶段，投资活动现金流量往往是（　　）。
   A. 流入量大于流出量　　B. 流出量大于流入量
   C. 流入量等于流出量　　D. 不一定
4. 根据《企业会计准则——现金流量表》的规定，支付的现金股利归属于（　　）。
   A. 经营活动　　B. 筹资活动
   C. 投资活动　　D. 销售活动
5. 下列各项，不属于现金流量表分析目的的是（　　）。
   A. 了解企业资产的变现能力　　B. 了解企业现金变动情况和变动原因
   C. 判断企业获取现金的能力　　D. 评价企业盈利的质量
6. 下列财务活动中不属于企业筹资活动的是（　　）。
   A. 发行债券　　B. 分配股利
   C. 吸收权益性投资　　D. 购建固定资产
7. 下列关于经营活动现金净流量整体质量分析表述错误的是（　　）。
   A. 经营活动现金净流量小于零是最糟糕的情况，经营中“入不敷出”
   B. 经营活动现金净流量等于零意味着经营过程中的现金“收支平衡”，这种情况对企业发展是较好的
   C. 经营活动现金净流量大于零意味企业生产经营比较正常，具有“自我造血”功能
   D. 经营活动现金净流量大于零且能够补偿当期发生的非付现成本意味企业可以抽出长期资金进行投资，从而增加企业的竞争能力
8. 下列说法正确的是（　　）。

A. 只要经营活动的现金流量大于零，说明企业能满足扩大再生产的需要

B. 经营活动的现金流量等于零，说明企业收支平衡始终能维持简单再生产

C. 经营活动的现金流量小于零，说明企业已经陷入财务危机状态

D. 经营活动现金流量的收益性最强，是现金流量分析的重点

二、多选题

1. 投资活动现金净流量小于零可能的结果有（　　）。

A. 投资收益显著

B. 投资收益状况较差

C. 出现财务危机不得不处置长期资产以补偿日常活动现金需求

D. 企业当期有较大的对外投资，对企业长远发展有利

E. 企业本期投资缩小

2. 现金流量表分析的目的包括（　　）。

A. 评价企业利润质量

B. 分析企业财务风险

C. 评价企业风险水平和抗风险能力

D. 预测企业未来现金流量

E. 评价企业财务状况

3. 下列现金流量比率中，能够反映盈利质量的指标主要有（　　）。

A. 净资产现金回收率　　B. 全部资产现金回收率

C. 现金比率　　D. 盈利现金比率

4. 下列活动中，属于经营活动产生的现金流量有（　　）。

A. 销售商品收到的现金　　B. 分配股利支出的现金

C. 提供劳务收到的现金　　D. 出售设备收到的现金

E. 交纳税款支出的银行存款

5. 下列现金流量比率中，能够反映现金流量偿债能力的指标主要有（　　）。

A. 现金比率　　B. 经营活动净现金比率

C. 现金流量利息保障倍数　　D. 现金充分性比率

6. 属于筹资活动现金流量的项目有（　　）。

A. 短期借款的增加　　B. 支付给职工的现金

C. 或有收益　　D. 分配股利所支付的现金

E. 取得债券利息收入

7. 企业筹资活动产生的现金流量小于零，可能意味着（　　）。

A. 企业在本会计期间大规模偿还债务
B. 企业经营活动与投资活动在现金流量方面运转较好，有能力偿还债务、分配利润等
C. 企业当期进行了增资扩股
D. 企业在投资和企业扩张方面没有更多的作为
E. 企业无法取得新的借款

8. 下列说法不正确的有（　　）。
A. 经营活动的现金流量大于零，说明企业能满足扩大再生产的需要
B. 经营活动的现金流量等于零，说明企业收支平衡始终能维持简单再生产
C. 经营活动的现金流量小于零，说明企业已经陷入财务危机状态
D. 经营活动现金流量的可持续性最强，是现金流量分析的重点

三、判断题

1. 即使是经营活动净现金流量大于零，企业也可能仍然处于亏损状态。（　　）
2. 经营活动产生的现金流量大于零说明企业盈利。（　　）
3. 现金充分性比率是反映企业盈利质量的主要指标。（　　）
4. 购建固定资产、无形资产和其他长期资产支付的现金属于经营活动。（　　）
5. 对企业而言，投资现金净流量起到“蓄水池”的作用。（　　）
6. 对现金流量表结构分析，可以分析企业现金来源情况。（　　）
7. 经营活动净现金流量如果小于零，说明企业经营活动的现金流量自我适应能力较差，企业经营状况不好，属于不正常现象。（　　）
8. 当经营现金净流量为负时，只有通过筹资，企业的经营活动才不会受到负面影响。（　　）

四、案例分析题

CF 公司 2016 年度和 2017 年度现金流量资料见下：

GF 公司现金流量表

编制单位：CF 公司　　　　单位：万元

项目	2017 年	2016 年
一、经营活动产生的现金流量		
销售商品、提供劳务收到的现金	1240	1039
收到的租金	0	0
收到的增值税销项税额和返回的增值税款	20	12
收到的除增值税以外的其他税费返还	13	8
收到的其他与经营活动有关的现金	59	70

续表

项目	2017 年	2016 年
现金流入小计	1332	1129
购买商品、接受劳务支付的现金	985	854
经营租赁所支付的现金	0	0
支付给职工以及为职工支付的现金	60	63
支付的增值税款	76	127
支付的所得税款	53	22
支付的除增值税、所得税以外的其他税费	14	10
支付的其他与经营活动有关的现金	109	202
现金流出小计	1297	1278
经营性活动产生的现金流量净额	35	-149
二、投资活动产生的现金流量		
收回投资所收到的现金	205	260
分得股利或利润所收到的现金	25	20
取得债券利息所收到的现金	12	10
处置固定资产、无形资产和其他长期资产而收到的现金净额	0	0
现金流入小计	242	290
购建固定资产、无形资产和其他长期资产所支付的现金	155	175
权益性投资所支付的现金	104	200
债券性投资所支付的现金	0	0
支付的其他与投资活动有关的现金	0	0
现金流出小计	259	375
投资活动产生的现金流量净额	-17	-85
三、筹资活动产生的现金流量:		
吸收权益投资所收到的现金	150	177
发行债券所收到的现金	0	0
借款所收到的现金	165	263
收到的其他与投资活动有关的现金	0	0
现金流入小计	315	440
偿还债务所支付的现金	175	325
发生筹资费用所支付的现金	12	10
分配股利或利润所支付的现金	5	0
偿付利息所支付的现金	10	15
融资租赁所支付的现金	0	0
减少注册资本所支付的现金	0	0

续表

项目	2017 年	2016 年
支付的其他与筹资活动有关的现金	0	0
现金流出小计	202	350
筹资活动产生的现金流量净额	113	90
四、汇率变动对现金的影响额	0	0
五、现金及现金等价物净增加额	131	－144

分析要求：

（1）对该公司现金流量表进行趋势分析；

（2）对该公司现金流量表进行结构分析。

五、技能实训题

1. 实训目的

增强学生运用所学知识与分析方法进行现金流量与收益质量分析的实际操作能力，提高学生发现问题、分析问题和解决问题的能力，并培养学生团队协作意识，提高职业判断能力、语言表达能力和沟通能力。

2. 实训资料

一家中小板上市公司近三年的财务报告（年报）及其所属行业的相关财务指标平均水平。

3. 实训组织

按 6 人为一个学习小组，选定小组长一人，负责组织小组讨论、实训和学习。

4. 实训任务

（1）搜集指定行业的一家中小板上市公司近三年的财务报告年报；

（2）进行现金流量趋势分析和结构分析；

（2）计算现金流量财务比率的相关指标；

（3）完成现金流量与收益质量评价分析。

5. 实训要求

（1）能熟练利用网络搜集查阅所需的资料；

（2）能把握现金流量与收益质量评价分析的关键点；

（3）能运用所学的方法进行现金流量结构、趋势和相关财务比率的计算分析，得出评价结论；

（4）制作 PPT 汇报。

职业核心能力测评

职业核心能力测评表

（在□中打√，A通过，B基本通过，C未通过）

职业核心能力	评估标准	自测结果
自我学习	1. 能进行时间管理	□A □B □C
	2. 能选择适合自己的学习和工作方式	□A □B □C
	3. 能随时修订计划并进行意外处理	□A □B □C
	4. 能将已经学到的东西用于新的工作任务	□A □B □C
信息处理	1. 能根据不同需要去搜寻、获取并选择信息	□A □B □C
	2. 能筛选信息，并进行信息分类	□A □B □C
	3. 能使用多媒体等手段来展示信息	□A □B □C
数字应用	1. 能从不同信息源获取相关信息	□A □B □C
	2. 能依据所给的数据信息，作简单计算	□A □B □C
	3. 能用适当方法展示数据信息和计算结果	□A □B □C
与人交流	1. 能把握交流的主题、时机和方式	□A □B □C
	2. 能理解对方谈话的内容，准确表达自己的观点	□A □B □C
	3. 能获取信息并反馈信息	□A □B □C
与人合作	1. 能挖掘合作资源，明确自己在合作中能够起到的作用	□A □B □C
	2. 能同合作者进行有效沟通，理解个性差异及文化差异	□A □B □C
解决问题	1. 能说明何时出现问题并指出其主要特征	□A □B □C
	2. 能做出解决问题的计划并组织实施计划	□A □B □C
	3. 能对解决问题的方法适时做出总结和修改	□A □B □C
革新创新	1. 能发现事物的不足并提出新的需要	□A □B □C
	2. 能创新性地提出改进事物的意见和具体方法	□A □B □C
	3. 能从多种方案中选择最佳方案，在现有条件下实施	□A □B □C
学生签字：	教师签字：	20 年 月 日

项目六 资产质量与运营能力分析

职业能力目标

通过本单元的学习，你应该能够：

理解资产质量、运营能力的含义

计算运营能力相关指标

运用运营能力相关指标对资产质量进行分析和评价

主要概念

资产质量　运营能力　周转率　周转期

导入案例

从精功科技计提资产减值准备看资产质量与运营能力

精功科技是一家以太阳能光伏专用装备、碳纤维复合材料装备、新型建筑节能专用设备、轻纺专用设备、机器人智能装备等高新技术产品的研制开发、生产、销售和技术服务的企业。公司 2018 年 2 月 28 日公告显示：公司 2017 年度新增资产减值准备计提 3270.97 万元，占公司 2016 年度经审计的归属于上市公司股东的净利润（以下简称“净利润”）6285.68 万元绝对值的 52.04%；占公司 2017 年度扣除本次所计提减值准备后净利润绝对值的比例为 25.12%。其中，应收账款、其他应收款的坏账准备金分别增加计提 423.19 万元、624.18 万元，分别占公司 2016 年度经审计净利润绝对值的 6.73%、9.93%；存货跌价准备金转销计提 354.67 万元，占公司 2016 年度经审计净利润绝对值的 5.64%；长期股权投资减值准备增加计提 1453.84 万元，占公司 2016 年度经审计净利润绝对值的 23.13%。公司 2017 年度新增资产减值准备计提 3270.97 万元，相应减少了公司 2017 年度的净利润和归属于上市公司股东的所有者权益。高额的资产减值准备的计提可反映该公司资产质量的现状，同时也提高了虚增企业营运能力的风险。

资料来源：http://sc.stock.cnfol.com/jysgg/20180228/26073843.shtml，中金在线，2018.2.28

一家企业好不好，资产质量很重要，资产质量的好坏会影响企业的运营能力。那么，该如何透过数据来判断公司资产的质量，如何分析公司的资产质量和运营能力，从而有助于自己做出正确的决策呢？这就需要具备一定的资产质量和营运能力分析能力，对公司进行恰当的评价。

任务一　认识资产质量与运营能力

企业的资产是企业赖以生存和获取利润的物质基础，企业资产质量的好坏决定企业的生存状况和获取利润的难易程度，因此每一个企业的利益相关者都会非常关心该企业资产质量的好坏。通过对企业财务报告和其他相关资料进行分析和计算，可以对企业资产质量和运营能力做出客观的分析与评价，从而完整反映管理层受托责任履行情况，有助于投资者做出正确的决策。

知识准备

一、资产质量

资产质量，是指特定资产在企业管理的系统中发挥作用的质量，具体表现为变现质量、被利用质量、与其他资产组合增值的质量以及为企业发展目标做出贡献的质量等方面。

资产按其质量高低可以分为以下几种类别：

（一）按照账面价值等金额实现的资产

这一类资产主要包括企业的货币资金。这是因为，作为充当一般等价物的特殊商品，企业的货币资金会自动地与任一时点的货币购买力相等。因此，我们可以认为，企业在任一时点的货币资产，均会按照账面等金额实现其价值。

（二）按照低于账面价值的金额贬值实现的资产

主要是指那些账面价值量较高，而其变现价值量或被进一步利用的潜在价值量较低的资产。这类资产主要涉及：

1. 短期债权

这里的短期债权，包括应收票据、应收账款和其他应收款等。由于存在发生坏账的可能性，因此，短期债权注定要以低于账面的价值量进行回收。企业计提的坏账准备虽然在一定程度上考虑了短期债权的贬值因素，但是，由于大多数企业采用应收账款余额百分比法（较为详细的企业则采用账龄分析法）或销售收入百分比法来估计坏账损失，因此这种分析仍然难以恰当地反映债权资产的质量。这是因为，受各种因素的制约，企业对坏账准备计提的百分比的确定不一定能够反映债权的贬值程度——整齐划一的一个或若干个坏账计提百分比恰恰忽略了决定债权质量的首要方面：特定债务人的偿债能力。我们这样认识，并不是要否认企业对外披露债权时计提坏账准备对信息使用者判断企业债权质量的积极作用，而是要说明，对债权质量的分析，仅仅靠坏账准备披露的数字是不够的。必须结合企业债务人的情况（如地区构成、所有制构成等）进一步分析。

2. 部分存货

企业保有存货，主要目的是使其增值。但是，从企业管理的实践来看，由于各种原因，企业的部分存货会以低于其账面价值的金额变现。在会计上，对贬值存货的处理采取计提跌价准备的方法。对于信息使用者而言，在对存货质量进行分析、判断时，除了考虑企业披露的存货跌价准备以外，还应结合对企业存货构成的分析、存货周转率的分析以及现金流量表中经营活动现金流量中“销售商品、提供劳务收到的现金”金额与利润表中“销售收入”或“营业收入”金额的对比情况进行综合分析。

3. 部分固定资产

固定资产体现了企业的技术装备水平。在企业持续经营的条件下，企业一般不会将其正在使用中的固定资产对外出售。因此，企业固定资产的质量主要体现在被企业进一步利用的质量上。但是，在历史成本原则下，持续经营企业的资产负债表通常提供固定资产的原值、累计折旧以及固定资产净值。受企业折旧政策的制约，企业披露的固定资产净值不可能反映在资产负债表日，相应固定资产对企业的实际“价值”。实际上，企业的固定资产中，有相当一部分正在快速贬值，如技术含量较高、技术进步较快的高科技资产。因此，在对企业固定资产的质量进行分析时，应当结合企业固定资产的构成、已经使用年限、企业的折旧政策等进行综合分析。

4. 纯摊销性的“资产”

纯摊销性的“资产”，是指那些由于应计制原则的要求而暂作“资产”处理的有关项目，如长期待摊费用等项目。除个别项目有可能包含对企业未来有利的资产性质的内容外，上述项目的主体并不能为企业未来提供实质性帮助，没有实际利用价值。因此，上述各项“资产”的实际价值趋近于零。

（三）按照高于账面价值的金额增值实现的资产

这类资产是指那些账面价值量较低，而其变现价值量或被进一步利用的潜在价值量（可以用资产的可变现净值或公允价值来计量）较高的资产。这类资产主要包括：

1. 大部分存货

对于以商品经营为主的制造业企业和商品流通企业，其主要经营与销售的商品就是企业的存货。因此，企业的大部分存货应该按照高于账面价值的金额增值实现。

2. 部分固定资产

前已述及，企业的部分固定资产可以增值。同样，财务会计的历史成本原则与稳健原则均要求企业对那些能够增值的固定资产以较低的历史成本来对外披露。

3. 账面上未体现净值，但可以增值实现的“表外资产”

账面上未体现净值，但可以增值实现的“表外资产”，是指那些因会计处理原因或计量手段的限制而未能在资产负债表中体现净值，但可以为企业在未来作出贡献的资产项目。主要包括：

（1）已经提足折旧、但企业仍然继续使用的固定资产。这部分资产在资产负债表上由于其历史成本与累计折旧相等而未能体现出净值。企业的建筑物以及设备、生产线等有可能出现这种情况。这类资产由于其对企业有未来利用价值，因而是企业实实在在的资产。

（2）企业正在使用，但已经作为低值易耗品一次摊销到费用中去、资产负债表上未体现价值的资产。与已经提足折旧、但企业仍然继续使用的固定资产一样，企业正在使用，但已经作为低值易耗品一次销到费用中去、资产负债表上未体现价值的资产，由于其对企业有未来利用价值，因而也是企业的资产。

（3）已经成功的研究和开发项目的成果。按照一般的会计处理惯例，在企业的研究和开发支出，一般作为支出当期的费用处理。这样，已经成功的研究和开发项目的成果，将游离于报表之外而存在。这种情况经常出现于重视研究和开发、历史悠久的企业。

（4）人力资源。企业的人力资源是企业最重要的一项无形资产。美国的会计准则业已将人力资源列入无形资产。遗憾的是，目前财务会计还难以将人力资源作为一项资产来纳入企业的资产负债表。了解、分析企业人力资源的质量应该成为对企业整体资源分析的重要内容。上述分析表明，对企业资产质量的整体把握，应当结合表内因素与表外因素综合分析。

二、资产质量的分析方法

（一）资产结构分析法

资产分为流动资产和非流动资产；每一部分资产又可进一步分成若干项目和明细。因此，分析这些资产之间相互所占比重，能较直观地反映出资产结构是否合理。例如分析总资产中流动资产同固定资产所占比重，如果固定资产比重偏高，则会削弱营运资金的作用。如果固定资产比重偏低，则企业发展缺乏后劲。分析流动资产中结算资产和存货资产所占比重，如果结算资产比重太高，容易发生不良资产，潜在的风险也越大。分析存货资产时，库存商品（产成品）本是保证商品经营的物质条件，但应进一步分析其中适销对路、呆滞积压、残损变质等各占的比例。

在采用结构分析的同时，还可采用比率法作补充。如：（1）总资产增长率。计算企业本年总资产增长额同年初资产总额的比率，来评价企业经营规模总量上扩张的程度。（2）固定资产成新率。计算当期平均固定资产净值同平均固定资产原值的比率，来评价固定资产更新的快慢程度和持续发展的能力。（3）存货周转率。计算企业一定时期销售成本与平均存货的比率，来评价存货资产的流动性和存货资金占用量的合理性。（4）应收账款周转率。计算企业一定时期内销售收入同平均应收账款余额的比率，来评价应收账款的流动速度，是否会产生呆死账，成为坏账损失。

（二）现金流动分析法

货币资金是资产中最为活跃又时常变动的资产。现金流量信息能够反映企业经营情况是否良好，资金是否短缺，资产质量优劣，企业偿付能力大小等重要内容，从而为投资者、债权人、企业管理者、提供非常有用的信息。如经营活动产生的现金流量和总的净流量分别与主营业务利润、投资收益和净利润进行比较分析，就能判断分析企业财务成果和资产质量的状况。一般说，没有相应现金净流入的利润，其质量不是可靠的。如果企业现金净流量长期低于净利润，就意味着与已经确认为对应的资产可能属于不能转化为现金流量的虚拟资产。如果企业的银根长期很紧，现金流量经常是支出大于收入，则说明该企业的资产质量处于恶化状态。

（三）虚拟资产、不良资产剔除法

这是把虚拟资产、不良资产从资产中剥离出来后进行分析的方法，实质上是对企业存在的实有损失和或有损失进行界定。首先是进行排队分析，统计出虚拟资产和不良资产账面值。然后进行分析比较：

（1）把虚拟资产加不良资产之和同年末总资产相比，来测试资产中的损失程度；

（2）将剔除虚拟资产、不良资产后的资产总额同负债相比，计算资产负债率，以真实地反映企业负债偿还能力和经营风险程度；

（3）将虚拟资产、不良资产之和同净资产比较，如果虚拟资产、不良资产之和接近或超过净资产，说明企业持续经营能力可能有问题，也不排除过去人为夸大利润而形成“资产泡沫”。

不管采用什么分析方法，最终都是要落实到加强对虚拟资产、不良资产的管理和处理，杜绝虚拟资产的存在，压缩不良资产，尽量减少资产损失。

（四）财务比率分析法

企业进行生产经营活动时，会计六大要素（资产、负债、所有者权益、收入、支出、利润）都在发生变化。因此，分析资产质量，应与其他会计要素相结合，对相关比率进行分析。平时常用来分析的比率有：

1. 总资产报酬率

计算企业一定时期内获得报酬总额（利润总额加利息支出）与平均资产总额的比率，来检测企业投入产出的配比关系与实效。一般说，资产质量越好，投入产出的效能也越佳。

2. 总资产周转率

计算企业一定时期内销售收入同平均资产总额的比值。一般情况下，周转速度越快，销售能力越强，资产利用效率越离。

3. 流动比率

计算流动资产同流动负债的比率，来反映企业短期债务的偿还能力。流动比率是测评企业营运资金的重要指标。目前不少国有企业的营运资金出现负值，即流动资产小于流动负债，从而也反映出资产结构不合理性和流动负债及时偿还的风险性。

4. 长期资产适合率

计算企业所有者权益与长期负债之和同固定资产与长期投资之和的比率，分析资产结构来测评企业长期资产与长期资本的平衡性与协调性，是否会产生财务风险。从理论上讲，该指标≥100%较好，即长期资本要大于长期资产。

三、运营能力及其分析方法

企业运营能力，主要指企业运营资产的效率与效益。企业营运资产的效率主要指资产的周转率或周转速度。企业营运资产的效益通常是指企业的产出量与资产占用量之间的比率。资产运营能力的强弱取决于资产的周转速度、资产运行状况、资产管理水平等多种因素。

资产的周转速度通常用周转率和周转期来表示。周转率是企业在一定时期内资产的周转额与平均余额的比率，反映企业资产在一定时期的周转次数。周转次数越多，表明周转速度越快，资产运营能力越强。周转期是周转次数的倒数与计算期天数的乘积，反映资产周转一次所需要的天数。周转期越短，表明周转速度越快，资产运营能力越强。

我们可将企业运营能力分为：流动资产运营能力、固定资产运营能力、总资产运

营能力。

运营能力分析主要通过计算相关资产的周转率（周转次数）和周转期（周转天数）的指标数据，把指标数据与本企业前期相同指标的数据或行业平均数据进行对比，从而分析相关资产的运营能力。

任务二　流动资产运营能力分析

知识准备

流动资产运营能力是用来衡量企业流动资产的管理效率。

反映流动资产运营能力指标主要有应收账款周转率、应收账款周转期；存货周转率、存货周转期、流动资产周转率、流动资产周转期。

一、应收账款周转率与周转期分析

应收账款周转率是企业一定时期营业收入（或销售收入）与平均应收账款余额的比率，反映企业应收账款变现速度的快慢和管理效率的高低。其计算公式为：

$$\text{应收账款周转率（周转次数）}=\frac{\text{营业收入}}{\text{平均应收账款余额}}$$

$$\text{平均应收账款余额}=\frac{\text{应收账款余额年初数}+\text{应收账款余额年末数}}{2}$$

上述公式中：

（1）对于应收账款周转率，分子理论上应使用“赊销额”，但外部分析人员无法取得赊销数据，只好直接使用营业收入进行计算。

（2）应收账款包括会计报表中“应收账款”和“应收票据”等全部赊销账款在内，因为应收票据是销售形成的应收款项的另一种形式；应收账款应为未扣除坏账准备的金额。

应收账款周转期表示企业从取得应收账款的权利到收回款项、转换为现金所需要的时间，等于360除以应收账款周转率。其计算公式为：

$$\text{应收账款周转期（周转天数）}=\frac{360}{\text{应收账款周转率（周转次数）}}$$

通常，应收账款周转次数越高、周转天数越短，表明应收账款管理效率越高，说明应收账款的收回越快；否则，企业的营运资金会过多地呆滞在应收账款上，影响正常的资金周转。但这里存在一些影响指标正确计算的因素：季节性经营的企业使用这个指标时不能反映实际情况；大量使用分期付款结算方式；大量使用现金结算的销售；年末大量销售或年末销售大幅下降。这些因素对会对计算结果都会产生较大的影响。财务报表的外部使用人可以将计算出的指标与该企业前期指标、与行业平均水平或其他类似企业的指标相比较，判断该指标的高低。

二、存货周转率与周转期分析

存货周转率是企业一定时期营业成本与平均存货余额的比率。用于反映存货的周转速度，即存货的流动性及存货资金占用量是否合理，可促使企业在保证生产经营连续性的同时，提高资金的使用效率。其计算公式为：

$$\text{存货周转率（周转次数）}=\frac{\text{营业成本}}{\text{平均存货余额}}$$

$$\text{平均存货余额}=\frac{\text{存货余额年初数}+\text{存货余额年末数}}{2}$$

$$\text{存货周转期（周转天数）}=\frac{360}{\text{(存货周转(周转次数))}}$$

存货周转率（周转次数）是衡量和评价企业购入存货、投入生产、销售收回等各环节管理效率的综合性指标，是企业运营能力分析的重要指标之一，在企业管理决策中被广泛地使用。存货周转率不仅可以用来衡量企业生产经营各环节中存货运营效率，而且还被用来评价企业的经营业绩，反映企业的绩效。存货周转率是对流动资产周转率的补充说明，通过存货周转率的计算与分析，可以测定企业一定时期内存货资产的周转速度，是反映企业购、产、销平衡效率的一种尺度。存货周转率越高，表明企业存货资产变现能力越强，存货及占用在存货上的资金周转速度越快。

三、流动资产周转率与周转期分析

流动资产周转率就是企业一定时期的营业收入（或销售收入）与流动资产平均余额的比率。它反映的是全部流动资产的利用效率。流动资产周转率是分析流动资产周转情况的一个综合指标。其计算公式为：

$$\text{流动资产周转率}=\frac{\text{营业收入}}{\text{平均流动资产余额}}$$

$$\text{平均流动资产余额}=\frac{\text{流动资产余额年初数}+\text{流动资产余额年末数}}{2}$$

$$\text{流动资产周转期（周转天数）}=\frac{360}{\text{流动资产周转率(周转次数)}}$$

流动资产周转率反映了企业流动资产的周转速度，流动资产周转次数越多，表明以相同的流动资产完成的周转额越多，流动资产利用效果越好；是从企业全部资产中流动性最强的流动资产角度对资产的利用效率进行分析，以进一步揭示影响资产质量的主要因素。

该指标将营业收入与资产中最具活力的流动资产相比较，既能反映一定时期流动资产的周转速度和使用效率，又能进一步体现每单位流动资产实现价值补偿的高与低，以及补偿速度的快与慢。

要实现该指标的良性变动，应以主营业务收入增幅高于流动资产增幅做保证。在企业内部，通过对该指标的分析对比，一方面可以促进加强内部管理，充分有效地利用其流动资产，如降低成本、调动暂时闲置的货币资金创造收益等；另一方面也可以促进企业采取措施扩大生产或服务领域，提高流动资产的综合使用效率。

一般情况下，该指标越高，表明企业流动资产周转速度越快，利用越好。在较快的周转速度下，流动资产会相对节约，其意义相当于流动资产投入的扩大，在某种程度上增强了企业的创收能力；而周转速度慢，则需补充流动资金参加周转，形成资金浪费，降低企业创收能力。

应该注意的是：流动资产周转率要结合存货、应收账款一并进行分析，和反映盈利能力的指标结合在一起使用，可全面评价企业的盈利能力。

任务实施

【例6－1】对艾华集团财务报表进行流动资产运营能力分析，相关数据见表6－1、表6－2。

表6－1　　艾华集团2015～2018年利润表相关数据　　单位：万元

项目	2015	2016	2017	2018
营业收入	130850.00	155364.71	179250.30	216557.39
营业成本	85465.00	101176.72	118515.54	150861.15

表 6－2　　艾华集团 2015～2018 年资产负债表相关数据　　单位：万元

项目	2015.12.31	2016.12.31	2017.12.31	2018.12.31
应收账款及应收票据	38811.29	52367.44	54213.27	62600.96
存货	23355.66	24324.36	30475.13	43578.39
流动资产	149838.53	165214.01	151753.13	230852.61

步骤 1、计算流动资产运营能力相关指标：

2016 年流动资产运营能力相关指标计算：

$$2016\text{年应收账款平均余额}=\frac{\text{应收账款余额年初数}+\text{应收账款余额年末数}}{2}$$

$$=\frac{38811.29+52367.44}{2}$$

$$=45589.37$$

$$2016\text{年应收账款周转率（周转次数）}=\frac{\text{营业收入}}{\text{平均应收账款余额}}$$

$$=\frac{155364.71}{45589.37}$$

$$=3.41\text{（次）}$$

$$2016\text{年应收账款周转期（周转天数）}=\frac{360}{\text{应收账教周转率(周转次数)}}$$

$$=\frac{360}{3.41}$$

$$=105.57\text{（天）}$$

$$2016\text{年存货平均余额}=\frac{\text{存货余额年初数}+\text{存货余额年末数}}{2}$$

$$=\frac{23355.66+24324.36}{2}$$

$$=23840.01$$

$$2016\text{年存货周转率（周转次数）}=\frac{\text{营业成本}}{\text{平均存货余额}}$$

$$=\frac{101176.72}{23840.01}$$

$$=4.24\text{（次）}$$

$$2016\text{年存货周转期（周转天数）}=\frac{360}{\text{存货周转率(周转次数)}}$$

$$=\frac{360}{4.24}$$

$$=84.91\text{（天）}$$

$$2016\text{年流动资产平均余额} = \frac{\text{流动资产余额年初数} + \text{流动资产余额年末数}}{2}$$

$$= \frac{149838.53 + 165214.01}{2}$$

$$= 157526.27$$

$$2016\text{年流动资产周转率（周转次数）} = \frac{\text{营业收入}}{\text{平均流动资产余额}}$$

$$= \frac{155364.71}{157526.27}$$

$$= 0.99\text{（次）}$$

$$2016\text{年流动资产周转期（周转天数）} = \frac{360}{\text{流动资产周转率(周转次数)}}$$

$$= 363.64\text{（天）}$$

其他年份财务指标计算方法同上，各年计算结果见下表（同时附上行业平均数据）：

表 6－3　　艾华集团 2016～2018 年流动资产运营能力指标行业对比表

项目		2016	2017	2018
应收账款周转率（周转次数）	艾华集团	3.41	3.36	3.71
	行业平均	3.48	3.40	4.02
存货周转率（周转次数）	艾华集团	4.24	4.33	4.07
	行业平均	4.59	4.35	5.42
流动资产周转率（周转次数）	艾华集团	0.99	1.13	1.13
	行业平均	1.10	1.06	1.34

步骤 2、分析应收账款周转率（周转次数）：

从表 6－3 的数据看，从横向比较，艾华集团 2016～2018 年的应收账款周转率均略低于行业平均水平；纵向比较，公司 2018 年的应收账款周转率较上年有一定程度提高。可见艾华集团用应收账款周转率所反映出来的运营能力在行业处于劣势，2018 年该指标反映出来的劣势更明显，管理层应该重视应收账款的管理。

步骤 3、分析存货周转率（周转次数）：

从表 6－3 的数据可以看出，艾华集团 2016～2018 年的存货周转率均略低于行业平均水平，其中，2017 年度比 2016 年度有所提高，接近行业平均水平。但是，2018 年行业整体存货周转进一步大幅加速的情况下，艾华集团的存货周转率反而降低，可见艾华集团在存货周转方面的运营能力在行业中处于较低水平，管理层应深入分析原因，加强存货的管理，提高存货运转效率。

步骤 4、分析流动资产周转率（周转次数）：

从表 6-3 的数据看，艾华集团 2017 年度流动资产周转率比 2016 年度有所提升，2018 年度的流动资产周转率与上年持平，表明企业流动资产周转速度在缓慢加速，流动资产运营能力得到增强。但与行业水平相比还存在一定差距，由于应收账款和存货周转速度都相对滞后于行业平均水平，使得公司以流动资产周转率所反映的运营能力也在行业中处于劣势。

任务三　固定资产运营能力分析

知识准备

固定资产周转率是指企业一定时期营业收入与固定资产平均净值的比率，是衡量固定资产利用效率的一项指标。其计算公式为：

$$固定资产周转率（周转次数）=\frac{营业收入}{固定资产平均净值}$$

$$固定资产平均净值=\frac{固定资产期初数+固定资产期末数}{2}$$

$$固定资产周转期（周转天数）=\frac{360}{固定资产周转率}$$

一般情况下，固定资产周转率越高越好。固定资产周转率越高表明企业固定资产利用越充分，固定资产的闲置越少，效率也就越高。反之，则表明固定资产周转慢，利用不充分。另外，也能表明企业固定资产投资得当，固定资产结构合理，能够充分发挥其效率，分析固定资产周转率时，应注意与同行业平均水平或竞争对手进行比较分析，对其合理性做出正确判断。

分析固定资产周转率时的注意事项：

首先，这一指标的分母采用固定资产净值，因此指标的比较将受到折旧方法和折旧年限的影响，应注意其可比性问题。

其次，当企业固定资产净值率过低（如因资产陈旧或过度计提折旧），或者当企业属于劳动密集型企业时，这一比率就可能没有太大的意义。

任务实施

【例6-2】对艾华集团财务报表进行固定资产运营能力分析，相关数据见表6-4、表6-5。

表6-4　　艾华集团2015~2018年营业收入　　单位：万元

项目	2015	2016	2017	2018
营业收入	130850.00	155364.71	179250.30	216557.39

表6-5　　艾华集团2015~2018年固定资产　　单位：万元

项目	2015.12.31	2016.12.31	2017.12.31	2018.12.31
固定资产	48037.76	48438.91	63335.94	78933.87

步骤1、计算固定资产运营能力相关指标：

$$2016\text{年固定资产平均净值}=\frac{48037.76+48438.91}{2}=48238.34$$

$$2016\text{年固定资产周转率（周转次数）}=\frac{\text{营业收入}}{\text{固定资产平均净值}}=\frac{155364.71}{48238.34}=3.22\text{（次）}$$

$$2016\text{年固定资产周转期（周转天数）}=\frac{360}{\text{固定资产周转率}}=\frac{360}{3.22}=111.80\text{（天）}$$

其他年份财务指标计算方法同上，各年计算结果见下表（同时附上行业平均数据）：

表6-6　　艾华集团2016~2018年固定资产运营能力指标行业对比表

项目		2016	2017	2018
固定资产周转率（周转次数）	艾华集团	3.22	3.21	3.04
	行业平均	3.37	3.21	3.86

步骤2、分析固定资产周转率（周转次数）：

从表6－6的数据可以看出艾华集团2016～2018年的固定资产周转率逐年降低，表明固定资产的周转速度逐年放缓，用固定资产周转率所反映的企业运营能力逐年降低，固定资产的变现能力逐年减弱；与同行业数据相比，艾华集团2016和2018年度的固定资产周转率均低于行业平均数，2017年与行业持平，可见艾华集团用固定资产周转率所反映出来的运营能力在行业中没有优势，有待提高，管理层应结合其他财务指标进一步查明原因，看营业收入是否停滞增长，或是固定资产增长太快，如属于前者，应从销售方面找原因，如属于后者，则要看企业是否发生了大规模的设备更新换代，要密切关注后续的固定资产周转情况。

任务四　总资产运营能力分析

知识准备

总资产是指企业的所有资产，包括流动资产和固定资产。资产直接构成了企业的生产能力，它的利用情况直接关系到企业的生存和发展，因此分析总资产周转能力意义重大，它在一定程度上反映了企业的运营能力和盈利能力。反映总资产周转能力的指标主要是总资产周转率。

总资产周转率是一定时期内销售（营业）收入同平均资产总额的比值，是综合评价企业全部资产的经营质量和利用效率的重要指标。其计算公式如下：

$$总资产周转率（周转次数）=\frac{营业收入}{总资产平均余额}$$

$$总资产平均余额=\frac{总资产期初数+总资产期末数}{2}$$

$$总资产周转期（周转天数）=\frac{360}{总资产周转率(周转次数)}$$

这一指标是用来显示企业利用每一元的资产能够得到多少元的销售收入，或一年中为达到既定的销售收入净额，须将所有的资产运行多少次。

总资产周转率综合反映了企业整体资产的营运能力，一般来说，资产的周转次数越多或周转天数越少，表明其周转速度越快，营运能力也就越强。在此基础上，应进一步从各个构成要素进行分析，以便查明总资产周转率升降的原因。企业可以通过薄利多销的办法，加速资产的周转，带来利润绝对额的增加。总资产周转率分析的目的是从不同的角度和环节上找出总资产管理中的问题，使总资产管理在保证生产经营连续性的同的尽可能少占用经营资金，提高资金的使用效率。

任务实施

【例 6－3】对艾华集团财务报表进行总资产运营能力分析，相关数据见表 6－7、表 6－8。

表 6－7　艾华集团 2015～2018 年营业收入　单位：万元

项目	2015	2016	2017	2018
营业收入	130850. 00	155364. 71	179250. 30	216557. 39

表 6－8　艾华集团 2015～2018 总资产　单位：万元

项目	2015. 12. 31	2016. 12. 31	2017. 12. 31	2018. 12. 31
总资产	204494. 50	228450. 28	233111. 12	331378. 47

步骤 1、计算总资产运营能力相关指标：

$$2016\text{ 年总资产平均余额} = \frac{\text{总资产期初数} + \text{总资产期末数}}{2} = \frac{204494.50 + 228450.28}{2} = 216472.39$$

$$2016\text{ 年总资产周转率（周转次数）} = \frac{\text{营业收入}}{\text{总资产平均余额}} = \frac{155364.71}{216472.39} = 0.72\text{（次）}$$

$$2016\text{ 年总资产周转期（周转天数）} = \frac{360}{\text{总资产周转率(周转次数)}} = \frac{360}{0.72} = 500\text{（天）}$$

其他年份财务指标计算方法同上，各年计算结果见下表（同时附上行业平均数据）：

表 6-9　　艾华集团 2015 ~ 2017 年总资产运营能力行业对比表

项目		2016	2017	2018
总资产周转率（周转次数）	艾华集团	0.72	0.78	0.77
	行业平均	0.66	0.63	0.78

步骤 2、分析总资产周转率（周转次数）：

从表 6-9 的数据可以看出，艾华集团总资产周转率（周转次数）2016 ~ 2018 年间在 0.7 的水平上略有波动起伏，总体上高于行业平均数据，可知艾华集团总资产运营能力高于行业整体水平，在行业中处于优势地位。值得注意的是，2018 年行业平均总资产周转率相对 2017 年度有明显提高，而公司总资产周转率则反而略有降低，管理层应注意加强各类资产管理，进一步提高总资产运营效率。

【职业道德与企业伦理】

四川长虹巨额亏损之谜

2005 年 4 月 16 日，期待已久的四川长虹电器股份有限公司（以下简称"四川长虹"）2004 年度的财务报告终于对外披露，但比以往年报晚披露了 20 多天。这份年报的公布使四川长虹最终以 36.8 亿元的巨额亏损位居上市公司历年年度亏损之最。究竟是什么原因让这个曾经的沪市绩优股老大、中国国产彩电行业的龙头企业的业绩在 2004 年出现如此惊人的亏损？这些亏损的确是在 2004 年度才发生的吗？四川长虹的财务报告给市场和投资者留下了太多的疑问，细细解读其最近几年的年报，不难发现其中端倪。

2001 年国内彩电市场很不景气，彩电价格持续走低，当年在国内八大彩电生产企业中只有四川长虹和另外一家公司盈利，其余全部亏损。在如此恶劣的市场环境下，四川长虹通过与其母公司长虹集团展开一系列关联方交易，成功实现了盈利。

2002 年年报显示，四川长虹虽然实现了 1.76 亿元的净利润，但经营活动产生的现金流量净额却从 2001 年的 13.73 亿元下滑到 2002 年的 -29.73 亿元，而经营活动产生的现金流量净额经常被用来评价企业创造利润的可靠程度。系列数据显示，出口收入对四川长虹2002年的业绩提升起着重要作用。但是，在四川长虹对美国出口量猛增的同时，其对美国代理商APEX公司的应收账款也在大幅增加。截至2002年12月31日，此项应收账款从年初的3.46亿元猛增到38.3亿元，占年末应收账款总额的90.75%。大量的商品被赊销出去，而货款又不能及时收回，这不仅说明四川长虹利润的含金量不高，而且还反映了其很可能存在巨大隐患。

2003年，四川长虹的出口收入继续增长，但经营活动产生的现金流量净额仍为负数。更严重的是，其对美国代理商APEX公司的应收账款还在继续增长，而且还引起了美国政府对我国彩电业的反倾销调查，最终要求对我国包括四川长虹在内的彩电厂家加征20%～25%的反倾销税。由于我国彩电业属于薄利产业，所以反倾销税只要超过10%就基本消除了我国彩电出口美国的可能性。更糟的是，对四川长虹来说，收回APEX公司巨额欠款的不确定性也进一步加大。

在经历了2004年7月的人事更迭之后，四川长虹在12月27日对外发布的2004年度预亏的提示性公告中称，将按更为谨慎的个别认定法对该项应收账款计提坏账准备，预计最大计提金额为3.1亿美元左右，并最终将36.8亿元巨亏的年报公之于众。

[警示]

通过以上分析看出，四川长虹受APEX公司所累绝非一朝一夕。其实早在2003年3月5日，就有媒体报道，APEX公司和四川长虹之间的业务往来可能让四川长虹遭受巨大损失，但是四川长虹出于对业绩的渴求，甘冒巨大的风险与APEX这家在国内败绩已露的公司合作，累积了近40亿元的不良资产。该笔资产一夕之间缩水一半以上，并给公司当年度带来了高达30多亿元的巨额亏损，可见企业的资产质量与经营成果有着密切的联系，四川长虹盲目追求业绩，罔顾应收账款资产的不可收回性，2004年出现巨亏尽在意料之中。

项目小结

资产质量与运营能力分析
认识资产质量与运营能力
认识资产质量—了解企业财务状况
资产质量的分析方法
资产结构分析法
现金流动分析法
虚拟资产、不良资产剔除法
财务比率分析法
认识运营能力
运营能力分析内容
流动资产运营能力
固定资产运营能力
总资产运营能力
运营能力分析
流动资产运营能力分析
应收账款周转率（周转期）分析
存货周转率（周转期）分析
流动资产周转率（周转期）分析
固定资产运营能力分析
固定资产周转率（周转期）分析
总资产运营能力分析
总资产周转率（周转期）分析

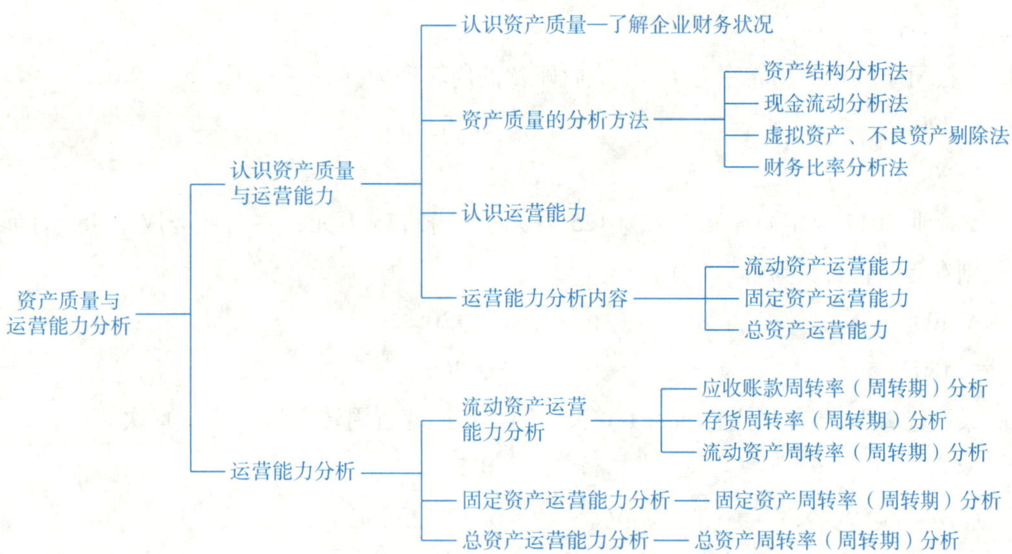

项目训练

一、单选题

1. A 公司应收账款周转率为 4，则应收账款的周转期为（　　）天。

A. 120　　B. 15

C. 90　　D. 30

2. 某企业 2017 年年初存货余额为 125 万元，年末 175 万元；主营业务成本 450 万元；则存货周转天数为（　　）。

A. 100　　B. 120

C. 180　　D. 360

3. 某企业 2016 年存货周转期为 180 天，则本年的存货周转率为（　　）次。

A. 1　　B. 2

C. 3　　D. 无法确定

4. 计算流动资产周转率所用的分子为（　　）。

A. 营业收入　　B. 营业成本

C. 非流动资产　　D. 总资产

5. 在计算总资产周转率时使用的收入指标是（　　）。

A. 营业收入　　B. 其他业务收入

C. 投资收入　　D. 补贴收入

6. 企业的应收账款周转天数为 90 天，存货周转天数为 180 天，则简化计算营业周期为（　　）天。

A. 90　　B. 180

C. 270　　D. 360

7. 爱华公司 2017 年度营业收入为 15010 万元，资产负债表中显示，2017 年年末应收账款为 2000 万元、应收票据为 50 万元，2017 年年初应收账款为 1005 万元，应收票据为 65 万元。补充资料中显示，2017 年年初、年末坏账准备余额分别为 20 万元和 30 万元。则 2017 年爱华公司的应收账款周转次数为（　　）次。

A. 9. 47　　B. 9. 62

C. 9. 83　　D. 9. 99

8. 某公司2016年度营业收入净额为1320万元，在资产负债表中，2016年应收账款平均余额为110万元、应收票据平均余额为50万元；另外，补充资料显示，2016年的坏账准备平均余额为10万元。该公司2016年应收账款周转天数为（　　）天。（1年按360天计算）。

A. 43.64　　B. 46.39

C. 38.75　　D. 39.62

9. 某企业2018年营业收入为36000万元，流动资产平均余额为4000万元，固定资产平均余额为8000万元。假定没有其他资产，则该企业2018年的总资产周转率为（　　）。

A. 3.0　　B. 3.4

C. 2.9　　D. 3.2

10. 甲公司的生产经营存在季节性，每年的6月到10月是生产经营旺季，11月到次年的5月是生产经营淡季。如果使用应收账款年初余额和年末余额的平均数计算应收账款周转次数，计算结果会（　　）。

A. 高估应收账款周转速度　　B. 低估应收账款周转速度

C. 正确反映应收账款周转速度　　D. 无法判断对应收账款周转速度的影响

二、多选题

1. 反映企业应收账款周转情况的指标主要有（　　）。

A. 应收账款周转率　　B. 应收账款周转期

C. 应收账款周转成本　　D. 应收账款周转次数

2. 固定资产周转的基本特点主要有（　　）。

A. 固定资产占用资金量大，回收时间长

B. 固定资产变现能力差

C. 固定资产占用资金量大，回收时间短

D. 固定资产变现能力强

3. 企业的应收账款周转率越高，则（　　）。

A. 应收账款周转越快　　B. 资产流动性越弱

C. 营业周期越长　　D. 短期偿债能力越强

4. 下列经济业务会影响到企业存货周转率的有（　　）。

A. 收回应收账款　　B. 销售产成品

C. 期末购买存货　　D. 偿还应付账款

5. 反映企业资产周转速度快慢的指标一般包括（　　）。

A. 周转期　　B. 周转次数

C. 周转天数　　D. 周转成本

6. 企业管理当局分析企业营运能力的目的包括（　　）。

A. 优化资产结构　　B. 优化资本结构

C. 加速资本周转　　D. 加速存货周转

7. 在一定时期内，应收账款周转次数多、周转天数少表明（　　）。

A. 收账速度快　　B. 信用管理政策宽松

C. 应收账款流动性强　　D. 应收账款管理效率高

8. 下列关于应收账款周转率指标的说法中，正确的有（　　）。

A. 销售收入指扣除销售折扣和折让后的销售净额

B. 应收账款包括会计报表中的“应收账款”和“应收票据”等全部赊销账款

C. 应收账款为扣除坏账准备的金额

D. 该指标容易受季节性、偶然性等因素的影响

9. 假设其他条件不变，下列计算方法的改变会导致应收账款周转天数减少的有（　　）。

A. 从使用赊销额改为使用营业收入进行计算

B. 从使用应收账款平均余额改为使用应收账款平均净额进行计算

C. 从使用应收账款全年日平均余额改为使用应收账款旺季的日平均余额进行计算

D. 从使用已核销应收账款坏账损失后的平均余额改为核销应收账款坏账损失前的平均余额进行计算

10. 下列指标中，属于反映资产运营能力的指标有（　　）。

A. 总资产报酬率　　B. 流动资产周转期

C. 固定资产周转天数　　D. 权益乘数

三、判断题

1. 存货周转速度越快越好。（　　）

2. 现销业务越多，应收账款周转率越低。（　　）

3. 流动资产的周转速度越快说明流动资产的利用效率越高。（　　）

4. 固定资产的周转次数越多，周转天数越多，表明资产周转速度越快。（　　）

5. 存货周转期越短，说明存货的利用效率越高。（　　）

6. 甲公司是一家电器销售企业，每年6月到10月是销售旺季，管理层拟用应收账款周转率评价全年应收账款管理业绩，适合使用的公式是：应收账款周转率＝销售收入/

[（年初应收账款 + 年末应收账款）/2]。（ ）

7. 总资产周转期越长，周转速度越快。（ ）
8. 流动资产周转速度受存货、应收账款周转速度的影响。（ ）
9. 固定周转速度受固定资产折旧方法、折旧年限等因素的影响。（ ）
10. 资产的周转速度通常用周转率和周转期来表示。（ ）

四、计算分析题

已知某公司 2017 年资产负债表有关资料如下（单位：万元）：

资产	年初	年末	负债及所有者权益	年初	年末
流动资产：			流动负债合计	1750	1500
货币资金	500	450	长期负债合计	2450	2000
应收账款	400	800	负债合计	4200	3500
应收票据	200	100			
存货	920	1440			
预付账款	230	360	所有者权益合计	2800	3500
流动资产合计	2250	3150			
固定资产净值	4750	3850			
总计	7000	7000	总计	7000	7000

该公司 2016 年度、2017 年度营业收入分别为 4000 万元、5200 万元。2017 年营业毛利率 20%，实现净利润 780 万元。

2017 年年初和年末的累计折旧分别为 300 万元和 400 万元，坏账准备余额分别为 100 和 150 万元。该公司所得税税率 25%。

要求：

（1）计算 2017 年的应收账款周转率；

（2）计算 2017 年的存货周转率；

（3）计算 2017 年的流动资产周转率；

（4）计算 2017 年的固定资产周转率；

（5）计算 2017 年的总资产周转率。

五、技能实训题

1. 实训目的

增强学生运用所学知识与分析方法进行资产运营能力分析的实际操作能力，提高学生发现问题、分析问题和解决问题的能力，并培养学生团队协作意识，提高职业判断能力、语言表达能力和沟通能力。

2. 实训资料

一家上市公司近三年的财务报告（年报）及其所属行业的资产运营能力数据。

3. 实训组织

按6人为一个学习小组，选定小组长一人，负责组织小组讨论、实训和学习。

4. 实训任务

（1）搜集指定行业的一家上市公司近三年的财务报告年报；

（2）计算运营能力评价的相关指标；

（3）完成运营能力评价分析。

5. 实训要求

（1）能熟练利用网络搜集查阅所需的资料；

（2）能把握运营能力评价分析的关键点；

（3）能运用所学的方法进行运营能力评价的计算分析，得出评价结论；

（4）制作PPT汇报。

职业核心能力测评

职业核心能力测评表

（在□中打√，A 通过，B 基本通过，C 未通过）

职业核心能力	评估标准	自测结果
自我学习	1. 能进行时间管理	□A □B □C
	2. 能选择适合自己的学习和工作方式	□A □B □C
	3. 能随时修订计划并进行意外处理	□A □B □C
	4. 能将已经学到的东西用于新的工作任务	□A □B □C
信息处理	1. 能根据不同需要去搜寻、获取并选择信息	□A □B □C
	2. 能筛选信息，并进行信息分类	□A □B □C
	3. 能使用多媒体等手段来展示信息	□A □B □C
数字应用	1. 能从不同信息源获取相关信息	□A □B □C
	2. 能依据所给的数据信息，作简单计算	□A □B □C
	3. 能用适当方法展示数据信息和计算结果	□A □B □C
与人交流	1. 能把握交流的主题、时机和方式	□A □B □C
	2. 能理解对方谈话的内容，准确表达自己的观点	□A □B □C
	3. 能获取信息并反馈信息	□A □B □C
与人合作	1. 能挖掘合作资源，明确自己在合作中能够起到的作用	□A □B □C
	2. 能同合作者进行有效沟通，理解个性差异及文化差异	□A □B □C
解决问题	1. 能说明何时出现问题并指出其主要特征	□A □B □C
	2. 能做出解决问题的计划并组织实施计划	□A □B □C
	3. 能对解决问题的方法适时做出总结和修改	□A □B □C
革新创新	1. 能发现事物的不足并提出新的需要	□A □B □C
	2. 能创新性地提出改进事物的意见和具体方法	□A □B □C
	3. 能从多种方案中选择最佳方案，在现有条件下实施	□A □B □C
学生签字：	教师签字：	20 年 月 日

项目七 发展能力与财务预警分析

职业能力目标

通过本单元的学习，你应该能够：

理解发展能力和财务预警的内涵，理解其分析意义

掌握发展能力分析的内容和方法

掌握财务预警分析的内容和方法

能够运用财务指标对企业的发展能力进行分析和评价

主要概念

发展能力　竞争能力　营业发展能力　财务发展能力　财务预警

导入案例

明星企业纷纷倒下，面对财务风险该如何未雨绸缪?

安然公司曾是美国最大的天然气采购商及出售商，在2000年《财富》世界500强排名中名列第16位，2001年12月2日公司宣布破产，以其破产前498亿美元的资产规模成为美国历史上最大的破产案；此后不久，美国零售巨头之一，与沃尔玛几乎平起平坐的凯玛特公司也宣告破产；2002年4月，德国最大影视传媒集团基尔希（Kirch）集团宣告破产；此前还有两家欧洲著名的媒体集团ISL公司和英国独立电视台倒闭。

从国内情况看，伴随着企业快速超常发展，一些“昙花一现”的企业不断出现；巨人集团、三株集团、红高粱快餐、爱多VCD、亚细亚商场、秦池白酒、银广夏、蓝田股份……面对众多的破产事件，人们再一次感到企业在财务风险面前的苍白无力。

事实上，任何风险的产生和突发都必须经历一个蕴藏、生成、演化、临近、显现和作用的过程。“冰冻三尺，非一日之寒”，大部分企业的“快起快倒”，其实是各种风险因素日积月累的结果，只不过人们缺乏对风险的认识与防范，忽视了风险背后积累已久的问题。著名咨询顾问史蒂文·芬克（Steven Fink）在他的《危机管理》一书中指出，企业主管“都应当像认识到死亡和纳税难以避免一样，必须为危机做好计划，知道自己准备好之后的力量，才能与命运周旋”。由于危机都有一个逐步显现、恶化的过程，因此具有一定的先兆性和可预测性。为防范和规避危机，企业有必要建立和完善危机预警机制（系统），通过对经营全过程进行跟踪、监控，特别是通过对公司财务报表及其他相关经营资料的分析，及早发现预测危机的信号。一旦发现某种异常征兆，就着手进行应变防范，这样就可以未雨绸缪，最大限度避免或减少危机的破坏作用，这对于促进企业的健康发展具有重大的现实意义。

企业发展后劲不足就很容易陷入财务危机，财务危机在来临之前都会有一定的先兆性和可预测性。那么，该如何评价企业的发展能力呢？又该如何进行财务预警分析呢？

任务一　认识发展能力

企业是一个以营利为目标的组织，其出发点和归宿是盈利。企业一旦成立，就会面临竞争，并处于发展和萎缩的矛盾之中，企业必须生存下去才可能获利，而企业要获得生存就必须求得不断发展。发展是生存之本，也是获利之源。从企业财务管理目标的实现来看，企业发展能力也是直接影响企业财务管理目标实现的一个重要因素。

知识准备

一、发展能力分析的意义

发展能力是指企业通过自身的生产经营活动，用内部形成的资金不断积累而形成发展潜能。企业未来的获利能力和资本实力是衡量和评价企业持续发展的依据。通过企业发展能力的分析，能够使经营者更好地了解企业的经济实力和持续发展的能力。具体而言，其有三个方面的意义：

（1）发展能力的分析，有利于了解企业的经营规模发展状况。企业想要生存和发展，就必须增加营业收入，营业收入不断地增长才能使企业的经营规模不断扩大，盈利能力不断增强。对营业收入增减变化进行分析，将为企业研发新产品，开拓市场，促进企业的进一步发展奠定基础。

（2）发展能力的分析，有利于了解企业的资产规模和发展水平。企业生产经营的增长表现为资产的增长，资产的增长是企业发展的物质保障，也是企业价值增长的基础，企业资产规模的增加可以反映企业发展的水平。

（3）发展能力的分析，有利于了解企业可持续发展的能力方面。企业资产规模的不断扩大，表明企业经济实力的逐步提升，能增强投资者的信心，为企业的筹资计划提供保障；此外，留存收益的不断积累也为企业扩大经营规模，以及进一步发展提供了强有力的支撑。

二、发展能力分析的目的

企业发展能力通常是指企业未来生产经营活动的发展趋势和发展潜能。从形成看，企业的发展能力主要是通过生产经营活动不断积累而形成的，其主要来源是不断增长的销售收入、不断增加的资金投入和不断创造的利润等。从结果看，一个发展能力强的企业，能够不断为股东创造财富，不断增加企业价值。

无论是增强企业的盈利水平和风险控制能力，还是提高企业的资产营运能力，都是为了企业未来生存和发展的需要，都是为了提高企业的发展能力。因此，要从动态的角度出发，分析和预测企业的发展能力。

企业是否能够持续发展对股东、潜在投资者、经营管理者、供应商、客户以及其他相关利益体等都至关重要，因此有必要对企业的发展能力进行深入分析。发展能力分析的目的主要体现在：

（1）对于股东而言，可以通过企业发展能力分析衡量企业创造股东价值的增长程度，从而为经营战略的贯彻实施或调整提供依据。

（2）对于潜在的投资者而言，可以通过企业发展能力分析评价企业的成长性，从而选择合适的项目，做出正确的投资决策。

（3）对于经营管理者而言，可以通过企业发展能力分析提前发现影响企业未来发展的关键因素，从而采取正确的经营策略和财务策略促进企业的可持续发展。

（4）对于债权人而言，可以通过企业发展能力分析判断企业未来的盈利能力，从而做出正确的筹资决策。

三、发展能力分析的内容

企业的政策环境、核心业务、经营能力、企业制度、人力资源行业环境、财务状况等方面的因素都对企业的发展能力产生重要影响。在这些因素中，财务状况是过去的决策和行为产生的结果，而其他因素则是影响企业未来财务状况的动因，这些因素的所有改善都应最终表现为财务状况的改善。因此，可从企业发展的动因与结果两个大的层面分析企业发展能力，其中发展动因层面主要是对企业的竞争能力进行分析，结果层面主要是对财务状况进行分析。

（一）企业竞争能力分析

企业的生存与发展归根到底取于企业的竞争能力，因此企业竞争能力分析是企业发展能力分析的一项重要内容。企业竞争能力集中表现为企业产品的市场占有情况和产品的竞争能力，同时在分析企业竞争能力时还应对企业所采取的竞争策略进行分析。

（二）企业发展能力分析

企业的发展能力必然通过不同时期的财务状况体现出来，因此可以通过财务状况来分析企业的发展能力，具体可分为企业营业发展能力分析和企业财务发展能力分析。

1. 企业营业发展能力分析

企业营业结果可通过销售收入和资产规模的增长体现出来，因此企业营业增长能力分析可分为对销售增长的分析和对资产规模增长的分析。

（1）对销售增长的分析。销售是企业收入来源之本，也是企业价值体现之道，一个企业只有保证销售的稳定增长，才能不断扩大收入，这一方面就是企业发展的表现，另一方面充足的收入也为企业进一步扩大市场，开发新产品，进行技术改造提供资金来源，促进企业的进一步发展。

（2）资产规模增长的分析。企业资产是取得收入的保障，在总资产收益率固定的情况下，资产规模与收入规模之间存在正比例关系。总资产的现有价值也反映着企业清算可获得的现金流入额。对资产规模增长分析可以按资产的类别分别进行。

2. 企业财务发展能力分析

从财务角度看，企业发展的结果体现为利润、股利和净资产的增长，因此企业财务发展能力分析可以分为对净资产规模增长的分析和企业利润增长的分析。

（1）对净资产规模增长的分析。在企业净资产收益率不变的情况下，企业净资产规模与收入之间存在正比例关系。同时净资产规模的增长反映着企业不断有新的资本加入，表明了所有者对企业的充足的信心，同时对企业进行负债筹资提供了保障，提高了企业的筹资能力，有利于企业获得进一步发展所需的资金。

（2）对利润增长的分析。利润是企业在一定时期内的经营成果的集中体现，因此企业的发展过程必然体现为利润的增长，通过对利润增长情况的分析，即可从一定程度上把握企业的发展能力。

任务二　发展能力分析

一、企业竞争能力分析

企业的竞争能力是指企业生产的产品在品种、质量、成本、价格、交货期和销售服务等方面能否胜过对手。或者说，企业的竞争能力就是指参与竞争的企业之间的实力对比。

（一）产品市场占有情况分析

企业竞争能力的综合表现在企业产品的市场占有情况，因此，通过分析企业产品市场占有情况，就可以对企业竞竞争能力的强弱做出评价。

1. 市场占有率的分析

市场占有率是反映企业市场占有情况的一个基本指标。它是指在一定时期、一定市场范围内，企业某种产品的销售量占市场上同种商品销售量的比重。利用市场占有率来说明企业竞争能力的强弱，必须与竞争对手进行对比分析。一般是将本企业的市场占有率与主要竞争对手进行对比分析。一方面，要通过对比分析看到本企业的差距或优势；另一方面，还要进一步寻找其原因。影响市场占有率的因素很多，主要有市场需求状况、竞争对手的实力和本企业产品的竞争能力、生产规模等因素。

2. 市场覆盖率分析

市场覆盖率是反映企业市场占有状况的又一主要指标。市场盖率是指本企业某种产品行销的地区数占同种产品行销地区总数的比率。利用市场覆盖率来说明企业竞争能力的强弱，也必须通过与竞争对手进行对比分析。影响企业市场覆盖率的主要因素有：不同地区的需求结构、经济发展水平、民族风俗习惯、竞争对手的实力、本企业产品的竞争能力以及地区经济封锁等因素。通过计算和对比分析市场覆盖率，可以考察企业产品现在行销的地区，研究可能行销的地区，揭示产品行销不广的原因，有利于企业扩大竞争地域范围，开拓产品的新市场，提高企业的竞争能力。

（二）产品竞争能力分析

1. 产品质量的竞争能力分析

产品质量的优劣是产品有无竞争能力的首要条件。提高产品质量是提高企业竞争能力的主要手段。本企业的产品质量不好，不仅会直接损害消费者的利益，而且也直接影响企业的信誉，影响产品的销路，影响企业的市场竞争能力，进而影响企业的发展能力。

2. 产品品种的竞争能力分析

企业要根据市场的变化和新技术的发展，不断调整产品结构，积极改进老产品，主动开发新产品、新品种，才能使企业的产品保持有竞争能力，在未来的市场竞争中立于不败之地。

分析企业产品品种的竞争能力，应从以下两方面分析：其一，产品品种占有率的分析。产品品种占有率是企业某种产品在某市场范围内销售的品种或规格、花色数占该市场范围内销售的该种产品的全部品种、规格或花色数的比率。该指标数值越高；说明企业生产和销售的品种、规格或花色满足社会需要的程度越高，竞争能力越强。其二，新品种开发的分析。在当前现代科学技术迅速发展的情况下，国内外市场瞬息万变，能否及时开发出新产品，对企业的发展至关重要。分析企业新产品的开发情况，首先要计算新产品的比重，即企业在报告期生产的新产品产值在总产值中所占的比重；其次要计算企业出售的新产品价值在某一市场范围内出售该种新产品全部价值中所占的比重，以反映企业新产品在市场竞争中的地位。

3. 产品成本和价格的竞争能力分析

企业生产产品不仅要考虑到产品的质量和品种，还要考虑到消费者经济承受能力，在我国购买力水平普遍还不高的情况下，价廉很重要，因此，价格也是企业重要的竞争手段之一。企业如何控制成本并自觉地运用价值规律，灵活定价，灵敏地适应复杂多变的市场需求，以物美价廉的产品占领市场，对企业生存发展至关重要。

4. 产品售后服务的竞争能力分析

售后服务的好坏直接影响企业的信誉，影响企业的产品销售。因此，强化服务质量，也是提高企业竞争能力的重要手段，销售服务是企业竞争能力的一个重要方面。强化销售服务，是密切企业与用户关系，提高企业声誉，扩大销售和占领市场，提高企业竞争能力的重要手段之一。强化销售服务，不仅要做好售前服务，而且要做好售后服务。售前服务是指在消费者购买之前的用户咨询、广告宣传等；售后服务主要指现场安装，设备调试，技术培训，备件供应，维护修理，代购代运等。

（三）企业竞争策略分析

企业的竞争能力能否得到正常的或者最大限度地发挥，关键取决于企业竞争策略的正确与否。企业的竞争策略，是指企业根据市场的发展和竞争对手的情况制定的经营方针。企业竞争策略可归纳为以下几个方面：以优质取胜；以创新取胜；以价廉取胜；以快速交货取胜；以优质服务取胜；以信誉取胜等。分析企业的竞争策略，就是要联系本企业的经济效益，并与主要竞争对手比较，分析研究现在采取的竞争策略存在哪些问题或潜力；根据市场形势及竞争格局的变化，提出本企业的竞争策略将要做出哪些改变。

不同的企业所采取的发展策略是不同的，有的企业采取的是外向规模增长的政策，即进行大量的收购活动，公司资产规模迅速增长，但短期内并不一定带来销售及净利润的迅速增长，这一类型企业的发展能力的分析重点应当放在企业资产或资本的增长上；而有的企业采取的是内部优化型的增长政策，即在现有资产规模的基础上，充分挖掘内部潜力，提高产品质量，扩大产品销售并采取积极的办法降低成本，这类型企业的发展能力反映在销售及净利润的增长上面，而资产规模及资本规模则保持稳定或缓慢增长，因而这一类型企业发展能力分析的重点应当放在销售增长及资产使用效率的分析上面。

二、企业营业发展能力分析

企业价值的增长应当主要源自于企业正常的生产经营活动，因此分析企业生产经营活动的发展情况对于分析企业的发展能力非常重要。企业的生产经营活动范围非常广泛，但从财务状况角度，我们通常关注企业销售的增长和企业资产规模的增长。

（一）销售增长指标分析

反映企业销售增长情况的财务比率主要有营业收入同比增长率和近三年营业收入复合增长率。

1. 营业收入同比增长率

营业收入同比增长率是指企业本年营业收入增长额同上年营业收入总额的比率。营业收入同比增长率表示与去年相比，企业营业收入的增减变动情况，是评价企业发展状况和发展能力的首要指标。其计算公式为：

$$营业收入同比增长率=\frac{本年营业收入增长额}{上年营业收入总额}\times100\%$$

公式中：①本年营业收入增长额 = 本年营业收入 - 上年营业收入。如本年营业收入低于上年，本年营业收入增长额用“-”表示。②上年营业收入总额是指企业上年全年营业收入总额。

由营业收入增长率的计算公式可以看出，该指标反映的是相对化的营业收入增长情况，与计算绝对量的企业营业收入增长额相比，消除了企业营业规模对该项目的影响，更能反映企业的发展情况，当然在实际分析过程中，也可以计算企业营业增长额作为分析的辅助指标。

该指标若大于0，表示企业本年的营业收入有所增长，指标值越高，说明增长速度越快，企业的产品适销对路，价格合理，产品质量和性能得到了的认可，企业未来有较好的发展前景。如果该指标小于0，则说明企业或是产品没有适销对路、质次价高，或是在售后服务等方面存在问题，产品销售不出去，市场份额萎缩。

2. 近三年营业收入复合增长率

营业收入增长率可能受到销售短期波动对指标产生的影响，如果上年因特殊原因而使销售收入特别小，而本年则恢复到正常，这就会造成营业收入增长率因异常因素而偏高；如果上年因特殊原因而使营业收入特别高，就会造成营业收入增长率因异常因素而偏低。为消除营业收入短期异常波动对该指标产生的影响，并反映企业较长时期的营业收入增长情况，可以计算多年的营业收入平均增长率，实务中一般计算三年营业收入复合增长率。

三年营业收入复合增长率表明的是企业营业收入连续三年增长情况，体现企业的发展潜力。其计算公式为：

$$近三年营业收入复合增长率=\left(\sqrt[3]{\frac{本年年末营业收入总额}{三年前年末营业收入总额}}-1\right)\times100\%$$

公式中：

（1）年末营业收入总额是指营业收入年末数；

（2）三年前年末营业收入总额是指企业三年前的营业收入全年数，例如分析2018年企业发展能力，三年前营业收入年末总额是指2015年营业收入全年数。

该指标能够反映企业的营业收入增长趋势和稳定程度，较好地体现企业的发展状况和发展能力，避免因特定因素引发的营业收入不正常增长而对企业的发展潜力做出错误判断。

（二）资产增长指标分析

资产代表着企业用以取得收入的资源，同时也是企业偿还债务的保障，资产的增长是企业发展的一个重要方面，也是实现企业价值增长的重要手段。从企业经营实践来看，成长性高的企业一般能保证资产的稳定增长。对资产增长情况进行分析的方法可以分为绝对增长量分析和增长率分析两种，较为常用的是计算总资产同比增长率并进行分析。

1. 总资产同比增长率

总资产同比增长率是指本年总资产增长额同年初（即上年末）资产总额的比率，该指标是从企业资产总量扩张方面衡量企业的发展能力，表明企业规模增长水平对企业发展后劲的影响。其计算公式为：

$$总资产同比增长率=\frac{本年总资产增长额}{年初资产总额}\times100\%$$

该指标越高，表明企业一定经营周期内的资产规模的扩张速度越快，但也要注意资产规模扩张的质与量的关系，以及企业的后续发展能力，避免资产盲目扩张。如果企业能在长的时期内持续稳定地保持总资产的增长，则有助于企业增强竞争实力。

2. 近三年总资产复合增长率

为了避免资产增长率受资产短期波动因素的影响，可以通过计算连续三年的平均资产增长率，来反映企业较长时期内的资产增长情况，从资产的长期增长趋势和稳定程度判断企业的发展能力。其计算公式如下：

$$近三年总资产复合增长率=\left(\sqrt[3]{\frac{本年年末资产总额}{三年前年末资产总额}}-1\right)\times 100\%$$

近三年总资产复合增长率是反映企业发展能力的一个重要指标，该指标值大于零，反映企业资产呈现增长趋势，有能力不断扩大生产规模，有较强的发展潜力，该指标值越大，资产增长速度越快，发展的趋势越强。

三、企业财务发展能力分析

企业财务方面的发展体现为资本的扩张和利润的增长，可分别通过资本扩张指标和利润增长指标进行分析。

（一）资本扩张指标分析

反映企业资本扩张指标的财务比率有资本同比增长率、近三年资本复合增长率。

1. 资本同比增长率

资本同比增长率是指企业本年所有者权益增长额同年初所有者权益的比率。该指标反映企业所有者权益在当年的变动水平，体现了企业资本的积累情况，是企业发展强盛的标志，也是企业扩大再生产的源泉，展示了企业的发展潜力，是评价企业发展潜力的重要指标。其计算公式为：

$$资本同比增长率=\frac{本年所有者权益增长额}{年初所有者权益}\times 100\%$$

资本同比增长率反映了投资者投入企业资本的保全性和增长性，该指标越高，表明企业资本积累越多，企业资本保全性越强，应对风险、持续发展的能力越大。该指标应大于0，如为负值，表明企业资本受到侵蚀，所有者利益受到损害，应予以充分重视。

2. 近三年资本复合增长率

由于资本同比增长率指标在分析时具有“滞后性”，仅反映当期情况，而利用近三年资本复合增长率指标，能够反映企业资本保全增值的历史发展状况，以及企业稳步发展的趋势。其计算公式如下：

$$近三年资本复合增长率=\left(\sqrt[3]{\frac{本年年末所有者权益总额}{三年前年末所有者权益总额}}-1\right)\times 100\%$$

公式中：

（1）年末所有者权益总额是指所有者权益年末数；

（2）三年前年末所有者权益是指企业三年前的所有者权益年末数，例如分析2018年企业发展能力，三年前所有者权益年末数是指2015年所有者权益年末数。

该指标越高，表明企业所有者权益得到的保障程度越高，企业可以长期使用的资金越充裕，抗风险和保持持续发展的能力越强。

（二）利润增长指标分析

反映企业利润增长指标的财务比率有净利润同比增长率和近三年净利润复合增长率。

1. 净利润同比增长率

净利润是企业创造的财富，是企业经营实力和发展能力的重要表现之一。净利润增长率就是本期净利润减去上期净利润后的差额除以上期净利润所得到的比率。其计算公式如下：

$$净利润增长率=\frac{期末净利润-期初净利润}{期初净利润}\times100\%$$

净利润增长率越高，企业的获利能力越强，企业发展所需的自有资金积累就会越充分。如果企业能在一段较长时期内持续、稳定地保持净利润的增长，应该是一个经营成果良好的企业。企业只有不断增加净利润，才能更好地生存与发展。

2. 近三年净利润复合增长率

为了避免净利润增长率受某一年度收入和费用短期波动因素的影响，可以通过计算连续三年的平均净利润增长率，来反映企业较长时期内的利润增长情况，从净利润的长期增长趋势和稳定程度判断企业的发展能力。其计算公式如下：

$$近三年净利润复合增长率=\left(\sqrt[3]{\frac{本年年末净利润总额}{三年前年末净利润总额}}-1\right)\times100\%$$

公式中：

①年末净利润总额是指净利润全年数；②三年前年末净利润总额是指企业三年前的净利润全年数，例如分析2018年企业发展能力，三年前年末净利润总额是指2015年净利润全年数。

该指标能够反映企业的净利润增长趋势和稳定程度，较好地体现企业的发展状况和发展能力，避免因特定因素引发的营业收入或成本费用不正常变化而对企业的发展潜力做出错误判断。

任务实施

【例 7－1】对艾华集团进行发展能力分析，相关数据见表 7－1。

表 7－1　艾华集团 2015～2018 年发展能力分析有关财务数据　单位：元

项目	2015.12.31	2016.12.31	2017.12.31	2018.12.31
营业收入	1308500033.28	1553647139.85	1792502985.37	2165573917.78
总资产	2044945022.67	2284502765.09	2331111152.05	3313784696.20
所有者权益	1766128114.87	1817817587.07	1870336999.42	2097130460.07
净利润	227472136.54	263689472.2	292519412.35	299350903.04

步骤 1、计算分析指标：

$$2018\text{年营业收入同比增长率}=\frac{2165573917.78-1792502985.37}{1792502985.37}\times100\%=20.81\%$$

$$\text{近三年营业收入复合增长率}=\left(\sqrt[3]{\frac{2165573917.78}{1308500033.28}}-1\right)\times100\%=18.29\%$$

$$2018\text{年总资产同比增长率}=\frac{3313784696.20-2331111152.05}{2331111152.05}\times100\%=42.15\%$$

$$\text{近三年总资产复合增长率}=\left(\sqrt[3]{\frac{3313784696.20}{2044945022.67}}-1\right)\times100\%=17.46\%$$

$$2018\text{年资本同比增长率}=\frac{2097130460.07-1870336999.42}{1870336999.42}\times100\%=12.13\%$$

$$\text{近三年资本复合增长率}=\left(\sqrt[3]{\frac{2097130460.07}{1766128114.87}}-1\right)\times100\%=5.89\%$$

$$2018\text{年净利润增长率}=\frac{299350903.04-292519412.35}{292519412.35}\times100\%=2.34\%$$

$$\text{近三年净利润复合增长率}=\left(\sqrt[3]{\frac{299350903.04}{227472136.54}}-1\right)\times100\%=9.58\%$$

其他年份数据计算同上。

上述计算结果见 7 – 2。

表 7 – 2　　艾华集团 2016 ~ 2018 年发展能力指标

指标	2016	2017	2018
营业收入同比增长率	18.73%	15.37%	20.81%
近三年营业收入复合增长率	–	–	18.29%
总资产同比增长率	11.71%	2.04%	42.15%
近三年总资产复合增长率	–	–	17.46%
资本同比增长率	2.93%	2.89%	12.13%
近三年资本复合增长率	–	–	5.89%
净利润同比增长率	15.92%	10.93%	2.34%
近三年净利润复合增长率	–	–	9.58%

步骤 2、对营业发展能力指标进行分析：

经分析后得知，近年来艾华集团不断优化产品结构，保持产能的稳步扩张，同时不断调整销售策略和产品策略，准确把握市场脉搏，充分发挥艾华技术、规模和品牌优势，稳稳抓住铝电解电容器生产向中国转移的契机，2016 ~ 2018 年营业收入每年都保持在 15% 以上的增长率，实现了营业收入的稳步增长，近三年营业收入复合增长率达到了 18.29%。

关于总资产增长情况，根据计算结果，我们可以看出艾华集团 2016 ~ 2018 年总资产同比增长率均大于 0，特别是在 2018 年发行了可转换债券，使得当年总资产实现大规模增长，同比增长率达到了 42.15%。结合三年数据来看，艾华公司资产规模一直在稳步扩张，近三年总资产复合增长率达到 17% 以上。

因此，公司营业发展潜力较强，集团发展状况良好。

步骤 3、对财务发展能力指标进行分析：

根据计算结果，可以看出艾华集团 2016 ~ 2018 年资本同比增长率均大于 0，说明艾华集团资本具有一定的保全性，企业具有持续发展的能力。综合三年的数据看，艾华集团近三年资本复合增长率接近 6%，符合成熟企业的特征，说明公司所有者的权益能够得到很好的保障。

在净利润增长情况方面，根据计算结果，我们可以看出艾华公司净利润增长势头不错，2016 ~ 2017 年同比增长率都达到了 10% 以上，近三年净利润复合增长率接近 10%，说明公司盈利能力状况良好，有较强的可持续发展能力。值得注意的是，公司 2018 年净利润同比增长率只有 2.34%，与 2018 年营业收入同比增长率的 20.81% 相距甚远。通过分析以后得知，主要是因为 2018 年原材料价格大幅上涨导致的营业成本激增和销售费用增长较快所致，艾华公司在未来的发展中，应注意加强对营业成本和期间费用的控制。

通过发展能力指标的计算，我们认为艾华集团的发展状况良好，那么结合计算机、通信和其他电子设备制造行业数据来看，艾华集团的发展能力是否占有优势呢?

表 7－3　　艾华集团 2018 年发展能力指标与行业平均水平对比表

财务指标名称	行业平均	艾华集团
营业收入同比增长率	35.15%	20.81%
近三年营业收入复合增长率	14%	18.29%
总资产同比增长率	18.41%	42.15%
近三年总资产复合增长率	11.15%	17.46%
资本同比增长率	11.11%	12.13%
近三年资本复合增长率	7.37%	5.89%
净利润同比增长率	－26.39%	2.34%
近三年净利润复合增长率	－5.21%	9.58%

结合行业数据来看，艾华集团近三年营业收入复合增长率、总资产同比增长率、近三年总资产复合增长率、资本同比增长率、净利润同比增长率和近三年净利润复合增长率均高于行业平均水平，说明艾华集团在行业中的市场竞争地位较强，有良好的发展潜力。

同时也应看到，艾华集团 2018 年营业收入同比增长率远低于行业平均数据，近三年资本复合增长率略低于行业平均水平。艾华集团 2018 年的销售增长情况相较行业高速增长势头而言有些滞后，公司应进一步开拓国际国内市场，保持稳中有增的市场份额。

任务三　企业财务预警分析

一、财务预警分析的概念与内容

（一）财务预警

企业财务预警是对企业财务活动的不良趋势进行监测与识别，并加以诊断，在此基础上进行预控，以免其步入危机状态。

通过财务风险预警，企业可以预测财务风险是否存在，如果存在风险可能造成的损失程度如何。我们知道，风险和收益是并存的，企业在实施某一方案之前，通过对财务风险的存在及其产生原因进行分析，保证发生意外风险时能有效地应付。另外，通过财务风险预警，企业可以运用定量分析和定性分析法，观察、计算并监督企业财务风险状况，及时调整企业的财务活动，控制出现的偏差，制定出新的措施，有效地阻止和抑制不利事态的发展，将企业的财务风险降到可控范围，减轻损失程度，保证企业生产经营活动正常进行。同时，通过财务风险预警，企业可以以财务风险分析资料为依据评价和指导企业未来的财务管理行为，制定今后财务风险管理的措施。

上市公司的财务信息对多方利益相关者都具有重要影响，在上市公司建立财务预警系统，对强化财务管理、避免财务失败和破产等具有重要的意义。一个有效的财务预警系统具有信息收集、财务监测、预先预告、财务防控及风险免疫等诸多功能。

（二）财务预警分析

传统的财务分析主要是侧重于盈利能力、营运能力、偿债能力和发展能力分析。然而，现代市场经济中财务风险是无处不在的，一旦发生即具有破坏性极大的特点，考虑到企业的盈余管理和收益质量等现实情况，企业更需要强调发展前景和财务预警分析，补充财务预警分析后的企业财务分析才是完整而全面的。

企业财务预警分析，就是通过对企业财务报表及相关经营资料的分析，利用及时的财务数据和相应数据化管理方式，将企业已面临的危险情况预先告知企业经营者和其他利益关系人，并分析企业发生财务危机的原因和企业财务运营体系隐藏的问题，以提早做好防范措施的财务分析系统。

企业财务预警分析的方法分为定性分析和定量分析两种。

二、财务预警定性分析

财务预警定性分析法包括标准化调查法、“四阶段症状”分析法、“三个月资金周转表”分析法、管理评分法、流程图分析法、风险指数法等，本书仅简要介绍标准化调查法、“四阶段症状”分析法和管理评分法三种。

1. 标准化调查法

标准化调查法又称风险分析调查法，是指通过专业人员、咨询公司、协会等，就企业可能遇到的问题加以详细调查与分析，形成报告文件供企业经营者使用的方法。之所以称其标准化，并不是指这些报告文件或调查表格具有统一的格式，而是指它们所提出的问题具有共性，对所有企业或组织都普遍适用。这是这种方法的优点。但换个角度来看，对特定的企业而言，标准化调查法形成的报告文件无法提供企业的具有个性特征的问题。并且，报告文件是专业人员根据调查结果，以自己的职业判断为准对企业的情况给予的定位，这里有可能出现主观判断错误的情况。另外，该类表格没有要求对回答的每个问题进行解释，也没有引导使用者对所问问题之外的相关信息做出正确判断。

2. “四阶段症状”分析法

企业财务运营情况不佳甚至出现危机，肯定有其特定的症状，而且是逐步加剧的。财务预警分析的任务是及早发现各个阶段的症状，对症下药。可以认为，企业财务危机发生的过程大体分为四个阶段，各阶段病症状况如表所示。

表 7-4　各阶段财务危机特征

财务危机潜伏期	财务危机发作期	财务危机恶化期	财务危机实现期
盲目扩张 无效市场营销 疏于风险管理 缺乏有效管理制度 企业资源分配不当 无视环境重大变化	自有资本不足 过分依赖外部资金 利息负担重 缺乏财务预警作用 债务拖延偿还	经营者无心经营业务 专心于财务周转 资金周转困难 债务到期违约	负债超过资产 丧失偿付能力 宣布倒闭

应当注意的是，虽然按照不同的特征，将企业财务危机划分为不同的阶段，但是在实际中很难将这四个阶段作截然的划分，特别是企业财务危机的表现特征，可能在财务危机的各个阶段都有相似或者相关联的表现。例如，现金短缺和资金周转困难，在财务危机的不同阶

段都会发生，只不过在不同的阶段其所表现的程度不同而已，这就要求诊断者具有丰富的经验，且对企业财务营运情况十分熟悉。

3. 管理评分法

管理评分法，又称为“A 计分”法，是一种对财务危机定性因素通过默值量化，然后进行综合评分的方法。这种方法首先把企业的风险因素分为经营缺点因素、经营错误因素和破产征兆因素三类，其中经营缺点因素又可进一步细分为管理方面和财务方面经营缺点因素，然后再进一步分解为 17 个风险小项，每一项都给出标准分值，如表所示。用管理评分法对公司经营管理进行评估时，每一项得分要么是零分，要么是满分，不容许给中间分。所给的分数就表明了管理不善的程度，总分是 100 分，参照管理评分法中设置的各项目进行打分，分数越高，表明公司的处境越差。在理想的公司中，这些分数应当为零。

表 7－5　　　　管理评分法风险因素与评分标准

项目		风险因素	评分
经营缺点因素	管理方面	总经理独断专行	8
		董事长兼任总经理	4
		独断的总经理控制着被动的董事会	2
		董事会成员构成失衡，管理人员不足	2
		财务主管能力低下，资金管理混乱	2
	财务方面	管理混乱，缺乏规章制度	1
		没有财务预算或不按预算进行控制	3
		没有现金周转计划或虽有计划但从未适时调整	3
		没有成本控制系统，对企业的成本一知半解	3
		应变能力差，产品过时、设备陈旧、经营战略守时	15
合计		安全临界值：10 分	43
经营错误因素		欠债过多	15
		企业过度发展	15
		过度依赖大项目	15
合计		安全临界值：15 分	45
破产征兆因素		财务报表上显示不佳的信号	4
		总经理操纵会计账目，以掩饰企业滑坡的实际	4
		非财务反映：管理混乱，工资冻结，士气低落，人员外流	3
		晚期迹象：债权人准备提出诉讼	1
合计		安全临界值：0 分	12
合计		安全临界值：25 分	100

管理评分法的评价标准是：如果评价的分数总计超过 25 分，表明公司正面临失败的危险；如果评价的分数总计超过 35 分，则表明公司处于严重的危机之中；公司的安全得分一般小于 18 分；评价的分数总计在 18～25 分是企业管理的“黑色区域”，处于这个区域中的企业必须提高警惕，迅速采取措施，尽快使企业进入安全状态。这种管理评分法试图把定性分析判断定量化，这一过程需要进行认真分析，深入公司及车间，细致地对公司高层管理人员进行调查，全面了解公司管理的各个方面，才能对公司的管理进行客观的评价。这种方法简单易懂，行之有效，但其效果还取决于评分者是否对被评分公司及其管理者有直接、相当的了解。

三、财务预警定量分析

财务预警定量分析方法有单变量分析法和多变量分析法两种，其中，单变量分析法又包括财务比率法、“利息和票据贴现费用”判别分析法和企业股市跟踪法等，多变量分析法又包括计算企业安全率法和多元线性函数模式法等。本书仅简要介绍财务比率法和多元线性函数模式法。

1. 单变量分析方法

单变量分析法主要是财务比率法，它是运用单一财务指标变量、个别财务比率预测财务危机的方法。它通过比较财务危机企业和非财务危机企业之间各个财务指标的显著差异，确定、预测企业财务危机的最佳变量和变量的临界值，让样本数据根据该指标进行排序，然后根据临界值对财务危机企业和财务健康企业进行分类的一种分析方法。

最早运用统计方法进行财务预警研究的是 Fitzpatrick（1932）开展的单变量破产预测研究。他以 19 家企业作为样本，运用单个财务比率将样本划分为破产和非破产两组，结果发现判别能力最高的是权益净利率比率（净利润/股东权益）和产权比率（股东权益/负债）两个比率。其后，美国学者威廉・比弗（William Beaver）在 1966 年提出了单一变量模型，又称一元判别模型。他以 1954～1964 年间 79 家失败公司与相对应的 79 家成功公司为样本，分别检验了反映公司不同财务特征的 6 组 30 个财务比率在公司破产前 1～5 年的预测能力。他发现最好的判别变量是债务保障率，即现金流量/总负债（在公司破产的前一年成功地判别了 87% 的破产公司），总资产收益率（净利润/总资产）次之，然后是资产负债率（负债总额/资产总额）。Beaver 还发现越临近破产日误判率越低。

单变量分析方法虽然简单，使用方便，但却因不同财务比率的预测方向与能力经常有相当大的差距，有时会产生对于同一公司使用不同比率预测出不同结果的现象，因此招致了许多批评，而逐渐被多变量分析方法所替代。

2. 多变量分析方法

多变量分析方法是应用多种财务比率，然后进行加权汇总产生的总分值（称为 Z 值）来预测财务危机的方法，最初为“Z 计分模型”，是一种综合评价企业风险的方法。在企业财务预警分析实践中先后有爱德华. 奥特曼 Z 计分模型、日本开发银行的 Z 值预测模型、中国台湾 Z 值预测模式等，下面以爱德华. 奥特曼 Z 计分模型为例进行介绍。

基于单变量分析的诸多缺点，美国纽约大学教授 Altman 于 1968 年在《金融杂志》发表了一篇题为《财务比率、判别分析和公司破产预测》的论文，在文章中提出了预测企业破产的 Z 值模型，这是最早的多变量财务预警模型。根据行业和资产规模，他对 1946～1965 年间提出破产申请的 33 家公司和同样数量的非破产公司进行了研究，选用 22 个变量作为破产前 1～5 年的预测备选变量。经过筛选，对这些企业的财务指标按流动比率、收益率、稳定性、支付能力、活动比例 5 项标准分类，最终确定了 5 个变量作为判别变量：营运资本/总资产、留存收益/总资产、息税前利润/总资产、权益市场价值/负债总额账面价值、销售额/总资产。通过多元线性判别模型产生了一个总的判别分，称为Z值，并依据Z值进行判断。该模型如下：

$$Z=0.012X_1+0.014X_2+0.033X_3+0.006X_4+0.999X_5$$

其中，Z为判别函数值；X_1 = 营运资本 ÷ 总资产 ×100；X_2 = 留存收益 ÷ 总资产 ×100；X_3 = 息税前利润 ÷ 总资产 ×100；X_4 = 权益市场价值 ÷ 负债总额账面价值 ×100；X_5 = 销售额 ÷ 总资产 ×100。

Z分数模型从企业的资产规模、折现力、获利能力、财务结构、偿债能力、资产利用效率等方面综合反映了企业财务状况，进一步推动了财务预警模型的发展 。Altman教授通过对Z分数模型的研究分析得出：Z值越小，该企业发生财务危机的可能性越大。美国企业Z值的临界值为1.81，具体判断标准如表7－6所示。

表7－6　　Z分数模型具体判断标准

Z值区间	发生财务危机的可能性
$Z>2.99$	发生财务危机的可能性很小
$2.7<Z\leqslant 2.99$	有发生财务危机的可能
$1.81<Z\leqslant 2.7$	发生财务危机的可能性很大
$Z\leqslant 1.81$	发生财务危机的可能性非常大

由于Z分数模型是为制造业企业设计的，且模型中有一个指标计算的是权益市场价值，只能应用于公开上市公司。为弥补这些不足，Altman在1977年又发展了Z分数模型，即第二代Z分数模型（Zeta）模型，此模型包括了7个财务比率变量：资产收益率、盈利的稳定性、债务还本付息、累计盈利能力、流动性、资本比率、由企业总资产衡量的企业规模。研究发现，破产判别的新Z分数模型在对企业破产前五年的分类非常精确，破产前一年的辨别成功率超过了90%，破产前五年的精确率也有70%，而且对于零售企业的运用与制造企业一样，并不影响预测的结论。

【职业道德与企业伦理】

夏新电子的兴衰

成立于1981年的夏新电子于1996年进入新兴的VCD市场，并一举成为行业前三名。1999年，由于VCD市场竞争加剧，影碟机出现全行业衰退，夏新电子业绩大幅下滑，最终带上了“ST”的帽子。

2001年后，新上任的总经理开始转战手机市场，推出了当时热销的A8手机，奇迹般的将夏新电子拉出了亏损的泥潭。2002年，该公司实现净利润6.1亿元，每股收益高达1.69元，又一举成为中国A股市场上最赚钱的公司。

随后该总经理便开始实施多元化战略，不仅大力投入3G手机的研发，还涉足液晶电视、笔记本电脑等领域。然而，在2004年国产手机遭遇集体性“滑铁卢”后，夏新公司的手机业务开始走下坡路。

“时髦产业的追逐者”和“战略的善变者”是业界给予夏新公司的评价。从早期主营VCD到后来生产手机液晶电视等，夏新公司没有放过任何一个市场热潮。然而，市场的变幻莫测使夏新公司一路走向巨额亏损的泥潭。在这一过程中，超前的研发和巨额的费用迅速榨干了夏新公司的现金流，公司业绩一路下滑。2012年3月26日，夏新公司宣布停牌，又戴上了“ST”的帽子。

任何危机都是一个从量变到质变的过程，夏新公司财务危机的早期信号早就已经悄悄来临了：

一是主营业务收入急剧下降。人们往往认为主营业务收入下降就是销量下降，而这只是一个销售的问题，而事实上，销售下降会引起严重的财务问题，只是不会马上显现出来。

二是资产负债管理能力快速下降。夏新公司2003年至2006年的资产负债率分别为64.05%、67.3%、83.41%和82.99%，过高的资产负债率为财务风险的形成埋下了隐患，但企业管理层完全没有予以重视。

三是现金流量安全性不断下降。现金流量是评价企业经营能力、投资能力和融资能力的重要指标，也是衡量企业是否面临财务危机的先期信号。2001年公司决定向多元化进军，不仅耗巨资投入3G技术的研发，还涉足液晶电视、笔记本电脑等领域。2004年夏新公司的盈利能力一路下滑，在吸干了现金流后却没有给公司带来多少利润。2005年公司亏损6.58亿元，此后一直在巨额亏损中苦苦挣扎。

[警示]

如果夏新公司能够建立一套可行的财务预警系统机制并予以重视，公司管理当局就可以及时发现诸多的财务危机信号，在危机出现的萌芽阶段采取措施来改善经营管理，从而有效防范和化解财务危机。但是，夏新公司的内部管理极其混乱，会计账目不规范，财务信息披露不全面，董事会和监事会运作不规范。2005年至2012年，公司先后三次收到证监会的整改通知书，两次被证监会点名整改。

项目小结

发展能力与
财务预警分析
认识发展能力
发展能力分析的意义
发展能力分析的目的
发展能力分析的内容
企业竞争
能力分析
企业发展
能力分析
营业发展能力分析
财务发展能力分析
发展能
力分析
企业竞争能力分析
产品市场占有情况分析
产品竞争能力分析
企业竞争策略分析
企业营业发展
能力分析
销售增长
指标分析
营业收入同比增长率
近三年营业收入复合增长率
资产增长
指标分析
总资产同比增长率
近三年总资产复合增长率
企业财务发展
能力分析
资本扩张
指标分析
资本同比增长率
近三年资本复合增长率
利润增长
指标分析
净利润同比增长率
近三年净利润复合增长率
财务预警分析
财务预警定量分析
标准化调查法
“四阶段症状”分析法
管理评分法
财务预警定性分析
单变量分析方法
多变量分析方法

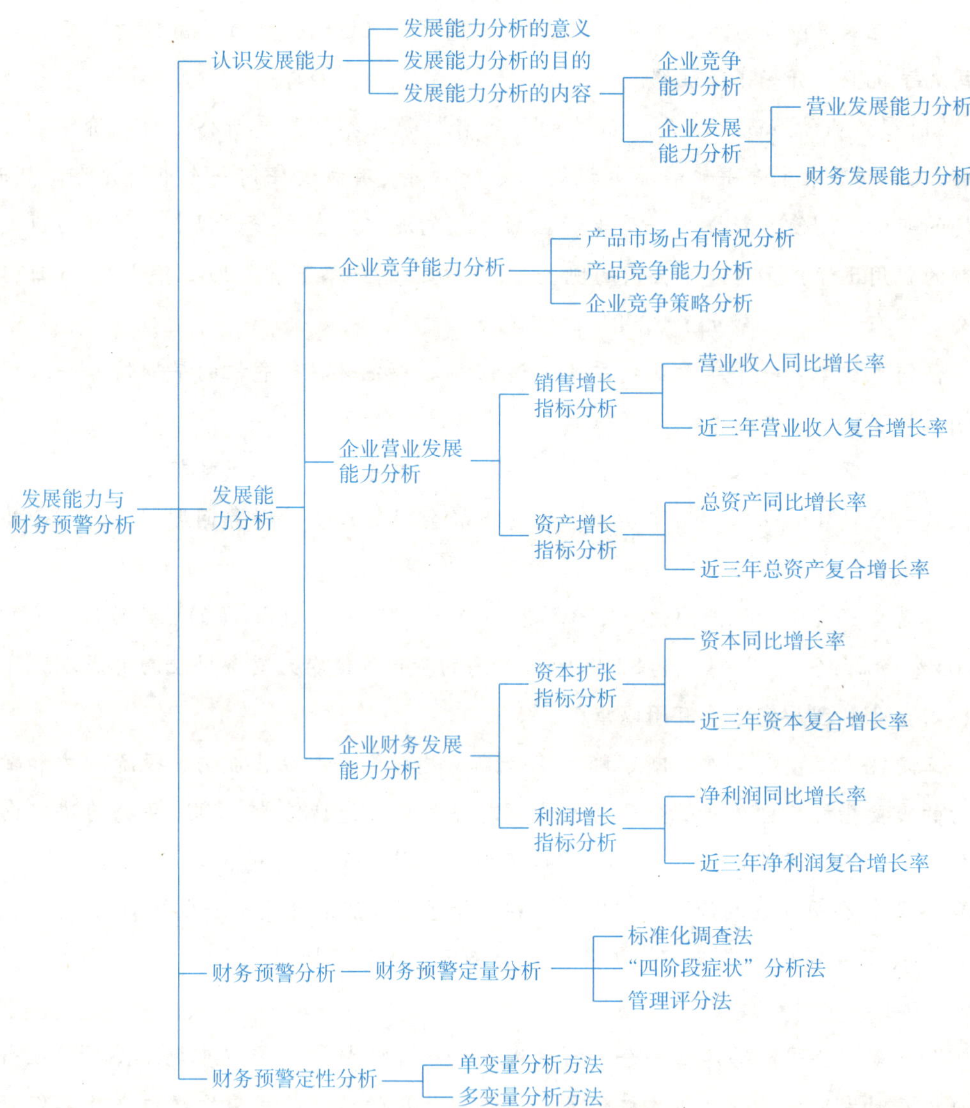

项目训练

一、单选题

1. 企业营业增长能力分析可以分为对销售增长的分析和对（　　）的分析。

A. 资产规模增长　　B. 利润增长

C. 股利增长　　D. 净资产规模增长

2. 反映企业发展能力的首要指标是（　　）。

A. 销售增长率　　B. 权益增长率

C. 资产增长率　　D. 收益增长率

3. 某企业本年的销售额是 1200 万元，是上年度的 160%，则本年度的销售增长率为（　　）。

A. 62. 5%　　B. 37. 5%

C. 60%　　D. 160%

4. 某公司 2015 年到 2018 年销售收入分别为 1127 万元、600 万元、500 万元、1500 万元，该公司三年销售平均增长率为（　　）。

A. 20%　　B. 10%

C. 16%　　D. 13%

5. 企业本年所有者权益增长额同年初所有者权益的比率为（　　）。

A. 资本扩张率　　B. 资本收益率

C. 资本保值增长率　　D. 资本积累率

6. （　　）是产品有无竞争力的首要条件。

A. 产品的品种　　B. 质量的优劣

C. 成本　　D. 价格

7. 下列项目中，不属于企业资产规模增加原因的是（　　）。

A. 企业对外举债　　B. 企业实现盈利

C. 企业发放股利　　D. 企业发行股票

8. 在企业净资产收益率不变的情况下，企业净资产规模与收入之间存在（　　）关系。

A. 正比例　　B. 负比例

C. 无比例　　D. 以上都不对

9. 企业价值的增长应当主要源自于（　　）。

A. 企业正常的生产经营活动　　B. 企业的市场扩展能力

2. 企业的资产利用效率　　D. 企业的产品定价策略

10. 从企业资产总量扩张方面衡量企业的发展能力，表明企业规模增长水平对企业发展后劲的影响指标是（　　）。

A. 产权比率　　B. 利息保障倍数

C. 总资产增长率　　D. 销售净利率

二、多选题

1. 对企业的发展能力产生重要影响的因素有（　　）。

1. 政策环境　　B. 核心业务

C. 经营能力　　D. 财务状况

E. 企业制度

2. 财务预警系统应该具有哪些功能（　　）。

A. 信息收集功能　　B. 财务监测功能

C. 预告功能　　D. 财务防控功能

E. 免疫功能

3. 企业财务危机发生的过程大体分为哪几个阶段（　　）。

A. 财务危机潜伏期　　B. 财务危机发作期

C. 财务危机恶化期　　D. 财务危机实现期

4. 财务危机发作期的特征（　　）。

A. 自有资本不足　　B. 宣布倒闭

C. 过分依赖外部资金，利息负担重　　D. 缺乏财务预警作用

5. 反映企业竞争能力的分析指标包括（　　）。

A. 资产总额增长分析　　B. 核心业务增长分析

C. 产品市场占有情况分析　　D. 产品竞争能力分析

E. 企业竞争策略分析

6. 企业的竞争策略是指企业根据市场的发展和竞争对手的情况制定的经营方针，可归纳为（　　）。

A. 以优质取胜　　B. 以创新取胜

C. 以价廉取胜　　D. 以快速交货取胜

E. 以信誉取胜

三、判断题

1. 销售增长率指标计算公式中的营业收入不仅包括主营业务收入，也包括其他业务收入。（　　）
2. 资本积累率是年末所有者权益（净资产）同年初所有者权益余额的比率，也称为股东权益增长率。（　　）
3. 三年平均资产增长率既反映企业在过去经营中的发展能力，也反映了企业进一步发展的后劲。（　　）
4. 资本积累率指标越高，说明企业的资本保全状况越好，所有者权益增长越快，债权人的保障程度越高。通常该指标应该大于100%。（　　）
5. 分析企业发展能力可从发展动因和发展结果两个层面进行。其中，发展动因层面主要是对企业的财务状况进行分析，结果层面主要是对企业的竞争能力进行分析。（　　）
6. 企业发展能力分析具体可分为营业发展能力分析和财务发展能力分析，前者主要侧重销售和资产的增长情况，后者主要侧重资本增长的情况。（　　）
7. 运用单一财务指标变量、个别财务比率预测财务危机的方法叫作单变量分析法，它是财务预警定性分析方法的一种。（　　）
8. 一个有效的财务预警系统应该具有信息收集、财务监测、预先预告、财务防控及风险免疫等诸多功能。（　　）

四、计算分析题

1. 甲公司和乙公司为规模差异较小的IT制造业，2012年至2017年的营业收入如下表所示。

单位：万元

年度	2012 年	2013 年	2014 年	2015 年	2016 年	2017 年
甲公司	11275	13750	15400	13200	16500	19250
乙公司	9000	8550	10080	13050	17280	23220

（2）2013年至2017年的营业收入增长率的行业平均值如下表所示：

年度	2013	2014	2015	2016	2017
营业收入增长率（行业平均值）	11.98%	19.02%	34.89%	22.18%	18.99%

要求：

（1）请计算甲公司和乙公司2013年至2017年的营业收入增长率。

（2）结合同行业平均值对甲公司和乙公司2013年至2017年的营业收入增长率做出简要的评价。

2. 丙公司2015年至2018年有关财务数据如下表所示。

项目	2015年	2016年	2017年	2018年
资产总额	1680	2050	2780	3900
所有者权益	1000	1250	1700	2400
营业收入	5800	7800	10900	15600
净利润	220	315	490	780

要求：计算丙公司的股东权益增长率、总资产增长率、销售增长率和利润增长率，并评价该公司的发展能力。

3. 丁公司是一家上市公司，2016年、2017年的主要财务数据及2018年的计划财务数据如下表所示。

项目	2016年实际	2017年实际	2018年计划
营业收入	1000	1420	1460
净利润	200	220	220
总资产	1000	1800	3000
负债	400	1050	1700
所有者权益总额	600	750	1300

要求：（1）公司2016年、2017年的营业净利率、总资产周转率、权益乘数和净资产收益率以及2017年、2018年的营业收入增长率。

（2）假定董事会规定，以净资产收益率作为评价管理层业绩的尺度，假定贷款银行要求公司的资产负债率不得超过60%。试根据上述计算结果指出公司提高净资产收益率的途径有哪些？

五、技能实训题

1. 实训目的

巩固企业发展能力分析的理论知识，加强对企业发展能力分析的实际操作训练。

2. 实训资料

利用互联网或其他媒体，搜索上市公司近三年的财务报表及其他信息资料。

3. 实训组织

按6人为一个学习小组，选定小组长一人，负责组织小组讨论、实训和学习。

4. 实训任务

（1）搜集指定行业的一家中小板上市公司近三年的财务报告年报；

（2）计算企业发展分析的相关指标；

（3）完成企业发展能力评价分析。

5. 实训要求

（1）能熟练利用网络搜集查阅所需的资料；

（2）能把握企业发展能力评价分析的关键点；

（3）能运用所学的方法进行企业发展能力评价的计算分析，得出评价结论；

（4）制作 PPT 汇报。

职业核心能力测评

职业核心能力测评表

（在□中打√，A 通过，B 基本通过，C 未通过）

职业核心能力	评估标准	自测结果
自我学习	1. 能进行时间管理	□A □B □C
	2. 能选择适合自己的学习和工作方式	□A □B □C
	3. 能随时修订计划并进行意外处理	□A □B □C
	4. 能将已经学到的东西用于新的工作任务	□A □B □C
信息处理	1. 能根据不同需要去搜寻、获取并选择信息	□A □B □C
	2. 能筛选信息，并进行信息分类	□A □B □C
	3. 能使用多媒体等手段来展示信息	□A □B □C
数字应用	1. 能从不同信息源获取相关信息	□A □B □C
	2. 能依据所给的数据信息，作简单计算	□A □B □C
	3. 能用适当方法展示数据信息和计算结果	□A □B □C
与人交流	1. 能把握交流的主题、时机和方式	□A □B □C
	2. 能理解对方谈话的内容，准确表达自己的观点	□A □B □C
	3. 能获取信息并反馈信息	□A □B □C
与人合作	1. 能挖掘合作资源，明确自己在合作中能够起到的作用	□A □B □C
	2. 能同合作者进行有效沟通，理解个性差异及文化差异	□A □B □C
解决问题	1. 能说明何时出现问题并指出其主要特征	□A □B □C
	2. 能做出解决问题的计划并组织实施计划	□A □B □C
	3. 能对解决问题的方法适时做出总结和修改	□A □B □C
革新创新	1. 能发现事物的不足并提出新的需要	□A □B □C
	2. 能创新性地提出改进事物的意见和具体方法	□A □B □C
	3. 能从多种方案中选择最佳方案，在现有条件下实施	□A □B □C
学生签字：	教师签字：	20 年 月 日

项目八 财务综合分析与业绩评价

职业能力目标

通过本单元的学习，你应该能够：

理解财务综合分析的含义、作用及主要方法

运用杜邦财务分析法进行财务综合分析

运用沃尔评分法进行财务综合评价

进行企业绩效评价

主要概念

杜邦财务分析法　　沃尔评分法　　企业绩效评价　　经济增加值

导入案例

从众泰汽车的财报数据看公司风险与挑战

众泰汽车一家以汽车整车及汽车关键零部件为核心业务的民营企业。公司 2018 年半年报显示：公司营收同比增长 77.15%，归母净利润同比增长 37%。汽车销量方面，上半年公司累计销售汽车 11.5 万辆，同比增长约 8.2%。从以上数据看，众泰汽车 2018 上年半表现可谓不俗，但深入剖析其财报数据后，发现众泰当前面临不少挑战：一是利润含金量成色堪忧。巨额的研发支出及其高资本化率使当期利润多少显得有些虚胖，随着国家对新能源车补贴的一再下调，也让投资者对公司利润的可持续性产生怀疑；二是销售费用增速远高于营收增速。公司加大营销的投入在一定程度上推动了产品的销售和营收增长，但如何提升销售效率，将销售费用控制在合理的比例之内，最终提高利润增长速度，是公司面临的一个挑战；三是商誉减值压力不容忽视。众泰汽车账面商誉金额约65.79亿元，占公司总资产的20.78%，主要由收购永康众泰产生。收购标的曾承诺公司2016至2019年经审计的净利润分别不低于12.1亿元、14.1亿元、16.1亿元和16.1亿元，截至2017年底，承诺的业绩并未达到，而公司并未对商誉进行减值处理，倘若业绩持续不达预期，则公司将面临巨额的商誉减值风险；四是销售回款能力偏弱。众泰汽车上半年营收102.51亿，销售商品收到的现金流入45.18亿，二者相差较大，公司销售产品的变现能力与行业龙头相比，差距比较明显。

资料来源：http://www.sohu.com/a/253799647_384082 搜狐证券

投资者该如何透过数据来判断公司利润增长的可持续性，如何分析公司的收益质量和资产质量，如何评估公司未来发展的潜力与风险，从而有助于自己做出正确的决策，这就需要具备一定的财务报表综合分析能力，对公司业绩进行恰当的评价。

任务一　认识财务综合分析

财务综合分析是在单项分析的基础上，利用企业财务报告和其他相关资料，通过对主要财务指标进行汇总反映和分析，对企业财务状况、经营情况等做出较为综合的分析与评价。与之前针对单张报表或者针对某个单项财务指标进行的分析不同，财务综合分析需要将企业的盈利能力、偿债能力、运营能力和发展能力等各项财务指标有机地联系起来，全面、系统、综合地对企业财务状况、经营成果和现金流量进行剖析、解释和评价，从而完整反映管理层受托责任履行情况，有助于投资者做出正确的决策。

知识准备

一、财务综合分析的意义

企业的经济活动是一个有机的整体，反映企业财务状况、经营成果和现金流量的报表数据并不是绝对孤立的，数据之间能够相互影响和印证，有着严密的勾稽关系。如图 8－1 所示。

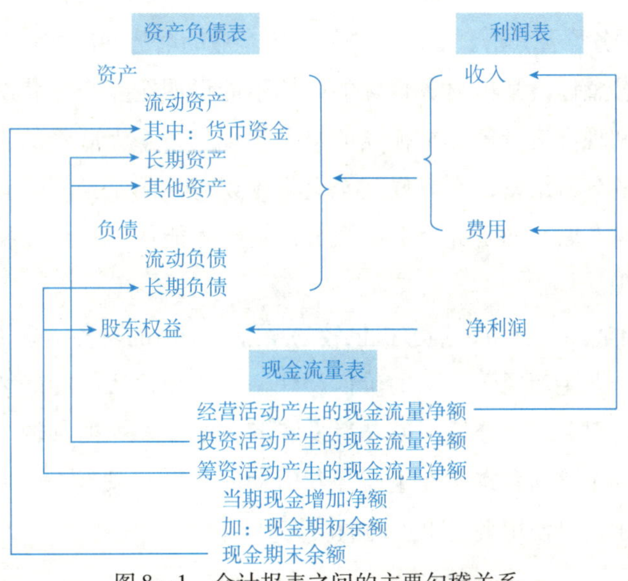

图 8－1　会计报表之间的主要勾稽关系

对上图进行分析可以得知，利润表和现金流量表对资产负债表具有解释和说明的作用；利润表中收入、费用和利润的变化会引起资产负债表中资产、负债和所有者权益变化，反过来，资产负债表上各项目的计量方法改变也会对利润表数字产生不同的影响，了解到这一点，就能够在财务分析中识别公司资产与收益的相关性与可靠性，提示公司可能存在的虚盈实亏现象；现金流量表与利润表中的关系则主要体现在现金流量表中的经营活动产生的现金流量与利润表中的收入和费用之间的关系，通过两者的比较可以看出企业所实现的利润与所获得的现金流量之间的差异，借以判断公司收益质量。

财务报表之间这种复杂的勾稽关系表明，在财务分析中，应注重财务报表的整体分析，而不能以点代面、以偏概全，一个比率所得到的结论可能是片面的，多个比率的综合利用所得到的分析结果更有意义，综合财务指标比单项财务指标更能够说明问题的实质。例如，仅根据企业资产负债率的高低去判断企业的财务状况，就不一定能得出令人满意的答案，只有将资产负债率与反映盈利能力的比率如净资产报酬率和反映现金流量的比例如每股现金流量等相结合，才能比较客观的反映企业的真实情况。

因此，要想从总体上客观评价企业经营情况，就必须综合利用企业的会计报表和其他财务报告信息，进行财务综合分析。

二、财务综合分析的作用

进行财务综合分析，既是各种单项分析的继续与发展，也是对整个企业进行全面经济活动分析的一个重要方面，其作用主要表现在以下几个方面：

（一）通过财务综合分析，能够正确的评判企业的财务状况和经营成果

局部不能代替整体，某项财务指标的好坏不能说明企业企业状况的好坏，对财务状况、经营成果和现金流量等各个孤立的财务指标进行毫无联系的考察，不但不可能得出合理、正确的分析结论，有时候甚至会得出误导性的结论。只有对财务指标体系进行综合分析，相互联系的研究企业的财务活动，才能达到对公司整体财务状况和经营成果的全面认识。

（二）通过财务综合分析，能够提供较为系统、全面的财务信息资料

财务报表是企业生产经营活动的价值反映，生产经营活动的好坏可以通过财务指标反映出来。通过财务综合分析，可以为投资者、债权人等提供较为系统、全面的财务信息资料，有助于全面考察企业生产经营活动的效果和风险，预测企业未来的发展趋势，从而有利于信息使用者做出正确的决策。

任务二　财务综合分析方法应用

财务综合分析是一个庞大的数据处理过程和系统分析工程，不同的分析目的可以采取不同的分析方法。例如，以改进内部管理为出发点，可以通过汇总有关财务指标进行横向、纵向的对比，对经济效益进行分析评价，也可以按照财务成果（如利润）的形成过程进行顺分析或逆分析，层层剖析原因，查找问题。若从外部信息使用者决策需要的角度出发，则实务中通常采用综合财务指标的分析方法来观察和评价企业，常见的有杜邦分析法，沃尔评分法，帕利普财务分析法等，本书主要介绍杜邦分析法和沃尔评分法。

知识准备

一、杜邦分析法

杜邦财务分析法，又称杜邦财务分析体系，或者简称杜邦体系，是利用若干个相互联系的主要财务指标之间的内在联系，对企业的财务状况和经营绩效进行综合分析评价的一种财务分析方法。由于该方法最早由美国杜邦公司财务人员设计和使用，故名杜邦模型，利用杜邦模型进行的分析，即为杜邦分析。

（一）杜邦分析法的基本原理

杜邦分析法将企业的盈利能力视为核心能力，以净资产收益率为核心财务指标，并将其分解为利润率，总资产周转率和财务杠杆三个部分进行分析，这三个指标分别对应企业的盈利能力、营运能力和财务杠杆，并且可以根据需要再将指标层层分解。当净资产收益率表现优越或欠佳时，通过杜邦分析法可以找出具体原因。杜邦分析法有助于企业管理层更加清晰地看到净资产收益率的决定因素，以及销售净利率与总资产周转率、资本结构之间的相互关系，给管理层提供了一张明晰的考察公司资产管理效率和是否最大化股东投资回报的路线图。杜邦分析指标体系图如图8－2所示。

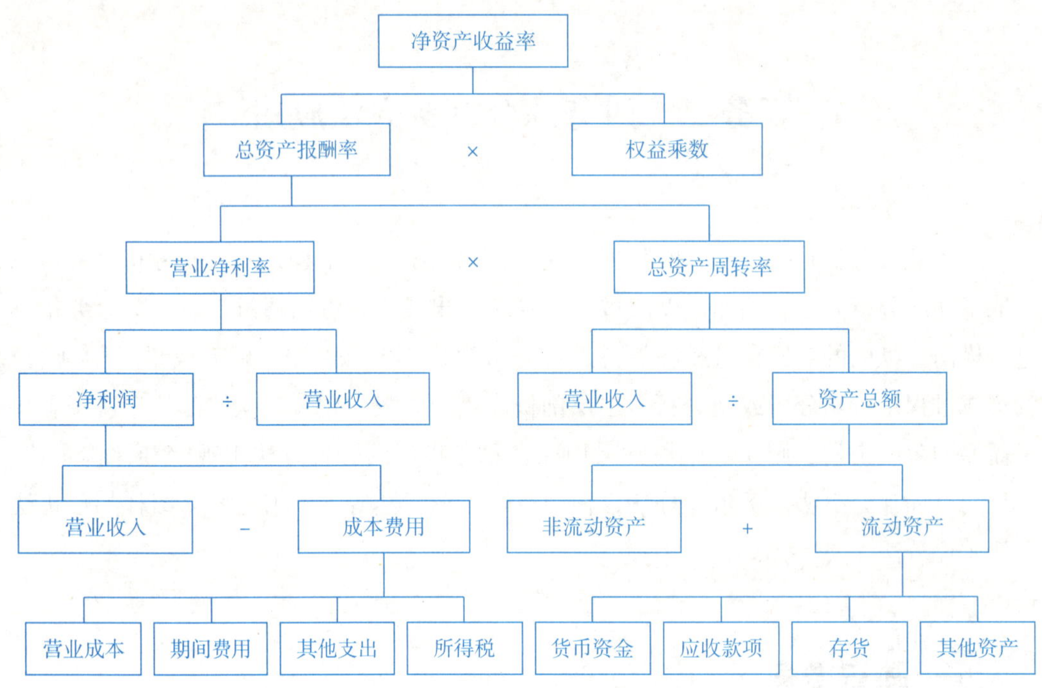

图 8－2　杜邦分析指标体系图

（二）杜邦分析法的分析内容

1. 分析净资产收益率

净资产收益率是综合性最强的财务指标，位于杜邦模型的最高层，是分析的起点。该指标反映了所有者投入资本的获利能力，是股东财富最大化的具体体现，因为不断提高净资产收益率是使所有者权益最大化的基本保证，因此，该指标受到企业所有者、经营者广泛关注。

净资产收益率在不同企业之间具有很好的可比性，是杜邦分析的核心比率。由于资本具有逐利性，总是流向投资报酬率高的行业与企业，这样就会使各行业企业的净资产收益率趋于接近：当某家企业的净资产收益率总是高于其他企业，就会引来竞争者，迫使该企业的净资产收益率回归到平均水平；若某家企业的净资产收益率总是低于其他企业，就会得不到资本市场的支持，从而被市场驱逐，使得幸存企业的净资产收益率提升到正常水平。其计算公式为：

$$净资产收益率=\frac{净利润}{所有者权益平均余额}$$

$$=\frac{净利润}{平均总资产}\times\frac{平均总资产}{所有者权益平均余额}$$

$$=\frac{净利润}{营业收入}\times\frac{营业收入}{平均总资产}\times\frac{平均总资产}{所有者权益平均余额}$$

$$=总资产报酬率\times权益乘数$$

$$=营业净利率\times总资产周转率\times权益乘数$$

注：总资产报酬率反映全部资产的获利能力，基于全投资假设，不考虑资金的来源如何。因此该指标的内涵应是息税前利润与平均总资产的比值。此处为满足净资产收益率因素分析的需要，用净利润代替息税前利润（本章后面所有总资产报酬率指标口径亦如此）。同样出于因素分析的需要，将权益乘数所用的分子和分母均按年度平均余额计算。

由公式可知，净资产收益率的决定因素包括营业净利率、总资产周转率和权益乘数三个部分，无论其中哪一个比率提升，都可以带来净资产收益率的提升。其中，“营业净利率”是利润表的概括，基本可以代表一个企业的总体经营成果；“权益乘数”是资产负债表的概括，表明资产、负债和所有者权益之间的比例关系，基本可以代表一个企业最基本的财务状况；总资产周转率是把利润表和资产负债表联系起来，使净资产收益率可以综合概括整个企业经营活动和财务活动的业绩。

2. 分析营业净利率

营业净利率反映了企业净利润与营业收入之间的关系，它的高低取决于营业收入和成本费用的高低，营业净利率的提高，一是要扩大营业收入，二是要降低成本费用。

扩大营业收入主要是扩大市场份额，通常可以通过开发新产品、提高产品质量等来实现，营业收入的增加，既有利于提高营业净利率，也有利于提高资产周转率。为了全面了解收入的构成情况，有针对性的寻找收入增长点，可以在杜邦分析模型中对营业收入按类别、按产品品种等进行分解。从公式中还可以看出，提高营业净利率的另一个途径是增加其他利润。

降低成本费用是提高营业净利率的另一个重要途径，通过杜邦分析体系可以清晰地看出成本费用的基本结构是否合理，从中找出降低成本费用的途径和加强成本费用控制的办法。例如，当财务费用过高时，应该进一步分析其资本结构是否合理，如果管理费用过高，则可以进一步分析其资产周转情况等。为了详细了解总成本费用发生情况，在具体列示成本费用项目时，可以根据重要性原则将影响较大的费用单独列示，为降低成本费用提供依据。

3. 分析总资产周转率

总资产周转率反映了营业收入与平均资产总额之间的关系，是表明资产运营能力的指标，总资产周转率的提高可以带来净资产收益率的提高。提高总资产周转率的途径包括扩大营业收入和管理资产结构与规模。资产总额由流动资产和非流动资产组成，其结构是否合理将直接影响资产的周转速度。一般说来，流动资产直接体现企业的偿债能力和变现能力，而非流动资产体现了企业的经营规模和发展潜力。流动资产与非流动资产之间应该有一个合理的比例关系。对资产周转率的分析，需要对影响资产周转的各因素进行分析，以判明影响公司资产周转的主要问题在哪里。

4. 分析权益乘数

权益乘数是指资产总额与所有者权益的倍数关系，是反映企业资本结构、财务杠杆程度和偿债能力的重要指标，与资产负债率互相呼应。资产负债率越高，权益乘数就越大，给企业带来的财务杠杆效应也越大，净资产收益率就会越高，但同时也意味着较高的财务风险，反之，资产负债率越低，权益乘数就越小，债权人的权益就越能得到保障，但也使得企业不能充分利用财务杠杆效应来提高股东权益报酬率。因此，保持适当的权益乘数，是企业保持风险与收益均衡的重要保障。

（三）杜邦分析法的局限性

（1）只针对财务指标信息进行分析，不能全面反映企业的实力，不利于从全局评价企业的绩效情况，在实际运用中需要加以注意，必须结合企业的其他信息加以分析。

（2）对短期财务结果过分重视，有可能助长公司管理层的短期行为，忽略企业长期的价值创造。

（3）过于偏重股东利益，有可能损害债权人或其他利益相关方的利益。从杜邦分析的指标体系来看，在其他因素不变的情况下，权益乘数越大，利用负债产生的财务杠杆效应就越大，净资产收益率就越高，这样容易误导管理层片面追求净资产收益率而忽视财务风险因素。

【例 8－1】用杜邦分析法对艾华集团财务报表进行分析，相关数据见表 8－1。

表 8－1　　艾华集团 2016～2018 年杜邦分析财务数据　　单位：万元

项目	2016. 12. 31	2017. 12. 31	2018. 12. 31
平均资产总额	216472. 39	230780. 70	282244. 80
平均所有者权益总额	179197. 29	184407. 73	198373. 38
流动资产	165214. 01	151753. 13	230852. 61
非流动资产	63236. 27	81357. 99	100525. 86

续表

项目	2016 年度	2017 年度	2018 年度
营业收入	155364.71	179250.30	216557.39
其他利润	3019.61	3091.29	4022.64
营业总成本	127146.43	148138.17	185447.45
其中：营业成本	101176.72	118515.54	150861.15
期间费用合计	23049.38	27036.56	32009.38
资产减值损失	1295.53	1037.63	1014.72
税金及附加	1624.80	1548.44	1562.21
利润总额	31237.89	34203.42	35132.58
所得税	4868.95	4951.48	5197.49
净利润	26368.95	29251.94	29935.09

步骤1、计算分析指标：

根据前面介绍的计算公式以及表8－1提供的财务数据，计算艾华集团2016～2018年杜邦分析体系相关财务指标，计算结果见表8－2。

表8－2　艾华集团2016～2018年杜邦分析财务比率

指标	2016 年	2017 年	2018 年
净资产收益率	14.72%	15.86%	15.09%
权益乘数	1.21	1.25	1.42
总资产报酬率	12.18%	12.68%	10.61%
营业净利率	16.97%	16.32%	13.82%
总资产周转率（次）	0.72	0.78	0.77

注：根据中国证监会发布的《公开发行证券公司信息披露编报规则》第9号通知的规定，上市公司应分别披露加权平均净资产收益率和全面摊薄净资产收益率。其中，加权平均净资产收益率反映了过去一年的综合管理水平，对于经营者总结过去，制定经营决策意义重大，因此，在利用杜邦财务分析体系分析企业财务情况时，应该采用加权平均净资产收益率。其计算公式中，分母应取全年加权平均净资产，本书基于简便考虑，采用年初年末的简单平均数代替。

因四舍五入取值的原因，表中数据关系存在一定尾差。

步骤2、绘制杜邦分析指标体系图：

根据以上资料绘制艾华集团2018年杜邦分析图，如图8－3所示。

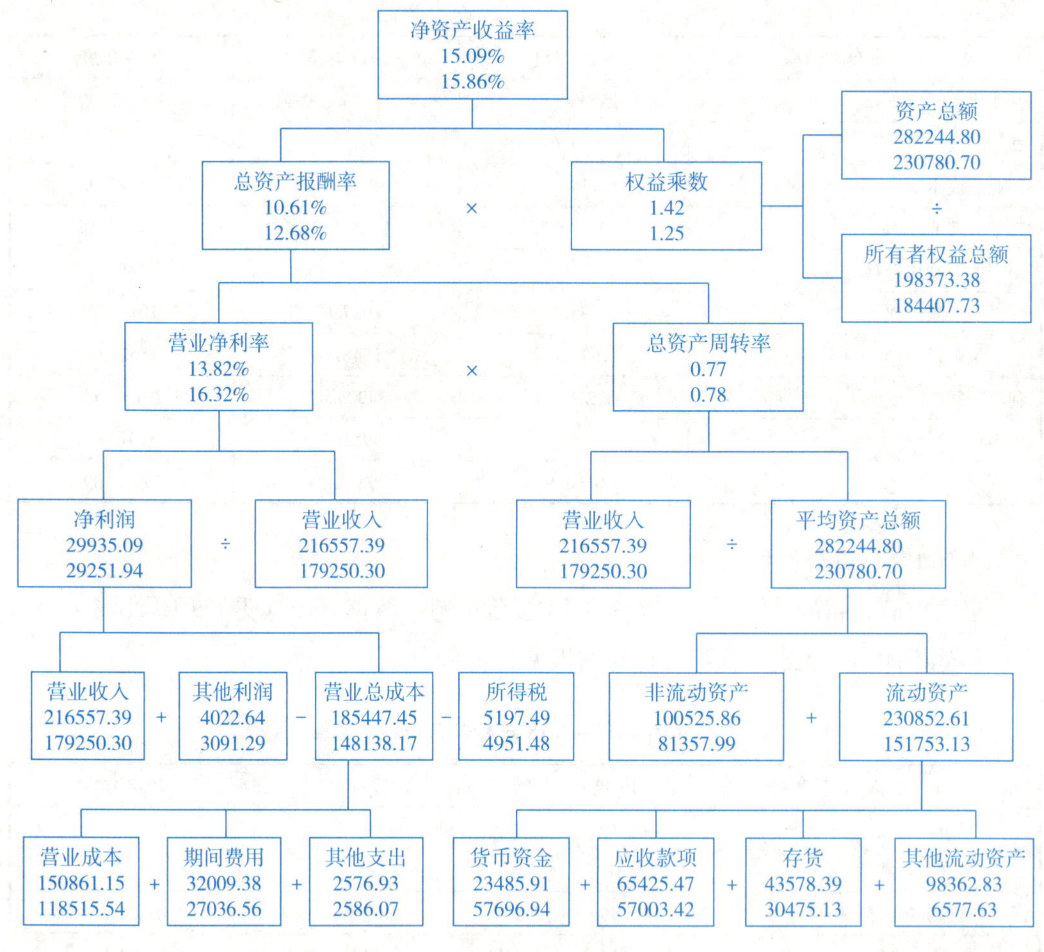

图 8-3　艾华集团杜邦财务分析图

步骤 3、主要指标分析：

1. 对净资产收益率进行分析

艾华集团 2016～2018 年的净资产收益率变动不大，基本上稳定在 15% 左右，2016 年最低，不到 15%，2017 年上升至将近 16%，2018 年小有回落，总体上该公司净资产收益率比较高，远远领先于行业平均水平。通过分解可以看出，艾华集团 2018 年净资产收益率的改变主要是总资产报酬率下降的结果，由 2017 年的 12.68% 降至 2018 年的 10.61%；同时，2018 年权益乘数的大幅上升在一定程度上减缓了由总资产报酬率下滑造成的该年净资产收益率下滑的程度。

2. 对总资产报酬率进行分析

前面已分析到，艾华集团艾华集团 2018 年净资产收益率下滑主要是总资产报酬率下降的结果。由杜邦分析模型可知，总资产报酬率由营业净利率和总资产周转率两个因素决定，而艾华集团的营业净利率2016～2018年呈连续下滑之势，这是引起总资产报酬率下降的根本原因。2017年艾华集团虽然营业净利率下降，但总资产报酬率略有所上升，则是因为提高了总资产周转率所致。

3. 对营业净利率的分析

前已分析到，艾华集团的营业净利率2016～2018年呈连续下滑之势，这是导致公司总资产报酬率下降的根本原因。那么，是什么原因导致艾华集团营业净利率出现滑坡呢？沿着杜邦分析的思路继续查找原因，可以发现2018年公司营业收入虽然有高达20%的增长率，但是营业利润却微乎其微，说明企业的成本费用控制出现了问题。结合财务数据进一步分析后得知，2018年营业成本和期间费用均以高于营业收入的增速增长，2018年毛利率较2017年下降了4个百分点，企业的盈利能力在减退。

4. 对权益乘数进行分析

艾华集团的权益乘数在2016～2018年间持续上升，但总体上控制在0.5以内，资产负债率一直维持在40%以下的水平，属于典型的稳健型企业，财务风险较低。通过阅读资产负债表，可知艾华集团2018年权益乘数较之上年增幅较为明显，是因为2018年发行了6.7亿元的可转换债券，结束了该公司有息债务为零的历史。因此，在2018年公司总资产报酬率急剧下降的情况下，净资产收益率还能维持在15%以上的水平，主要原因是发挥了财务杠杆的作用。因此，在总资产规模一定的情况下，负债越多，所有者权益越少，权益乘数越高，同样的资产收益率就能带来更高的净资产收益率；反之，所有者权益越多，权益乘数越低，在一定程度上会稀释净资产收益率。

5. 对总资产周转率进行分析

艾华集团2016～2018年的总资产周转率分别为0.72、0.78、0.77，较为稳定。其中，2017年周转速度提高较为明显。通过阅读资产负债表可知，公司曾在2015年发行新股，其后年度平均总资产大幅增加，虽然2016年总资产的增长并没有带来营业收入的同比增长，总资产周转速度变慢，资产运营能力有所降低，但是2017年资产创造收益的效率开始显现，当年营业收入增长幅度远远高于总资产增长幅度，使得总资产周转率明显提高，从而引起总资产报酬率上升，净资产收益率提高。

总之，通过杜邦模型分析，我们找出了导致艾华集团2016～2018年净资产收益率变动的原因：一方面营业净利率的下降表明公司盈利能力持续下滑，这是公司净资产收益率增长乏力的主要原因，企业应注意合理降低成本，控制费用，提高营业利润率；另一方面，2017年资产周转速度的提高、2018年资本结构的改变，在不同程度上对净资产收益率的提高做出了贡献。艾华集团一直有着不错的盈利能力，但前几年有息债务几乎为零，2018 年发行可转债券，适度负债经营，发挥了财务杠杆的作用，对净资产收益率的正向变动产生了积极的影响。

知识准备

二、沃尔评分法

沃尔评分法，是指将选定的财务比率用线性关系结合起来，并分别给定各自的分数比重，然后通过与评准比率进行比较，确定各项指标的得分及总体指标的累计分数，从而对企业的财务能力做出评价的方法。

（一）沃尔评分法的产生与意义

财务比率反映了企业财务报表各项目之间的对应关系，以此来揭示企业各方面的财务能力。但是，一项财务比率只能反映企业某一方面的能力，为了进行综合的财务分析，可以编制财务比率汇总表，将反映财务能力的关键财务比率集中在一张表上，将这些财务比率的实际值与参考值进行比较，以便一目了然地看出企业各方面财务能力的高低，参考值可以根据需要选取不同的数据，如企业的理想水平、历史最好水平、行业先进水平、行业平均水平等。

美国著名的经济学家亚历山大·沃尔正是基于这种思路，在其 1928 年出版的《信用晴雨表研究》和《财务报表比率分析》中，提出了信用能力指数概念，还选择了七个财务比率，并给定这些财务比率指标在评价总分（100 分）中的权重，这七个财务指标分别是流动比率、产权比率、固定资产比率、存货周转率、应收账款周转率、固定资产周转率和自有资金周转率。他以行业平均数为基础，确定了这些财务比率相应的标准比率，然后将实际比率与标准比率相比，得出相对比率，将此相对比率与各指标的权重相乘，得到各指标的得分，得分加总后便得出了评价总分，以此来评价企业的信用水平。这种方法被称为沃尔评分法，后来被人们广泛采用。

（二）沃尔评分法的发展与完善

沃尔评分法将彼此孤立的偿债能力和营运能力指标进行了组合，做出了较为系统的评价，简明、扼要、易于操作，但是，最初的沃尔评分法也有其明显的缺点。

首先是财务比率选取的合理性，为什么是七个指标而不是更多或更少，这七个财务指标是否具有代表性？给每个指标所赋予的权重是否合理？现代社会早已不是沃尔所处的时代，对一个企业的财务评价也不仅仅以评价信用能力为主，一般认为，企业财务评价的内容首先是盈利能力，其次是偿债能力，此外还应有运营能力和发展能力。沃尔所选取的财务指标没能反映企业的盈利能力和发展能力，势必需要发展和完善。

其次是技术应用上的缺陷性，当某一个指标严重异常时，会对总评分产生不合逻辑的重大影响。这个缺陷是由相对比率与其权重相“乘”引起的，比如说，财务比率提高一倍，评分就会增加强100%，而比率缩小一倍，其评分却只减少50%。因此，需要通过设定评分值的上限和下限来对得分进行修正，以增强总评得分的合理性。

（三）沃尔评分法的应用过程

1. 选定财务比率

为全面综合评价企业财务状况，在选择财务比率时应注意以下原则：一是要具有全面性，能反映企业财务能力各个方面的指标都应考虑在内，如前所述，对企业进行财务评价首先应是盈利能力，其次是偿债能力，此外还有运营能力和发展能力；二是要具有代表性，即要选择最能够说明问题的重要财务比率；三是要具有变化方向的一致性，即当财务比率增大时，表示状况向好，反之，当财务比率减小时，表示状况恶化。

2. 为财务比率分配分值权重

各项财务比率在沃尔综合评分中的总分合计为100分，如何将这100分合理地分配给选定的财务比率，是沃尔评分法应用中非常重要的一个环节，它直接影响到评价的结果。分配的标准是依据各个指标的重要程度，越重要的比率分配的权重越大。对财务比率重要程度的判断，一般应结合企业经营活动的性质、生产经营规模、管理要求和分析目的等具体情况而定。

3. 规定分值的上、下限

为避免个别财务比率异常时对总分造成不合理的影响，还应确定各财务比率评分值的上、下限。一般而言，上限可定为标准评分值的1.5倍，下限可定为标准评分值的0.5倍，在计算每项财务比率的实际得分时应确保不超过其上下限。

4. 确定财务比率的标准值

各项财务比率的标准值是企业在现实条件下最理想的数值，一般可选择同行业平均水平作为参照，经适当调整后确定。

5. 确定关系比率

将企业在一定时期各项财务比率的实际值与相应的标准值对比，计算出关系比率。关系比率等于财务比率实际值除以标准值。

6. 计算财务比率的实际得分并进行评价

将各项财务比率的关系比率和对应的分值权重相乘，即得出其实际得分，应注意每项得分都不得超过上限或低于下限，各项财务比率实际得分的合计数就是企业财务能力的综合得分。得分的高低反映了企业的综合财务状况是否良好，如果综合得分等于或接近100分，说明企业的财务状况良好，达到了预定的标准；如果综合得分远远低于100分，说明企业的财务状况较差，应当采取措施加以改善；如果综合得分远远超过100分，说明企业的财务状况非常理想。

注：为克服沃尔评分法技术上的缺陷，人们在具体运用时进行了一定的修正，除了指标选取更注重全面性和代表性以外，在计算指标实际得分时也可以不用“乘”的关系，而是采用“加”或“减”的方法处理。

任务实施

【例8－2】艾华集团2017～2018年相关财务数据见表8－3，用沃尔评分法对艾华集团2018年综合财务状况进行评价。

表8－3　艾华集团2017～2018年沃尔评分法有关财务数据　单位：万元

项目	2017.12.31	2018.12.31
应收账款及应收票据	54213.27	62600.96
存货	30475.13	43578.39
流动资产合计	151753.13	230852.61
流动负债合计	44344.42	66489.49
资产总计	233111.12	331378.47
所有者权益合计	187033.70	209713.05
项目	2017年度	2018年度
营业收入	179250.30	216557.39
营业成本	118515.54	150861.15
净利润	29251.94	29935.09

步骤1、选取财务比率并分配分值权重：

前已分析到，企业财务评价的内容一般包括盈利能力、偿债能力以及运营能力和发展能力，其中盈利能力应摆在首位，因此选取的财务比率也应涵盖上述四个方面，且具有一般代表性。本例拟根据艾华集团的实际情况和行业一般认知，选取10个常用财务指标进行评价，其中：代表盈利能力的三个指标，分别是净资产收益率，总资产收益率和营业净利率，反映偿债能力的指标以自有资本比率和流动比率为代表，运营能力方面选取应收账款周转率和存货周转率，发展能力方面选取营业收入增长率、总资产增长率和资本保值增值率。

在分值的分配上，上述四个方面大致按4:2:2:2的权重来分配，其中，盈利能力方面的三个指标按2:1:1的比重安排分值，其他方面各项指标的重要性大体相当。

步骤2、搜集财务比率标准值：

本例采用中国证监会《上市公司行业分类指引》的分类标准，以艾华集团所属的“计算机、通信和其他电子设备制造业”行业2018年的平均水平作为财务比率的标准值。数据来源于易董数据库。

步骤3、计算财务比率实际值：

根据本书前面章节已介绍的知识，运用表8－3中的财务数据，可计算艾华集团2018年有关财务比率如下：

净资产收益率＝29935.09÷［（187033.70＋209713.05）÷2］×100%＝15.09%

总资产收益率＝29935.09÷［（233111.12＋331378.47）÷2］×100%＝10.61%

营业净利率＝29935.09÷216557.39×100%＝13.82%

自有资本比率＝209713.05÷331378.47×100%＝63.29%

注：自有资本比率其实就是资产负债率的一个变形，两者之和为1。因沃尔评分法应用要求选取正指标，故将资产负债率变形使用，作为评价企业长期偿债能力的一个重要指标。

流动比率＝230852.61÷66489.49＝3.47

应收账款周转率＝216557.39÷［（54213.27＋62600.96）÷2］＝3.71

存货周转率＝150861.15÷［（30475.13＋43578.39）÷2］＝4.07

营业收入增长率＝（216557.39－179250.30）÷179250.30×100%＝20.81%

总资产增长率＝（331378.47－233111.12）÷233111.12×100%＝42.15%

资本保值增值率＝209713.05÷187033.70×100%＝112.13%

上述步骤1～3的结果见表8－4：

表8－4　艾华集团2018年沃尔评分有关财务指标及分值、标准比率、实际比率一览表

财务指标类别	财务指标名称	分值（权重）	标准比率	实际比率
盈利能力	净资产收益率	20	12.96%	15.09%
	总资产收益率	10	2.38%	10.61%
	营业净利率	10	3.06%	13.82%
偿债能力	自有资本比率	10	17.70%	63.29%
	流动比率	10	1.37	3.47
营运能力	应收账款周转率	10	4.02	3.71
	存货周转率	10	5.42	4.07
发展能力	营业收入增长率	8	32.31%	20.81%
	总资产增长率	6	14.95%	42.15%
	资本保值增值率	6	115.65%	112.13%

步骤4、计算关系比率：

关系比率等于各财务比率实际值除以标准值，计算过程和计算结果见表8－5。

步骤5、计算实际得分：

各项财务比率的关系比率乘上对应的分值（权重），就是该财务比率的实际得分，将各项财务比率实际得分加总，就是沃尔评分法的综合得分结果，计算过程和计算结果见表8－5。

表8－5　艾华集团2018年沃尔综合评分表

指标类别	财务指标	标准比率	实际比率	关系比率	分值权重	得分
		①	②	③＝②÷①	④	⑤＝③×④
盈利能力	净资产收益率	12.96%	15.09%	116.44%	20	23.29
	总资产收益率	2.38%	10.61%	445.80%	10	15.00
	营业净利率	3.06%	13.82%	451.63%	10	15.00
偿债能力	自有资本比率	17.70%	63.29%	357.57%	10	15.00
	流动比率	1.37	3.47	253.28%	10	15.00
营运能力	应收账款周转率	4.02	3.71	92.29%	10	9.23
	存货周转率	5.42	4.07	75.09%	10	7.51
发展能力	营业收入增长率	32.31%	20.81%	64.41%	8	5.15
	总资产增长率	14.95%	42.15%	281.94%	6	9.00
	资本保值增值率	115.65%	112.13%	96.96%	6	5.82
合计					100	120.00

注：因总资产收益率、营业净利率、自有资本比率、流动比率和总资产增长率五个指标经计算后的实际得分超出设定的上限，故取相应的上限值。

步骤6、综合评价：

根据沃尔综合评分表，艾华集团的综合分数为120分，总体财务状况非常理想，超出标准分数20分。对综合评价得分贡献最大的是盈利能力指标，几乎都达到了标准分值的上限，说明公司2018年盈利能力非常优秀，远远高于行业平均水平；公司的偿债能力指标得分也都达到了标准分值的上限，说明企业偿债能力也非常强；运营能力指标得分均低于标准分值，对综合评价得分产生了负面影响，说明公司在加快资产周转速度，提高资产运用效率方面还落后于行业平均水平；发展能力指标方面，除了因2018年发行6.91亿元可转换债券，导致总资产激增，其增长率指标远远高于行业平均水平以外，营业收入增长率和资产保值增值率得分均低于标准分值，说明企业2018年的发展速度也滞后于行业整体水平。

计算机、通信和其他电子设备制造业是国家鼓励发展的产业，近年来行业发展势头迅猛，业内一共342家上市公司，其2018年平均营业收入增长率达到了30%以上；应收账款周转率和存货周转率的行业平均水平分别为4.02和5.42，周转速度相对其他一般行业较快。相对而言，艾华集团以上两方面的表现在业内明显偏低。公司应努力开拓市场，扩大销量，保持营业收入和利润的稳步增长，同时进一步优化资产结构，提高资产运营效率。

从表8－5中可以看出沃尔评分法在技术应用上的缺陷性，即，当某些指标严重异常时，会对总评分产生不合逻辑的重大影响。本例中，艾华集团的部分财务指标远远高于行业平均水平，虽然通过设定评分值的上限来对得分进行了一定的修正，但是总评得分的合理性仍有改善空间。比较科学的方法是计算得分时不采用“乘”的关系，而采用“加”或“减”的关系来处理。例如，总资产收益率的标准比率为2.38%，该比率的分值为10分，分值上限15分，假定行业最高比率为20%，则可计算出每一分值的财务比率差为（20%－2.38%）÷（15－10）＝3.52%，即，总资产收益率每提高3.52%，实际得分在标准分值基础上多加1分，但最高分仍不得超过15分。按此计算，艾华集团总资产收益率实际比率为10.61%，高出标准比率8.23%，可以加分2.34分（8.23÷3.52＝2.34），则该指标实际得分为12.34分（10＋2.34）。

任务三　企业绩效评价

企业绩效评价是指以投入产出分析为基本方法，围绕特定的指标体系，对照统一的标准，按照一定的程序，通过定量定性对比分析，对企业一定经营期间的经营效益和经营者业绩做出客观、公正和准确的综合评判，其基本特征是以企业法人作为具体评价对象，以盈利能力、资产质量、债务风险和经营增长等方面状况作为评价重点。

企业绩效评价与企业财务综合分析既有联系也有区别，财务综合分析是对主要财务指标进行纵向、横向比较、汇总和分析，以其找出其变化及其原因，对企业财务状况、经营情况等做出较为综合的分析与评价。企业绩效评价是对企业一定经营期间的经营效益和经营者业绩进行打分，以对企业整体做出客观、公正和准确的综合评判。企业绩效评价建立在财务分析的基础之上，可以说，是对财务分析的深化与升华，它弥补了单纯财务分析难以得出综合结论的不足，但企业绩效评价不能代替财务分析。

知识准备

一、企业绩效评价体系

企业绩效评价体系是由一系列与绩效评价相关的评价制度、评价指标体系、评价方法、评价标准以及评价机构等形成的有机整体。其中，评价指标、评价标准和评价方法是企业绩效评价的三个基本要素。

我国自 1999 年开始进行国有资本金绩效评价，到现在已经发展了一整套完善的企业综合绩效评价体系，国务院国有资产管理委员会 2006 年出台的《中央企业综合绩效评价管理暂行办法》，对评价内容、评价指标、评价标准和评价方法进行了详细的规定，已被广泛应用于企业综合绩效评价实践。

（一）企业绩效评价内容

根据《中央企业综合绩效评价管理暂行办法》，企业综合绩效评价由财务绩效定量评价和管理绩效定性评价两部分组成。

1. 财务绩效定量评价

财务绩效定量评价是指对企业一定期间的盈利能力、资产质量、债务风险和经营增长四个方面进行定量对比分析和评判。

（1）企业盈利能力分析与评判主要通过资本及资产报酬水平、成本费用控制水平和经营现金流量状况等方面的财务指标，综合反映企业的投入产出水平以及盈利质量和现金保障状况。

（2）企业资产质量分析与评判主要通过资产周转速度、资产运行状态、资产结构以及资产有效性等方面的财务指标，综合反映企业所占用经济资源的利用效率、资产管理水平与资产的安全性。

（3）企业债务风险分析与评判主要通过债务负担水平、资产负债结构、或有负债情况、现金偿债能力等方面的财务指标，综合反映企业的债务水平、偿债能力及其面临的债务风险。

（4）企业经营增长分析与评判主要通过销售增长、资本积累、效益变化以及技术投入等方面的财务指标，综合反映企业的经营增长水平及发展后劲。

2. 管理绩效定性评价

管理绩效定性评价是指在企业财务绩效定量评价的基础上，采取专家评议的方式，对企业一定期间的经营管理水平进行定性分析与综合评判。

管理绩效定性评价指标包括企业发展战略的确立与执行、经营决策、发展创新、风险控制、基础管理、人力资源、行业影响、社会贡献等 8 个方面，主要反映企业在一定经营期间所采取的各项管理措施及其管理成效。

企业财务绩效定量评价指标和管理绩效定性评价指标构成企业综合绩效评价指标体系。各指标的权重，依据评价指标的重要性和各指标的引导功能，通过参照咨询专家意见和组织必要测试进行确定。

我国目前正在实施的企业综合绩效评价指标及其权重分配情况如表 8－6 所示。

表中，财务绩效定量评价各项指标按其功能作用划分为基本指标和修正指标。基本指标反映企业一定期间财务绩效的主要方面，并得出企业财务绩效定量评价的基本结果；修正指标是根据财务指标的差异性和互补性，对基本指标的评价结果作进一步的补充和矫正。例如，净资产收益率反映盈利能力，但其利润的质量究竟如何，需要通过盈余现金保障倍数等修正指标加以调整。

表 8－6　　企业综合绩效评价指标及其权重

<table>
<tr><th colspan="2">评价内容与权重</th><th colspan="4">财务绩效（70%）</th><th colspan="2">管理绩效（30%）</th></tr>
<tr><th>评价内容</th><th>权重
100</th><th>基本指标</th><th>权重
100</th><th>修正指标</th><th>权重
100</th><th>评议指标</th><th>权重
100</th></tr>
<tr><td rowspan="4">一、盈利能力状况</td><td rowspan="4">34</td><td rowspan="4">净资产收益率
总资产报酬率</td><td rowspan="4">20
14</td><td>营业利润率</td><td>10</td><td rowspan="14">战略管理
发展创新
经营决策
风险控制
基础管理
人力资源
行业影响
社会英制</td><td rowspan="14">18
15
16
13
14
8
8
8</td></tr>
<tr><td>盈余现金保障倍数</td><td>9</td></tr>
<tr><td>成本费用利润率</td><td>8</td></tr>
<tr><td>资本收益率</td><td>7</td></tr>
<tr><td rowspan="3">二、资产质量状况</td><td rowspan="3">22</td><td rowspan="3">总资产周转率
应收账款周转率</td><td rowspan="3">10
12</td><td>不良资产比率</td><td>9</td></tr>
<tr><td>流动资产周转率</td><td>7</td></tr>
<tr><td>资产现金回收率</td><td>6</td></tr>
<tr><td rowspan="4">三、债务风险状况</td><td rowspan="4">22</td><td rowspan="4">资产负债率
已获利息倍数</td><td rowspan="4">12
10</td><td>速动比率</td><td>6</td></tr>
<tr><td>现金流动负债比率</td><td>6</td></tr>
<tr><td>带息负债比率</td><td>5</td></tr>
<tr><td>或有负债比率</td><td>5</td></tr>
<tr><td rowspan="3">四、经营增长状况</td><td rowspan="3">22</td><td rowspan="3">营业收入增长率
资本保值增值率</td><td rowspan="3">12
10</td><td>营业利润增长率</td><td>10</td></tr>
<tr><td>总资产增长率</td><td>7</td></tr>
<tr><td>技术投入比率</td><td>5</td></tr>
</table>

（二）企业绩效评价标准

企业综合绩效评价标准包括财务绩效定量评价标准和管理绩效定性评价标准两类。

1. 财务绩效定量评价标准

财务绩效定量评价标准一般可以采用国内行业标准，由国家相关主管部门根据国内企业年度财务和经营管理统计数据，运用数理统计方法，分年度、分行业、分规模统一测算并发布。大型企业集团在采取国内标准进行评价的同时，应当积极采用国际标准进行评价，开展国际先进水平的对标活动。

根据《国民经济行业分类与代码》《企业划型标准》等国家标准，财务绩效定量评价标准的行业分类划分为四个层次约 150 个行业，在各行业标准值下又划分为大型、中型和小型企业三种规模。具体见《企业绩效评价行业基本分类》

国务院国资委财务监督与考核评价局每年都出版《企业绩效评价值》，该书不仅分别列示了全国全行业、大型企业、中型企业、小型企业及其各行各业具体的绩效评价标准值，而且有相应的计算公式与评价方法等详细内容，是我国最权威、最全面的衡量企业管理运营水平的评价标准，可供不同企业绩效评价参考。

以电子元器件制造行业为例，其绩效评价标准见表 8－7。

表 8－7　　2018 年电子元器件制造业企业绩效评价标准值

适用范围：全行业

项目　档次（标准系数）	优（A）（1.0）	良（B）（0.8）	中（C）（0.6）	低（D）（0.4）	差（E）（0.2）
一、盈利能力状况					
净资产收益率（%）	10.2	7.2	3.7	－0.9	－2.0
总资产报酬率（%）	7.6	3.7	2.5	－0.5	－1.6
营业利润率（%）	17.1	12.8	7.7	－0.6	－9.6
盈余现金保障倍数	3.2	1.6	0.8	－2.1	－5.2
成本费用利润率（%）	9.7	7.1	5.0	0.1	－6.6
资本收益率（%）	11.2	7.5	4.3	－1.2	－7.0
二、资产质量状况					
总资产周转率（次）	0.9	0.7	0.5	0.4	0.3
应收账款周转率（次）	3.3	2.4	1.8	1.0	0.6
不良资产比率（%）	1.6	2.5	3.6	6.5	12.0
流动资产周转率（次）	2.2	1.4	1.0	0.9	0.5
资产现金回收率（%）	11.8	6.8	1.8	－2.6	－7.5
三、债务风险状况					
资产负债率（%）	49.5	54.5	59.5	69.5	84.5
已获利息倍数	4.7	3.7	2.5	－2.7	－9.8
速动比率（%）	114.3	110.0	89.4	66.9	35.6
现金流动负债比率（%）	20.9	12.3	6.4	－2.9	－8.5
带息负债比率（%）	22.3	38.0	48.2	64.3	77.9
或有负债比率（%）	2.1	3.3	4.6	11.9	23.4
四、经营增长状况					
营业收入增长率（%）	17.8	11.3	7.7	－2.5	－11.3
资本保值增值率（%）	110.3	106.7	103.2	98.6	91.5
营业利润增长率（%）	16.1	9.2	6.6	－2.5	－12.6
总资产增长率（%）	17.5	10.6	5.8	－2.6	－7.0
技术投入比率（%）	4.3	3.5	3.0	2.3	1.8

表中的绩效评价标准值是基本指标和修正指标评价的依据，由标准值和标准系数构成。为了提高评价计分的准确性，每个计量指标评价值划分为五个等级，分别为优、良、中、低、差。标准系数是评价标准值所对应的水平系数，反映评价指标实际值对

应评价标准值所达到的水平档次，以五档评价标准值对应的标准系数分别为1.0、0.8、0.6、0.4、0.2，差以下为零。

2. 管理绩效定性评价标准

管理绩效定性评价标准根据评价内容，结合企业经营管理的实际水平和出资人监管要求，统一制定和发布，也划分为优、良、中、低、差五个档次，对应五档评价标准的标准系数分别为1.0、0.8、0.6、0.4、0.2。管理绩效定性评价标准不进行行业划分，在评价时，应当根据不同行业的经营特色，灵活把握标准尺度。虽然没有列示定性评价标准，但对被评价企业经营绩效产生重要影响的因素，在评价时都应予以考虑。

（三）企业绩效评价方法

企业综合绩效评价方法采用功效系数法和综合分析判断法。其中，功效系数法适用于财务绩效定量评价指标计分，财务绩效定量评价指标的权重设为70%；综合分析判断法用于管理绩效定性评价指标计分，管理绩效定性评价指标的权重设为30%。

二、企业综合绩效评价应用

（一）财务绩效定量评价

财务绩效定量评价计分以企业评价指标实际值对照企业所处行业、规模标准，运用规定的计分模型进行定量测算。评价指标实际值应当以经审计的企业财务会计报告为依据，并按照规定对会计政策差异、企业并购重组等客观因素进行合理剔除，以保证评价结果的可比性。

具体又分为基本指标计分和修正指标计分。

1. 基本指标计分

基本指标计分是按照功效系数法计分原理，将评价指标实际值对照行业评价标准值，按照规定的计分公式计算各项基本指标的得分，其计算步骤与计算公式如下：

（1）根据评价年度的财务报表数据计算某项评价指标实际值。计算时，应注意部分特殊指标分母为零或为负时的处理：对于净资产收益率、资本保值增值率指标，若分母（即净资产总额）等于或小于0，该指标得0分；对于已获利息倍数指标，若分母（即利息费用）等于或小于0且分子（即利润总额）大于0，该指标得满分，若分母等于或小于0且分子也小于0，该指标得0分。

（2）根据评价目的，有针对性地选择相应行业或相应规模的评价标准值。

（3）根据已选用的评价标准值，确定该项指标实际值所处的档次和对应的标准系

数，据此计算该项指标的基础分。本档基础分 = 指标权数 × 实际指标对应的本档标准系数

（4）根据评价指标实际值与评价标准值之间的相对位置计算功效系数，据此计算该项指标的调整分。功效系数 = $\frac{\text{指标实际值}-\text{本档标准值}}{\text{上标标准数}-\text{本档标准数}}$本档标准值是指上下两档标准值居于较低等级一档，例如，某电子元器件制造企业净资产收益率实际值为10%，则根据表8－7，可知该值居于优秀等级和良好等级之间，良好等级对应的标准值7.2%为本档标准值，而优秀等级对应的标准值10.2%为上档标准值。本档基础分 = 指标权数 × 实际指标对应的本档标准系数调整分 = 功效系数 ×（上标标准数 － 本档标准数）

（5）计算该项指标的实际得分。单项基本指标得分 = 本档基础分 + 调整分计算出盈利能力、资产质量、债务风险和经营增长等每一部分评价内容的基本指标得分后，可计算出该部分指标的分析系数，用于分析该部分得分情况。分析系数是指各部分评价内容基本指标得分之和与该部分权数之比，其计算公式为：

$$\text{某部分基本指标分析系数}=\frac{\text{某部分得分之和}}{\text{该部分权数}}$$

【练一练】

某电子元器件制造企业2018年净资产收益率为10%，总资产报酬率为5%，试根据表8－6、8－7计算该企业盈利能力基本指标得分。

解答：

净资产收益率基础得分 = 20 × 0.8 = 16（分）

上档基础分 = 20 × 1 = 20（分）

净资产收益率调整得分 =（10% － 7.2%）÷（10.2% － 7.2%）×（20 － 16）= 3.73（分）

净资产收益率实际得分 = 16 + 3.73 = 19.73（分）

总资产报酬率基础得分 = 14 × 0.8 = 11.2（分）

上档基础分 = 14 × 1 = 14（分）

总资产报酬率调整得分 =（5% － 3.7%）÷（7.6% － 3.7%）×（14 － 11.2）= 0.93（分）

总资产报酬率实际得分 = 11.2 + 0.93 = 12.13（分）

盈利能力基本指标分析系数 =（19.73 + 12.13）÷ 34 = 0.94

（6）计算基本指标总得分。基本指标总分即初步评价得分，是各单项指标的实际

得分之和。基本指标总得分 = ∑ 单项基本指标得分

2. 修正指标计分

修正指标计分是指在基本指标计分结果的基础上，运用修正指标对基本指标计分结果做进一步调整。修正指标的计分方法仍运用功效系数法原理，以盈利能力、资产质量、债务风险和经营增长四个部分基本指标的评价得分为基础，分别计算各部分的综合修正系数，据此计算出修正指标分数。其计算公式如下：

修正后总得分 = ∑ 各部分修正得分

某部分修正后得分 = 该部分基本指标得分 × 该部分综合修正系数

某部分综合修正系数 = ∑ 该部分各修正指标加权平均修正系数

$$某指标加权平均修正系数 = \frac{修正指标权数}{该部分权数} \times 该指标单项修正系数$$

【练一练】

某电子元器件制造企业营业利润率为 16%，其盈利能力基本指标分析系数为 0.94。

试根据表 8－6、8－7 计算营业利润率修正系数、营业利润率加权平均修正系数。

假如该企业盈利能力其他三个修正指标的加权平均修正系数分别为 0.25、0.21 和 0.19，盈利能力基本指标得分分别为净资产收益率 19.73 分，总资产报酬率 12.13 分，试计算盈利能力综合修正系数和盈利能力修正后得分。

解答：

营业利润率功效系数 = （16% －12.8%） ÷ （17.1% －12.8%） =0.74

营业利润率修正系数 =1.0 + （0.8 +0.74 ×0.2 －0.94） =1.0

营业利润率加权平均修正系数 =1.0 ×10 ÷34 =0.29

盈利能力综合修正系数 =0.29 +0.25 +0.21 +0.19 =0.94

盈利能力修正后得分 = （19.73 +12.13） ×0.94 =29.95（分）

（二）管理绩效定性评价

管理绩效定性评价指标的计分一般通过专家评议打分的形式完成，聘请的专家一般不能少于 5 名。评议专家在充分了解企业管理绩效状况的基础上，对照评价参考标准，采取综合分析判断法，对企业管理绩效指标做出分析和评议，评判各项指标所处的档次，直接给出评价分数，并填列评议指标得分表，见表 8－8。

表 8－8　管理绩效评议指标得分表

评议指标	权重	等级（参数）				
		优（1.0）	良（0.8）	中（0.6）	低（0.4）	差（0.2）
1. 战略管理	18					
2. 发展创新	15					
3. 经营决策	16					
4. 风险控制	13					
5. 基础管理	14					
6. 人力资源	8					
7. 行业影响	8					
8. 社会贡献	8					

管理绩效定性评价计分公式为：

$$评议指标总分 = \sum 各单项指标得分$$

$$单项指标得分 = \frac{\sum 单项指标权数 \times 每位评议人员选定的等级参数}{评议人员总数}$$

（三）企业综合绩效评价

通过定量与定性相结合的方式，可以得出企业综合绩效评价结果，即，将财务绩效定量评价分数和管理绩效定性评价分数按照规定的权重耦合形成综合绩效评价分数。其计算公式为：

$$企业综合绩效评价分数 = 财务绩效定量评价分数 \times 70\% + 管理绩效定性评价分数 \times 30\%$$

在得出评价分数以后，应当计算年度之间的绩效改进度，以反映企业年度之间经营绩效的变化状况。其计算公式为：

$$绩效改进度\frac{本期绩效评价分数}{基期绩效评价分数}$$

若绩效改进度大于 1，说明经营绩效上升；绩效改进度小于 1，说明经营绩效下滑。

企业综合绩效评价结果以评价得分、评价类型和评价级别表示。评价类型是根据评价得分对企业综合绩效所划分的水平档次，用文字和字母表示，分为优（A）、良（B）、中（C）、低（D）、差（E）五种类型。评价级别是对每种类型再划分级次，以体现同一评价类型的不同水平差异，采用在字母后面加注“+”“-”号的方式。具体见表8-9。

表8-9　　企业综合绩效评价等级表

等级	级别	分数
优（A）	A^{++}	100-95
	A^{+}	94-90
	A	89-85
良（B）	B^{+}	84-80
	B	79-75
	B^{-}	74-70
中（C）	C	69-60
	C^{-}	59-50
低（D）	D	49-40
差（E）	E	39以下

企业综合绩效评价报告根据企业综合绩效评价结果进行编制，它是反映被评价企业绩效状况的综合性评述文件，具体编制要求如下：

（1）报告内容应包括被评价企业基本概况及企业盈利能力状况、资产质量状况、债务风险状况、经营增长状况等财务绩效四个主要方面以及管理绩效八个方面的文字描述。

（2）评价报告应明确评价年限、工作范围以及所采用的评价标准值，评价结论要有充分的说服力。

（3）语言应简洁、规范，评语表达应含义明确，尽量避免产生歧义。

（4）对影响企业经营绩效评价结果的重要事项应进行充分披露。

（5）评价报告应标明评价时间和评价实施单位，并由评价负责人签名、盖章。

任务实施

【例8-3】艾华集团2018年相关财务数据见表8-10，绩效评价指标及其权重见表8-6，所在行业绩效评价标准值见表8-7，管理绩效评议人员为7人，评议结果统计见表8-11。请对艾华集团2018年企业综合绩效进行评价。

表 8－10　　艾华集团 2017～2018 年综合绩效评价有关财务数据　　单位：万元

项目	2017. 12. 31	2018. 12. 31
应收账款及应收票据	54213. 27	62600. 96
存货	30475. 13	43578. 39
预付账款	2221. 68	1711. 07
流动资产合计	151753. 13	230852. 61
不良资产	3191. 76	3732. 62
流动负债合计	44344. 42	66489. 49
带息负债	0	53442. 93
或有负债	0	0
负债总计	46077. 42	121665. 42
资产总计	233111. 12	331378. 47
平均资本余额	122728. 83	122730. 69
所有者权益合计	187033. 70	209713. 05
项目	**2017 年度**	**2018 年度**
营业收入	179250. 30	216557. 39
营业成本	118515. 54	150861. 15
成本费用合计（营业总成本）	148138. 17	185447. 45
技术投入（研发费用）	7091. 12	8269. 97
利息费用	－508. 85	1523. 71
营业利润	33693. 84	33842. 06
利润总额	34203. 42	35132. 58
净利润	29251. 94	29935. 09
经营活动现金流量净额	17019. 17	23046. 17

表 8－11　　管理绩效评议统计表

评议指标	权重	等级（参数）及评议人数				
		优（1.0）	良（0.8）	中（0.6）	低（0.4）	差（0.2）
1. 战略管理	18	4 人	2 人	1 人		
2. 发展创新	15	5 人	1 人	1 人		
3. 经营决策	16	6 人	1 人			
4. 风险控制	13	7 人				
5. 基础管理	14	4 人	2 人	1 人		
6. 人力资源	8	5 人	1 人	1 人		
7. 行业影响	8	6 人	1 人			
8. 社会贡献	8	5 人	1 人	1 人		

步骤1、计算财务绩效定量评价基本指标实际值及其基本指标得分：

1. 计算基本指标实际值和指标基础分

根据艾华集团相关财务数据计算财务绩效定量评价基本指标实际值，结合绩效评价指标权重及其行业标准值，计算本档基础分和上档基础分：

总资产周转率＝216557.39÷［（233111.12＋331378.47）÷2］＝0.8

已获利息倍数＝（35132.58＋1523.71）÷1523.71＝24.1

其他指标计算见本章例8－2。

计算结果见表8－12。

表8－12　艾华集团2018年财务绩效基本指标实际值、标准值与基础分计算表

指标名称	权重	实际值	本档标准值	本档系数	本档基础分	上档标准值	上档系数	上档基础分
净资产收益率（%）	20	15.0	10.2	1.0	20			
总资产报酬率（%）	14	10.6	7.6	1.0	14			
总资产周转率（次）	10	0.8	0.7	0.8	8	0.9	1.0	10
应收账款周转率（次）	12	3.7	3.3	1.0	12			
资产负债率（%）	12	36.7	49.5	1.0	12			
已获利息倍数	10	24.1	4.7	1.0	10			
营业收入增长率（%）	12	20.8	17.8	1.0	12			
资本保值增值率（%）	10	112.1	110.3	1.0	10			

注：当基本指标实际值处于最高档次时，本档基础分为满分，即该指标的权重分值。

由上表可知，除总资产周转率以外，艾华集团其他财务绩效基本指标都处于优秀等级之上，本档基础分都可直接取该指标权重分值。

2. 计算基本指标得分

根据表8－12计算艾华集团财务绩效基本指标得分，见表8－13。

表8－13　艾华集团2018年财务绩效基本指标计分表

指标类别	指标名称	权重	本档基础分	功效系数	调整分	单项得分	分类得分	分析系数
盈利能力	净资产收益率（%）	20	20	0	0	20	34	1.0
	总资产报酬率（%）	14	14	0	0	14		
资产质量	总资产周转率（次）	10	8	0.5	1.0	9	21	0.95
	应收账款周转率（次）	12	12	0	0	12		

续表

指标类别	指标名称	权重	本档基础分	功效系数	调整分	单项得分	分类得分	分析系数
债务风险	资产负债率（%）	12	12	0	0	12	22	1.0
	已获利息倍数	10	10	0	0	10		
经营增长	营业收入增长率（%）	12	12	0	0	12	22	1.0
	资本保值增值率（%）	10	10	0	0	10		
基本指标总分		100				99	99	

总资产周转率本档基础分 = 10 × 0.8 = 8（分）

总资产周转率上档基础分 = 10 × 1.0 = 10（分）

总资产周转率功效系数 =（0.8 − 0.7）÷（0.9 − 0.7）= 0.5

总资产周转率调整分 = 0.5 ×（10 − 8）= 1（分）

总资产周转率单项得分 = 8 + 1 = 9（分）

盈利能力基本指标分析系数 = 34 ÷ 34 = 1.0

资产质量基本指标分析系数 = 21 ÷ 22 = 0.95

其他指标计算同上，计算过程略。

步骤 2、计算财务绩效定量评价修正指标实际值及其修正系数：

1. 计算修正指标实际值和功效系数

根据艾华集团相关财务数据，计算财务绩效定量评价修正指标实际值，结合绩效评价指标的行业标准值，计算各修正指标的功效系数：

营业利润率 = 33842.06 ÷ 216557.39 × 100% = 15.6%

盈余现金保障倍数 = 23046.17 ÷ 29935.09 = 0.8

成本费用利润率 = 35132.58 ÷ 185447.45 × 100% = 15.6%

资本收益率 = 29935.09 ÷ 122730.69 × 100% = 24.4%

不良资产比率 = 3732.62 ÷（331378.47 + 3732.62）× 100% = 1.1%

流动资产周转率 = 216557.39 ÷［（151753.13 + 230852.61）÷ 2］= 1.1

资产现金回收率 = 23046.17 ÷［（233111.12 + 331378.47）÷ 2］× 100% = 8.2%

速动比率 =（230852.61 − 43578.39 − 1711.07）÷ 66489.49 = 279.1%

现金流动负债比率 = 23046.17 ÷ 66489.49 = 34.7%

带息负债比率 = 53442.93 ÷ 121665.42 = 43.9%

或有负债比率 = 0 ÷ 121665.42 = 0

营业利润增长率 =（33842.06 - 33693.84）÷33693.84 ×100% =0.4%

总资产增长率 =（331378.47 - 233111.12）÷233111.12 ×100% =42.2%

技术投入比率 =8269.97 ÷216557.39 =3.8%

营业利润率功效系数 =（15.6 - 12.8）÷（17.1 - 12.8）=0.65

其他指标功效系数计算同上，计算过程略。

计算结果见表 8 - 14。

表 8 - 14　艾华集团财务绩效修正指标实际值与功效系数计算表

指标类别	指标名称	实际值	上档标准值	本档标准值	功效系数
盈利能力	营业利润率（%）	15.6	17.1	12.8	0.65
	盈余现金保障倍数	0.8	1.6	0.8	0.00
	成本费用利润率（%）	18.9	/	9.7	0
	资本收益率（%）	24.4	/	11.2	0
资产质量	不良资产比率（%）	1.1	/	1.6	0
	流动资产周转率（次）	1.1	1.4	1.0	0.25
	资产现金回收率（%）	8.2	11.8	6.8	0.28
债务风险	速动比率（%）	279.1	/	114.5	0
	现金流动负债比率（%）	34.7	/	20.9	0
	带息负债比率（%）	43.9	38.0	48.2	0.42
	或有负债比率（%）	0	/	2.1	0
经营增长	营业利润增长率（%）	0.4	6.6	-2.5	0.32
	总资产增长率（%）	42.2	/	17.5	0
	技术投入比率（%）	3.8	4.3	3.5	0.38

注：当修正指标实际值处于最高档次时，功效系数取 0。

2. 计算修正指标的修正系数

根据表 8 - 13、8 - 14 的计算结果，结合绩效评价指标权重，计算艾华集团财务绩效修正指标的修正系数，见表 8 - 15。

表 8－15　　　　艾华集团 2018 年财务绩效修正指标修正系数计算表

指标类别	指标名称	权重	本档系数	功效系数	基本指标分析系数	单项修正系数	单项加权修正系数	分类综合修正系数
盈利能力	营业利润率	10	0.8	0.65	1.0	0.86	0.27	0.88
	盈余现金保障倍数	9	0.6	0.00	1.0	0.73	0.16	
	成本费用利润率	8	1.0	0	1.0	1.00	0.24	
	资本收益率	7	1.0	0	1.0	1.00	0.21	
资产质量	不良资产比率	9	1.0	0	0.95	1.05	0.43	0.90
	流动资产周转率	7	0.6	0.25	0.95	0.70	0.22	
	资产现金回收率	6	0.8	0.28	0.95	0.91	0.25	
债务风险	速动比率	6	1	0	1.0	1.00	0.27	0.93
	现金流动负债比率	6	1	0	1.0	1.00	0.27	
	带息负债比率	5	0.6	0.42	1.0	0.68	0.16	
	或有负债比率	5	1.0	0	1.0	1.00	0.23	
经营增长	营业利润增长率	10	0.4	0.32	1.0	0.46	0.21	0.73
	总资产增长率	7	1	0	1.0	1.00	0.32	
	技术投入比率	5	0.8	0.38	1.0	0.88	0.20	

营业利润率修正系数＝1.0＋（0.8＋0.65×0.2－1.0）＝0.93

营业利润率加权平均修正系数＝10÷（10＋9＋8＋7）×0.93＝0.27

同理可计算盈余现金保障倍数、成本费用利润率和资本收益率的单项修正系数分别为0.6、1.0和1.0，二个指标的加权平均修正系数分别为0.16、0.24和0.21。

则盈利能力综合修正系数＝0.27＋0.16＋0.24＋0.21＝0.88

资产质量、债务风险和经营增长修正指标的单项修正系数和加权平均修正系数计算同上，计算过程略。

3. 计算修正后的分类指标得分和总得分

根据表8－13、8－15的计算结果，计算艾华集团的盈利能力、资产质量、债务风险和经营增长四个方面财务绩效定量评价的分类得分和总得分，见表8－16。

表 8－16　　　　艾华集团 2018 年财务绩效定量评价分类得分计算表

指标类别	分类指标得分	分类综合修正系数	分类指标修正后得分
盈利能力	34	0.88	29.92
资产质量	21	0.90	18.89
债务风险	22	0.93	20.42
经营增长	22	0.73	16.02
修正后定量指标总得分	99		85.25

其中，盈利能力分类指标修正后得分 = 34 × 0.88 = 29.92，其他类别指标计算同理。

步骤 3、计算管理绩效定性评价指标得分：

根据表 8－11 所列示的管理绩效专家评议统计表，计算艾华集团 2018 年管理绩效定性评价得分，见表 8－17。

表 8－17　　　　管理绩效评议指标得分计算表

评议指标	权重	等级标准及评议得分						单项指标得分
		优（1.0）	得分	良（0.8）	得分	中（0.6）	得分	
战略管理	18	18	72	14.4	28.8	10.8	10.8	15.94
发展创新	15	15	75	12	12	9	9	13.71
经营决策	16	16	96	12.8	12.8	9.6		15.54
风险控制	13	13	91	10.4		7.8		13.00
基础管理	14	14	56	11.2	22.4	8.4	8.4	12.40
人力资源	8	8	40	6.4	6.4	4.8	4.8	7.31
行业影响	8	8	48	6.4	6.4	4.8		7.77
社会贡献	8	8	40	6.4	6.4	4.8	4.8	7.31
评议总分		93.00						

上表中，某指标各等级的分值为该指标的分值权重乘以各等级对应的系数。

战略管理单项指标得分 = （18 × 4 + 14.4 × 2 + 10.8 × 1） ÷ 7 = 15.94（分）

其他指标得分计算同上，计算过程略。

步骤 4、计算企业综合绩效评价得分，得出评价结论：

艾华集团 2018 年综合绩效评价得分 = 85.25 × 70% + 93 × 30% = 87.6（分）

依据表 8－9 所示的企业综合绩效评价等级表，艾华集团 2018 年综合绩效评价等级应为优秀等级中的 A 级。

若艾华集团 2017 年的综合绩效评价得分为 91 分，则绩效改进度为 0.96，说明公司经营绩效有所下滑，应分析原因，加以改进。

三、企业绩效评价的发展

（一）平衡计分法

平衡计分卡是1992年由哈佛大学商学院教授罗伯特·S. 卡普兰和复兴国际方案总裁戴维·P. 诺顿设计的，是一种全方位的、包括财务指标和非财务指标相结合的策略性评价指标体系，平衡计分法最突出的特点是：将企业的愿景、使命和发展战略与企业的业绩评价系统联系起来，它把企业的使命和战略转变为具体的目标和评测指标，以实现战略和绩效的有机结合。

在信息时代，传统的绩效管理方法有待改进，组织必须通过在客户、供应商、员工、内部业务流程、技术革新等方面的投资，获得持续发展的动力。基于这样的认识，平衡计分卡方法认为，组织应从四个角度审视自身业绩：财务、顾客、内部流程、学习与成长。

平衡记分卡的这四个方面既包含结果指标，也包含促成这些结果的先导性指标，并且这些指标之间存在着因果关系。平衡记分卡的设计者认为企业的一项战略就是关于因果的一系列设想，企业所采用的成功的绩效评价应当明确规定各个不同方面的目标和衡量方法之间的逻辑关系，从而便于管理它们和证明其合理性。由于平衡记分卡的构成要素选择和评价过程设计都考虑了上述的因果逻辑关系链，所以它的四个评价维度是相互依赖、支持和平衡的，能够形成一个有机统一的企业战略保障和绩效评价体系。

传统平衡计分卡的指标体系如下：

（1）财务层面：收入增长指标，成本减少指标或生产率提高指标，资产利用或投资战略指标。具体指标如净资产收益率、总资产周转率、资本增值率、资产负债率、销售利润率、应收账款周转率、现金流量净额等。

（2）顾客层面：市场份额指标，客户保留度指标，客户获取率指标，客户满意度指标，客户贡献率指标。具体指标如市场占有率、顾客满意率、合同准时率、优质项目率、投诉降低率等。

（3）内部经营过程层面：评价企业创新能力的指标，评价企业生产经营绩效的指标，评价企业售后服务绩效的指标。具体指标如新产品销售额百分比、创新数目、研究开发费用率、产品生产周期、产品和服务成本、产品故障响应时间和处理时间等。

（4）学习与成长层面：评价员工能力的指标，评价企业信息能力的指标，评价激励、授权与协作的指标。具体指标如员工满意度、员工保持率、信息覆盖率、合理化建议数等。

综合评价：将每一个指标的实际值与目标值相比较，得到个体指数，加权平均后，算出综合指数。

自平衡计分卡方法提出之后，其对企业全方位的考核及关注企业长远发展的观念受到学术界与企业界的高度重视，许多企业尝试引入平衡计分卡作为管理的工具。根据高德纳咨询公司的调查表明，到2000年为止，在《财富》杂志公布的世界前1000位公司中有40%的公司采用了平衡计分卡系统。

（二）经济增加值

1982年，美国思腾思特公司提出了经济增加值（Economic Value Added）概念。思腾思特公司认为：企业在评价其经营状况时通常采用的会计利润指标存在缺陷，难以正确反映企业的真实经营状况，因为他忽视了股东资本投入的机会成本，企业赢利只有在高于其资本成本（含股权成本和债务成本）时才为股东创造价值，经济增加值（EVA）高的企业才是真正的好企业。此后，经济增加值逐渐发展成为一种基于税后营业净利润和产生这些利润所需资本投入总成本的企业绩效财务评价方法。

经济增加值（EVA）工具建立在对一些财务数据进行调整的基础上，其含义为企业的税后净营运利润减去包括股权和债务的全部投入资本的机会成本后的所得。该概念明确强调，企业经营所使用的资本和债务是有成本的，第一次把机会成本和实际成本结合起来，强化了提高资本使用效率这个目标。其计算公式为：

EVA = 税后净营业利润 − 资本成本（机会成本）

= 税后净营业利润 − 资本占用 × 加权平均资本成本率

公式中，税后净营业利润的含义和通常意义上的税后利润不同，指的是财务报表中的税后净利润加上债务利息支出，也就是公司的销售收入减去除利息支出以外的全部经营成本和费用（包含所得税）后的净值。

资本占用（资本总额）是指所有投资者（包含债权人）投入公司经营的全部资金的账面价值，包括债务和股权资本。其中债务是包含所有应付利息的长短期贷款，不包含应付账款等无利息的流动负债（通称为无息流动负债）

加权平均资本成本率是指公司债权资本和股权资本的加权资本成本率。在这里，债务和股本都视为资本。其计算公式为：

加权资本成本率 =（股权资本成本率 × 股权占总资本比例）+（债权资本成本率 × 债务占总资本的比例）

当前，经济增加值在我国受到了越来越多的关注，许多大中型企业都在纷纷建立以经济增加值为核心的企业价值管理体系。一般认为，以经济增加值为核心的企业价值管理体系包含四个方面：评价指标和业绩考核，管理体系，激励制度，理念意识和价值观。其中，评价指标和业绩考核是最主要的部分，业绩考核的核心指标就是经济增加值。

对经济增加值的考核要注意：

（1）以企业的长期和持续价值创造为业绩考核导向。

（2）考核时要根据企业的规模、发展阶段、经营实际、行业特点选择合适的参照企业，从而确定目标值。

（3）结合传统财务指标进行考核，适当考虑和选择一些关键的非财务指标。

【职业道德与企业伦理】

一份来自证监会的行政监管措施决定书

中国证券监督管理委员会深圳监管局（以下简称“深圳证监局”）自2017年9月起对中国宝安集团股份有限公司进行“双随机”现场检查，对公司信息披露、公司治理、会计核算和财务管理等方面的合规性进行详尽和全面的检查后，2018初下发了《关于对中国宝安集团股份有限公司采取责令改正措施的决定》，其主要内容是：

检查发现，一、公司对集安市古马岭金矿有限责任公司（以下简称“古马岭金矿”）摊销计提、资产减值测试不规范：公司在2016年开始对古马岭金矿采矿权按照10年进行直线摊销，摊销期超出了《采矿许可证》规定的剩余有效年限；公司在对古马岭金矿进行减值测试时，未考虑使用超采产能和预测选矿回收率的合理性。二、对其他应收款——鹏远新材、潘多军的坏账准备计提不充分：截至2016年12月31日，公司财务账上列示的“其他应收款——潘多军”“其他应收款——鹏远新材”两笔其他应收款的余额均超过公司会计政策规定的“单项金额在200万元以上”，单项金额重大，且潘多军和鹏远新材多次违约，上述两笔其他应收款存在明显减值迹象，但公司在2016年年末仍将上述两笔其他应收款作为正常信用风险组合按照账龄计提坏账准备，与公司会计政策不符，也不符合《企业会计准则第22号——金融工具确认和计量》的相关规定。此外，检查还发现公司在金融资产核算、无形资产初始确认、销售费用摊销等部分事项的会计处理存在问题。上述问题导致公司相关财务信息披露不符合《上市公司信息披露管理办法》的相关规定，深圳证监局决定对公司采取责令改正的行政监管措施，要求公司采取有效措施进行改正，并于2018年3月31日前向深圳证监局提交书面整改报告。

资料来源：新浪新闻，2018. 02. 12https：//news. sina. cn/2018 - 02 - 12/detail - if-yrkrva7859404. d. html？ vt =4&pos =3

［警示］

证监会在此次常规检查中所揭露的上市公司会计处理违规问题，并不是偶然的个案，会计审计人员应对此现象保持足够的警惕。延长无形资产摊销年限、不合理进行减值测试、少提或不提坏账准备等不合规的会计处理行为，其结果必然会影响到会计信息披露质量，若涉及金额巨大的话，甚至会影响财务分析的结论，使信息使用者对公司财务状况、经营成果的综合评价出现偏差。不恰当的运用会计政策和会计估计，正在成为许多企业管理当局粉饰报表的手段。为了降低投资风险，防止被上市公司管理当局的盈余管理手法所干扰，财务分析人员学会对企业的资产和收益质量进行全面综合的分析评价，以便发现许多暗藏的会计陷阱，防范风险。

项目小结

财务综合分析与业绩评价
认识财务综合分析
财务综合分析的必要性
财务综合分析的作用
正确评价企业财务状况和经营成果
提供全面系统的财务信息资料
财务综合分析方法应用
杜邦分析法
杜邦分析法的基本原理
杜邦分析法的分析步骤
计算分析指标
绘制杜邦分析图
分析主要指标
净资产收益率
总资产报酬率
销售净利率
总资产周转率
权益乘数
沃尔评分法
杜邦分析法的局限性
沃尔评分法的产生与意义
沃尔评分法的发展与完善
沃尔评分法的应用步骤
选定财务比率
计算财务比率
计算指标得分
对得分结果进行评价
企业综合绩效评价
企业绩效评价体系
企业绩效评价内容
企业绩效评价标准
企业绩效评价方法
企业绩效评价体系
财务绩效定量评价
基本指标计分
修正指标计分
计算总得分
管理绩效定性评价
企业综合绩效评价
企业绩效评价的发展
平衡计分法
经济增加值

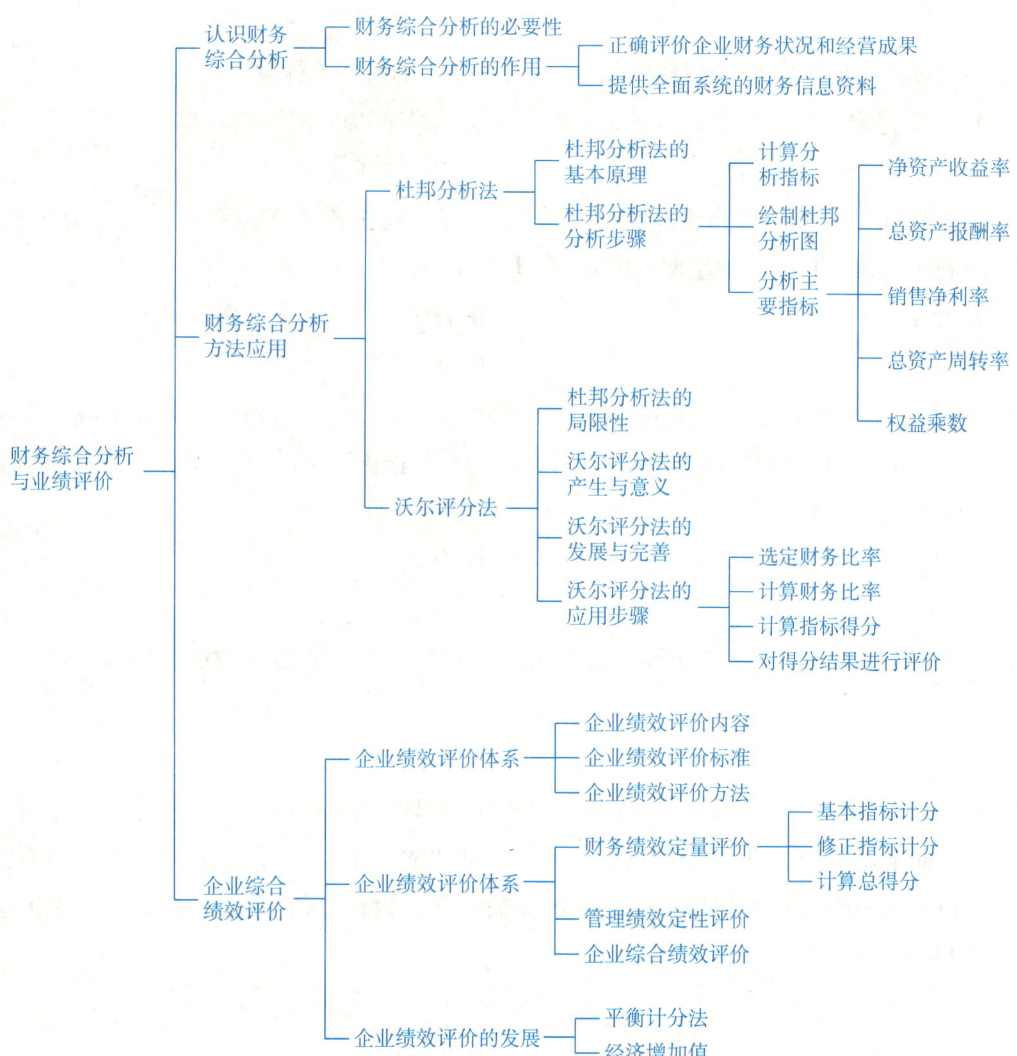

项目训练

一、单选题

1. 在上市公司杜邦分析指标体系中，最具有综合性的财务指标是（　　）。

A. 营业净利率　　B. 总资产周转率

C. 权益乘数　　D. 净资产收益率

2. 某企业2017年固定资产平均余额为2000万元，固定资产周转率（次数）为2次，净利润为600万元，则营业净利率为（　　）。

A. 30%　　B. 15%

C. 24%　　D. 60%

3. 某企业2016年和2017年的营业净利率分别为7%和8%，资产周转率（次数）分别为2和1.5，两年的资产负债率相同。与2016年相比，2017年的净资产收益率变动趋势为（　　）。

A. 上升　　B. 下降

C. 不变　　D. 无法确定

4. 某企业下一年的净资产收益率目标为16%，资产负债率调整为45%，则其总资产报酬率应达到（　　）。

A. 8.8%　　B. 16%

C. 37.8%　　D. 7.2%

5. 若某企业总资产报酬率的分值为18分，标准比率为5.5%，该企业总资产报酬率的实际值为10%，则根据修正的沃尔评分法（即，设计分值上、下限），企业该项指标得分为（　　）。

A. 32.73　　B. 27

C. 30　　D. 9.9

6. 沃尔评分法中，最常见的财务比率标准值是（　　）。

A. 历史水平　　B. 竞争对手的水平

C 国外先进企业的水平　　D. 同行业的平均水平

7. 杜邦分析体系中不涉及（　　）的分析。

A. 偿债能力　　B. 盈利能力

C. 运营能力　　D. 发展能力

8. 在下列关于资产负债率、权益乘数和产权比率之间的关系表达式中，正确的是（　　）。

A. 资产负债率＋权益乘数＝产权比率　　B. 资产负债率－权益乘数＝产权比率

C. 资产负债率×权益乘数＝产权比率　　D. 资产负债率÷权益乘数＝产权比率

9. 企业当年实现营业收入3800万元，净利润480万元，总资产周转率为2，则总资产报酬率为（　　）。

A. 12.6%　　B. 6.3%

C. 25%　　D. 10%

10. 一般认为，在综合评价体系中，企业财务评价的内容首先是（　　）。

A. 偿债能力　　B. 盈利能力

C. 运营能力　　D. 发展能力

11. 企业绩效评价的三个基本要素不包括（　　）。

A. 评价指标　　B. 评价标准

C. 评价方法　　D. 评价结果

12. 下列不属于对财务绩效定量评价指标体系中盈利能力修正指标的是（　　）。

A. 成本费用利润率　　B. 盈余现金保障倍数

C. 资产现金回收率　　D. 资本收益率

二、多选题

1. 根据杜邦分析指标体系，影响总资产报酬率的财务指标是（　　）。

A. 净资产收益率　　B. 权益乘数

C. 总资产周转率　　D. 营业净利率

2. 下列关于权益乘数的说法错误的有（　　）。

A. 权益乘数是反映企业资本结构、财务杠杆程度和偿债能力的重要指标

B. 权益乘数越大，说明企业偿债能力越强

C. 权益乘数是资产负债率的倒数

D. 权益乘数是企业资产与所有者权益的比值

3. 净资产收益率在杜邦分析体系中是综合性最强、最具有代表性的指标，通过对系统的分析可知，提高净资产收益率的途径包括（　　）。

A. 加强销售管理，提高营业利润率　　B. 加强资产管理，提高总资产周转率

C. 加强负债管理，降低资产负债率　　D. 树立风险意识，控制财务风险

4. 根据杜邦财务分析体系，影响净资产收益率的因素有（　　）。

A. 权益乘数　　B. 销售利润率
C. 总资产周转率　　D. 营业收入增长率

5. 现代沃尔评分法对企业进行财务评价的内容一般包括（　　）。
A. 偿债能力　　B. 盈利能力
C. 运营能力　　D. 发展能力

6. 运用沃尔评分法评价企业财务状况时，在选择财务比率时应注意（　　）原则。
A. 全面性　　B. 代表性
C. 可靠性　　D. 变化方向一致性

7. 早期的沃尔评分法主要是用来评价企业的信用能力，因此其所使用的分析指标没有包括（　　）。
A. 流动比率　　B. 净资产收益率
C. 应收账款周转率　　D. 资本保值增值率

8. 企业绩效评价的基本要素有（　　）。
A. 评价指标　　B. 评价标准
C. 评价组织　　D. 评价方法

9. 根据国务院国有资产管理委员会2006年出台的《中央企业综合绩效评价管理暂行办法》，企业财务绩效定量评价指标体系中关于资产质量方面的修正指标有（　　）。
A. 速动比率　　B. 不良资产比率
C. 资产现金回收率　　D. 流动资产周转率

10. 在财务绩效定量评价中，与功效系数计算有关的数据有（　　）。
A. 指标实际值　　B. 指标权重
C. 本档标准值　　D. 上档标准值

11. 企业财务绩效定量评价的内容有（　　）。
A. 资产质量　　B. 盈利能力
C. 债务风险　　D. 经营增长

12. 企业绩效评价计分方法包括（　　）。
A. 加权平均法　　B. 功效系数法
C. 综合分析法　　D. 杜邦分析法

三、判断题

1. 利用各主要财务比率指标间的内在联系，对企业财务状况和经营成果进行综合系统分析评价的方法是沃尔评分法。（　　）
2. 负债比率越高，则权益乘数越大，财务风险越大。（　　）

3. 在杜邦分析体系中，计算权益乘数时，资产负债率是用期末负债总额与期末资产总额来计算的。 （ ）
4. 在总资产报酬率不变的情况下，资产负债率越高，净资产收益率越高。 （ ）
5. 净资产收益率是指净利润与净资产平均余额的比率，反映平均每 1 元投资所创造的利润。 （ ）
6. 公司当年度税后营业利润很多，却不能偿还到期债务，说明企业的短期偿债能力存在问题，所以主要分析的指标是流动比率，但流动比率可信性的影响因素是存货周转率和应收账款周转率。 （ ）
7. 沃尔评分法确定的各项财务指标的标准值，可以根据需要采用企业的理想水平、历史最好水平、行业先进水平、行业平均水平等。 （ ）
8. 某企业上年的营业净利率为 5.8%，总资产周转率为 2.1，本年的营业净利率为 4.8%，总资产周转率为 2.8。若权益乘数没变，则净资产收益率变化趋势是上升。 （ ）
9. 企业综合绩效评价与财务分析的内容是完全一致的。 （ ）
10. 管理绩效定性评价是指在企业绩效定量评价的基础上，通过采取专家评议的方式，对企业一定期间的经营管理水平进行定性分析与综合评判。 （ ）
11. 企业绩效评价的功效系数法主要用于财务绩效定性评价指标的计分。 （ ）
12. 绩效改进度大于1，说明经营绩效上升；绩效改进系数小于1，说明经营绩效下滑。 （ ）

四、计算分析题

1. 某制造企业 2017 年资产负债表和利润表有关数据如下表：

项目	年初余额	年末余额
资产总额	60000000	40000000
所有者权益总额	18000000	22000000
	本年金额	
净利润	2500000	
营业收入	4000000	

要求：

（1）计算该公司的营业净利率、总资产报酬率、总资产周转率、权益乘数和净资产收益率（凡计算指标涉及资产负债表项目数据均按平均余额计算）。

（2）用文字列出净资产收益率与其他各项指标之间的关系式，绘出该公司杜邦分析图。

2. 某通信设备制造公司 2017 年年末资产负债表和利润表部分数据如下。

某公司资产负债表（简表）

资产	年初数	期末数	负债及所有者权益	年初数	期末数
货币资金	2000000	3000000	短期借款	2800000	2000000
应收账款	4500000	5600000	应付账款	3200000	3500000
存货	8000000	7800000	长期借款	8000000	10000000
固定资产	20000000	22000000	实收资本	15000000	15000000
无形资产	2400000	2400000	盈余公积	7900000	10300000
总计	36900000	40800000	总计	36900000	40800000

某公司利润表（简表）

项目	本期金额
一、营业收入	80000000（上期金额 75000000）
减：营业成本	52000000
税金及附加	10000000
销售费用	6000000
管理费用	6000000
财务费用	2000000
加：投资收益	200000
二、营业利润	4200000
三、利润总额	4200000
减：所得税费用	1200000
四、净利润	3000000

要求：运用沃尔评分法完成下表相关数值的计算，并对该公司综合财务状况进行评价。

某通信设备制造企业 2017 年沃尔综合评分表

财务比率	评分值	标准比率	实际比率	关系比率	实际得分
净资产收益率	20	5.28%			
总资产收益率	10	2.55%			
营业净利率	10	3.51%			
自有资本比率	10	46.31%			
流动比率	10	1.5			
应收账款周转率	10	3.56			
存货周转率	10	3.33			
营业收入增长率	8	14.22%			
总资产增长率	6	13.17%			
资本保值增值率	6	115.74%			
合计	100				

五、技能实训题

1. 实训目的

增强学生运用所学知识与分析方法进行财务综合分析的实际操作能力，提高学生发现问题、分析问题和解决问题的能力，并培养学生团队协作意识，提高职业判断能力、语言表达能力和沟通能力。

2. 实训资料

一家中小板上市公司 2018 年财务报告（年报）及其所属行业的绩效评价标准值。

3. 实训组织

按 6 人为一个学习小组，选定小组长一人，负责组织小组讨论、实训和学习。

4. 实训任务

（1）搜集指定行业的一家中小板上市公司 2018 年的财务报告年报；

（2）搜集国资委发布的该行业 2018 年绩效评价标准值；

（3）计算财务绩效评价的相关指标；

（4）完成财务绩效评价分析。

5. 实训要求

（1）能熟练利用网络搜集查阅所需的资料；

（2）能把握财务绩效评价分析的关键点；

（3）能运用所学的方法进行财务绩效评价的计算分析，得出评价结论；

（4）制作 PPT 汇报。

职业核心能力测评

职业核心能力测评表

（在□中打√，A 通过，B 基本通过，C 未通过）

职业核心能力	评估标准	自测结果
自我学习	1. 能进行时间管理	□A □B □C
	2. 能选择适合自己的学习和工作方式	□A □B □C
	3. 能随时修订计划并进行意外处理	□A □B □C
	4. 能将已经学到的东西用于新的工作任务	□A □B □C
信息处理	1. 能根据不同需要去搜寻、获取并选择信息	□A □B □C
	2. 能筛选信息，并进行信息分类	□A □B □C
	3. 能使用多媒体等手段来展示信息	□A □B □C
数字应用	1. 能从不同信息源获取相关信息	□A □B □C
	2. 能依据所给的数据信息，作简单计算	□A □B □C
	3. 能用适当方法展示数据信息和计算结果	□A □B □C
与人交流	1. 能把握交流的主题、时机和方式	□A □B □C
	2. 能理解对方谈话的内容，准确表达自己的观点	□A □B □C
	3. 能获取信息并反馈信息	□A □B □C
与人合作	1. 能挖掘合作资源，明确自己在合作中能够起到的作用	□A □B □C
	2. 能同合作者进行有效沟通，理解个性差异及文化差异	□A □B □C
解决问题	1. 能说明何时出现问题并指出其主要特征	□A □B □C
	2. 能做出解决问题的计划并组织实施计划	□A □B □C
	3. 能对解决问题的方法适时做出总结和修改	□A □B □C
革新创新	1. 能发现事物的不足并提出新的需要	□A □B □C
	2. 能创新性地提出改进事物的意见和具体方法	□A □B □C
	3. 能从多种方案中选择最佳方案，在现有条件下实施	□A □B □C
学生签字：	教师签字：	20　年　月　日

项目九 财务分析报告

职业能力目标

通过本单元的学习，你应该能够：

了解财务分析报告的概念、内容

掌握财务分析报告的基本结构和写作要求

根据公司财务分析的结果撰写财务分析报告

主要概念

财务分析报告

导入案例

无锡尚德扩张与财务困境

无锡尚德太阳能电力有限公司（简称尚德电力）由施正荣博士于2001年建立，是一家集研发、生产、销售为一体的外商独资高新技术光伏企业，主要从事晶体硅太阳电池、组件、光伏系统工程、光伏应用产品的研究、制造、销售和售后服务。经过5年的飞速发展，2005年12月尚德电力的产能已位居全球第六位，并在美国纽约证券交易所挂牌，成为在纽交所上市的第一家中国民营企业。

自2008年起，尚德电力开始急剧扩张，几乎对光伏产业链进行了全面尝试。通过大规模举债进行规模扩张后，尚德电力的资产负债率由2008年的45.44%上升至2011年的79.1%，流动比率由2008年的1.35降低至2011年的0.8。然而，大规模的举债并没有产生的资金利用效果。

尚德电力面对持续上升的负债率和低流动率带来的风险，没有及时进行识别与监管，没有选择稳健型或者收缩型财务战略，而是在融资能力不足且风险逐渐提高的情况下，继续盲目扩张。而此时，光伏行业发生不利变化或自身经营不善，扩张性财务风险将急剧加大并演化为现实，必然造成资不抵债甚至破产的财务困境，直接危及企业的生存。2012年，尚德电力的负债总额已达到35.82亿美元，资产负债率高达81.8%，公司市值已从上市之初的49.22亿美元跌至1.49亿美元，股价更是跌到了1美元以下，公司因资不抵债最终宣告破产。某报刊大幅标题报道：尚德施正荣的中国式悲剧——186亿资产8年归零。

资料来源：《无锡尚德破产带给企业的警示》，致富时代，2013年第05期

企业陷入财务困境并非一朝一夕的事，财务状况恶化前都会有很多迹象和表征通过财务报表透露出来，只要企业保持一定的风险意识，重视财务报表分析，加强风险识别与监管，及早采取措施防范和化解风险，大多都能避免案例中无锡尚德这样的悲剧。那么，财务人员应如何撰写财务分析报告，及早向管理层预告风险呢？一份成功的财务分析报告又应该具备哪些特征呢？

任务一　认识财务分析报告

知识准备

一、财务分析报告的概念

财务分析报告是分析人员以会计报表有关数据资料为主要依据，结合其他资料，运用科学的方法，对企业财务状况和经营成果进行比较、分析、评价并加以整理后撰写而成的书面报告。也就是说，它是对企业一定期间的收入、成本、费用、利润、资金等情况进行分析总结形成的书面文字报告。财务分析报告能全面提供企业生产经营和业务活动情况，分析企业的经营业绩和存在的不足。

由于财务分析报告是根据企业财务指标体系和综合分析资料，通过分类、整理、综合、概括来说明企业的财务状况和财务成果的，因此，搜集整理资料就是编写财务报表分析报告的重要凭据与前提。除了搜集以会计报表为主的实际资料和有关的计划资料以外，还应搜集一些有关财务、统计和同行业的资料，然后将搜集到资料进行整理、分类、综合汇总，使之条理化、系统化，供编写分析报告时选用。整理分析资料的过程，应当是一个去粗取精、去伪存真、由此及彼、由表及里、综合考虑的加工改制过程。有时某个单项分析的数据，把它综合起来以后可能会出现一些矛盾，如计算的口径不一致等，这就需要加以查验、调整；有时候综合资料时会发现某些方面的分析比较单薄，资料不够等，需要做进一步的补充，甚至有时还会出现与原来的初步结论相反的情况，从而需要修正原来的结论。所以，撰写财务分析报告的过程，也是财务综合分析的继续与提高。

二、财务分析报告的内容

尽管财务分析报告的类型很多，而且由于不同的报告使用者对财务信息的要求不同，财务分析报告的内容也不尽相同。但总体上来说，财务分析报告的内容主要包括以下几个方面：

1. 资本结构分析

企业在生产经营过程中周转使用的资金，是从不同的渠道取得的，包括债权人提供的和企业自有两部分，又以不同的形态分配和使用，形成流动资产、固定资产、无形资产、其他资产等。资本结构健全、合理与否直接关系到企业经济实力的充实和经济基础稳定与否，如果企业资本结构健全、合理，企业的经济基础就牢固，就能承担各种风险；如果资本结构不合理，企业的经济基础就薄弱，就难以承受各种风险。分析企业的资本结构对企业的经营者、投资者或债权人都具有十分重要的意义。

2. 偿债能力分析

企业在生产经营过程中，为了弥补自有资金不足，经常通过举债来筹集部分生产经营资金，而举债必须以能偿还为前提。如果企业不能按时偿还所负债务的本息，那么，企业的生产经营就会陷入困境，以致危及企业的生存。因此，对于企业经营者来说，通过财务报告分析，测定企业的偿债能力，有利于其做出正确的筹资决策和投资决策；而对于债权人来说，企业偿债能力的强弱是他们决定是否借出资金的基本依据。

3. 获利能力分析

获利能力即赚取利润的能力。赚取利润是企业生产经营的根本目的，也是投资者投资的基本目的。获利能力的大小表明企业经营管理的成败和企业未来前景的好坏，因此获利能力分析是企业经营者和投资者最为关注的内容。

4. 资金运用效率分析

企业筹集资金的目的是为了使用。如果资金得到充分有效的使用，则企业必能获得较多的收益，而且能减少对资金供应量的需求；反之，如果筹集到的资金得不到充分有效的使用，不仅不能给企业带来利益，而且还会给企业增加负担。因此，资金利用效率的高低直接关系到企业盈利能力的大小，预示着企业未来的发展前景，也是企业经营者和投资者所重点关注的内容。

5. 现金流量分析

通过对现金流量进行分析，可以为会计信息使用者提供企业在特定会计期间的现金流入、流出及现金净流量的信息，估量企业获取现金的能力，分析其使用方向，反映企业现金在流动中增减变动情况，从现金流量的角度来揭示企业的财务状况。

6. 成本费用分析

在市场经济条件下，产品的价格是由市场决定的。在同样的市场价格条件下，如果降低成本，减少费用，企业就能获得较高的利润，或者在同样的利润水平下，如果降低成本，减少费用，企业就能以低于竞争对手的价格出售，这两种情形都能使企业在市场竞争中处于有利的地位。反之，如果成本费用居高不下，就会在市场竞争中处于不利的地位，甚至被淘汰。由于有关成本、费用的报表属于企业内部使用的报表，投资者、债权人一般无法取得，因而成本费用分析是企业经营者财务分析报告的重要内容。

三、财务分析报告的作用

财务分析报告是广大投资者、债权人、政府部门、企业管理者及其他相关信息使用者客观掌握企业经营管理状况，了解企业财务状况和经营成果的必不可少的资料。历年的财务分析报告也是企业进行财务管理的动态分析、科学预测和决策的依据。因此财务分析报告对各方会计信息使用者都具有十分重要的作用。

通过分析包含了上述内容的财务分析报告，企业的投资者可以总括地了解企业的盈利能力和经营风险，做出是否投资的决策；债权人可以总括地了解企业的盈利能力和偿债能力，做出是否借出资金或提供商业信用的决策；上级主管部门及财政、税务等政府部门可以总括地了解企业的财务状况和经营成果以及为国家纳税的情况，还可以了解企业有无违反财税法规的行为，从而对企业进行监督，有利于提高企业的经营管理水平；经营管理者可以及时了解企业当前的财务状况、经营成果和经营管理情况全貌，针对企业经营活动中存在的各种问题及时采取措施，改进工作，加强管理，提高效益。

四、财务分析报告的类型

了解财务分析报告的分类可以帮助我们认知不同类型分析报告的特点，按不同的要求撰写财务分析报告。财务分析报告可以按如下标准进行分类：

（一）按内容范围分类

1. 综合分析报告

综合分析报告又称全面分析报告，是企业依据资产负债表、利润表、现金流量表、会计报表附表、会计报表附注及财务情况说明书、财务和经济活动所提供的丰富、重要的信息及其内在联系，运用一定的科学分析方法，对企业的经营特征、利润实现及其分配情况、资金增减变动和周转利用情况、税金缴纳情况、存货和固定资产等主要财产物资的盘盈盘亏与毁损等变动情况以及对本期或下期财务状况将发生重大影响的事项做出客观、全面、系统的分析和评价，并进行必要的科学预测而形成的书面报告。它内容丰富、涉及面广，对财务报告使用者做出各项决策有着深远的影响，此外，它还具有以下两方面的作用：

（1）为企业的重大财务决策提供科学依据。由于综合分析报告几乎涵盖了对企业各项财务指标的对比、分析和评价，能使企业经营活动的成果和财务状况一目了然，及时反映出存在的问题，这就给企业经营管理者的财务决策提供了科学依据。

（2）全面、系统的综合分析报告，可以作为今后对企业经营活动进行动态分析的重要历史参考资料。综合分析报告主要用于半年度、年度进行财务分析时撰写。撰写时必须对分析的各项具体内容的轻重缓急做出合理安排，既要全面，又要抓住重点，忌事无巨细面面俱到。

2. 专题分析报告

专题分析报告又称单项分析报告，是指针对某一时期企业经营管理中的某些关键问题、重大经济措施或薄弱环节等进行专门分析后形成的书面报告。专题分析报告不受时间限制，一事一议，易被经营管理者接受，因而收效较快。因此，专题分析报告在企业经营管理中起着不可或缺的作用。

可进行专题分析的内容很多，既包括涉及面比较小的专项业务，也包括涉及面虽宽但只抓住几个重点问题进行深入分析的综合业务。前者如逾期账款的处理分析，对资金、成本、费用、利润等方面的预测分析，处理母子公司各方面的关系等，后者如中美贸易摩擦情况下的应对分析等，这些问题均可进行专题分析，从而为企业领导做出决策提供现实的依据。

3. 简要分析报告

简要分析报告是对主要经济指标在一定时期内存在的问题或比较突出的问题进行概要分析而形成的书面报告，具有简明扼要、切中要害的特点。通过分析，能反映和说明企业在分析期内业务经营的基本情况，企业累计完成各项经济指标的情况并预测今后发展趋势。

简要分析报告主要适用于定期分析，可按月、按季进行编制。

（二）按分析时间分类

1. 定期分析报告

定期分析报告一般是由上级主管部门或企业内部规定的每隔一段相等的时间应予编制和上报的财务分析报告。如每半年、年末编制的综合财务分析报告就属于定期分析报告。

2. 不定期分析报告

不定期分析报告，是从企业财务管理和业务经营的实际需要出发，不做时间规定而编制的财务分析报告。如上述的专题分析报告就属于不定期分析报告。

任务二　撰写财务分析报告

知识准备

一、财务分析报告的基本撰写要求

（一）数据要全面准确

财务分析具有鲜明的针对性和实用性，因而必须要有依据，以避免片面和失误，这就要求在进行财务分析报告写作之前，必须要做好数据的收集、整理和分析，确保所使用的数据全面、准确。全面准确的数据是写好财务分析报告的前提，分析时应辩证地看待问题，把定量分析与定性分析结合起来，把历史资料与现实情况结合起来，把肯定成绩与剖析缺点结合起来，把主观态度与客观情况结合起来。

（二）分析要重点突出

经济活动本身是复杂多变的，各种因素共同作用于企业的财务状况、经营成果，在进行财务分析时不可能做到面面俱到，而应当结合企业的实际情况和财务管理的具体要求，抓住重点的、关键的问题，抓住主要矛盾和矛盾的主要方面进行分析研究，层层解剖，刨根问底。在撰写分析报告时，也应该坚持重要性原则，对于重要的财务分析信息应该详细和重点报告，对于次要和不重要的财务分析信息则可以简化或合并，分析报告切忌面面俱到，又什么都讲不清楚；切忌报流水账而不突出主题、突出重点；切忌只提出问题，而不分析问题，不提出解决问题的办法建议。

（三）语言要清晰简练

财务分析报告是写给企业和上级领导及有关部门人员看的，其语言应以清晰简练、通俗易懂、恰如其分为好，使人一看就明白。报告的开头和结尾应简洁明了，不要穿靴戴帽，套话连篇；内容层次应清楚明白，不要说空话，不要堆砌形容词，更不要只罗列一大堆材料数据，只见数字，不见分析，或者泛泛而谈，作冗长的解释。

（四）结论要有理有据

财务分析报告写作的目的是正确评价经济活动，改善企业经营管理，因此，结论是内容结构上一个不可或缺的部分，包括评价和建议。结论的得出必须建立在大量的事实与数据之上，财务分析报告必须擅长用数据“说话”，大量确凿的数据表达是财务分析报告最显著的特色，要利用数据来发现问题、分析问题、解决问题，使财务分析报告做到有理有据，客观公正。

一份内容详实、重点突出、语言简练、有理有据的财务分析报告其本身就富含说服力，能使阅读者快速获得大量的决策信息，以利于企业改进生产经营管理。而内容空洞、主次不分、缺乏逻辑依据的财务分析报告，不但起不到应有的作用，反而会影响决策者的思路，甚至做出错误的决策来，我们在撰写财务分析报告时应尽量避免这种情况发生。

二、财务分析报告的基本结构

为了保证财务分析报告的写作质量，除遵循上述基本要求以外，还需要保证条理清晰，结构完整，一般可在正式写作前，先拟订写作提纲，粗略写下财务分析报告的结构和主要内容。财务分析报告的结构根据报告内容的不同而不同，没有固定的格式。以综合财务分析报告为例，其一般结构大体如下：

（一）标题

财务分析报告的标题可以是单标题，如《××公司××年度财务分析报告》，也可以是双标题，有时还可用分析报告的核心建议或意见作为正标题，将“××年度财务情况分析”等作为副标题。

（二）开头

开头通常起到提要和说明的作用。在这一部分，一般应概括公司的综合情况，让财务报告阅读者对分析对象有一个总括的认识。此外，还要对公司运营及财务现状进行简要说明，对企业计划执行情况和各项经济指标完成情况作大致介绍，概括反映分析期内企业经营的基本面貌。

（三）正文（分析部分）

这是财务分析报告的主体部分，主要是对各项经济指标完成情况的详细展现和分析。首先，要计算说明各项主要经济指标的完成情况，或者用数据对比，或者用表格列示，通过实际与计划的对比、本年与上年同期对比、本期与历史水平对比等，也可与同行业其他企业进行简单对比分析，把经济指标的完成情况和经营管理的成果反映出来。其次，要肯定所取得的成绩，哪些是好的，好在什么地方，如提高经济效益的经验，扭亏为盈的经验，增产节支的经验等，应有层次、有分析地加以说明。再次，将经济指标完成得不好的情况和企业经营管理中存在的问题揭示出来，哪些是差的，差在什么地方，应切中时弊，既有针对性又有重点的反映清楚。

（四）总结（评价和建议部分）

进行财务分析的最终目的是为了改善企业的生产经营管理和财务状况，提高经济效益，因此，财务分析报告的总结部分应在客观全面分析的基础上，对企业经营管理和财务状况进行客观评价，针对成绩和经验，提出推广建议，针对发现的问题，提出改进建议。

以上是综合财务分析报告的大体结构，它比较全面，有情况，有分析，有建议，年度财务分析报告一般应采取此格式。简要分析报告的结构与上述综合分析报告的结构基本一致，只是内容较为简明扼要，如季度财务分析报告，可以在上述框架基础上有重点的作扼要分析说明，月度财务分析报告可更简化，只需简要说明主要财务指标的增减变化情况即可。专题分析报告一般一事一议，其结构可灵活多样，这里不再赘述。

三、财务分析报告写作前的准备

（一）收集数据信息

1. 建立台账。编写财务分析报告仅靠凭证、账簿、报表的数据往往是不够的。比如，在分析经营费用与营业收入的比率增长原因时，往往需要分析不同区域、不同商品、不同责任人实现的收入与费用的关系，但这些数据不能从账簿中直接得到。这就要求分析人员平时就作大量的数据统计工作，对分析的项目按性质、用途、类别、区域、责任人，按月度、季度、年度进行统计，建立台账，以便在编写财务分析报告时有据可查。

2. 关注重要事项。财务人员对经营运行、财务状况中的重大变动事项要勤于做记录，记载事项发生的时间、计划、预算、责任人及发生变化的各影响因素。必要时马上做出分析判断，并将各类各部门的文件归类归档。

3. 关注经营运行。财务人员应尽可能争取多参加相关会议，了解生产、质量、市场、行政、投资、融资等各类情况。参加会议，听取各方面意见，有利于财务分析和评价。

4. 定期收集报表。财务人员除收集会计核算方面的有关数据之外，还应要求公司各相关部门（生产、采购、市场等）及时提交可利用的其他报表，对这些报表要认真审阅、及时发现问题、总结问题，养成多思考、多研究的习惯。

5. 岗位分析。大多数企业财务分析工作往往由财务经理来完成，但报告素材要靠每个岗位的财务人员提供。因此，应要求所有财务人员对本职工作养成分析的习惯，这样既可以提升个人素质，也有利于各岗位之间相互借鉴经验。只有每一岗位都发现问题、分析问题，才能编写出内容全面的、有深度的财务分析报告。

（二）建立分析指引

财务分析报告尽管没有固定格式，表现手法也不一致，但并非无规律可循。如果平时注意建立分析工作指引，将常规分析项目文字化、规范化、制度化，建立诸如现金流量、销售回款、生产成本、采购成本变动等一系列的分析说明指引，就可以达到事半功倍的效果。

【例9－1】根据本教材前述章节对湖南艾华集团财务分析的资料及分析结果，参考艾华集团近三年财务报表及其他资料，撰写《2018年艾华集团财务分析报告》。

2018年湖南艾华集团股份有限公司财务分析报告

湖南艾华集团股份有限公司是一家以设计、开发、制造及销售铝电解电容器为核心，集电极箔与设备制造于一体的科技型企业集团，其生产设施位于四川、江苏及湖南等地，拥有员工3000多人，集团总部位于湖南省益阳市。

公司始终立足自力更生，注重技术创新，努力创造并保持自身在技术研发、产业链一体化、产品质量、营销网络等方面的核心竞争力，致力于在铝电解电容器行业内做久、做精。2017年下半年以来，公司上游铝箔等材料环保限产，原材料价格上涨且供给趋紧等给中游电容器企业带来了供货紧缺及原材料品质难以把控等风险；2018年，全球经济景气度下行，随着中美贸易摩擦不断升温，我国宏观经济增速持续小幅回落，对公司业务发展也带来了不利影响。面对经营环境的变化及更加激烈的市场竞争，公司果断调整经营策略，直面挑战，成功实现了2018年的稳健发展。

2018年，公司实现营业收入21.66元，同比增长20.81%，发生营业成本15.09亿元，同比增长27.29%；实现营业利润、利润总额和净利润分别为3.38亿元、3.51亿元和3亿元，同比增长0.44%、2.72%和2.34%；随着销售的增长，资产总额、净资产均有所增加，财务状况良好。但产业链上、下游环境变化造成原材料成本持续攀升，对公司的获利能力产生一定影响，又由于总资产扩张、存货和固定资产投入增大，资产运营效率不够理想。

一、发行可转债券，资本结构更加合理

近几年来，艾华集团的资产和资本逐年增长，负债始终保持着较低的比例，而且

都是商业性流动负债，带息债务几乎为零。2018 年发行了 6.91 亿元可转换债券，使公司资本结构发生变化，资产负债率上升至 36.71%。发行可转债券募集的资金将主要用于设备提质改造以及上游原材料生产线的扩张，以加强对产业链的集成掌控，获取成本与品质优势，预期可获得较好的财务杠杆效应。艾华集团近三年资产负债表结构情况见表 9－1：

表 9－1　　艾华集团近三年资产负债表结构一览表　　单位：万元

项目	2018 年	占总资产比重	2017 年	占总资产比重	2016 年	占总资产比重
流动资产	230852.61	69.66%	151753.13	65.10%	165214.01	72.32%
非流动资产	100525.86	30.34%	81357.99	34.90%	63236.27	27.68%
资产总计	331378.47	100.00%	233111.12	100.00%	228450.28	100.00%
流动负债	66489.49	20.06%	44344.42	19.02%	44935.52	19.67%
非流动负债	55175.93	16.65%	1733.00	0.74%	1733.00	0.76%
负债总计	121665.42	36.71%	46077.42	19.77%	46668.52	20.43%
所有者权益总计	209713.05	63.29%	187033.70	80.23%	181781.76	79.57%

从上表看，艾华集团近三年流动负债比重一直较为稳定，因发行可转换债券原因，非流动负债比重在 2018 年有大幅度增加，使所有者权益比重相应下降，公司资本结构更加合理。在资产的构成中，流动资产的比例将近七成，虽然保持较高的流动性有利于债权人权益的保障，但未免会丧失一部分收益性。艾华集团 2018 年的资本结构变化亦可通过图 9－1 获得更直观的认识。

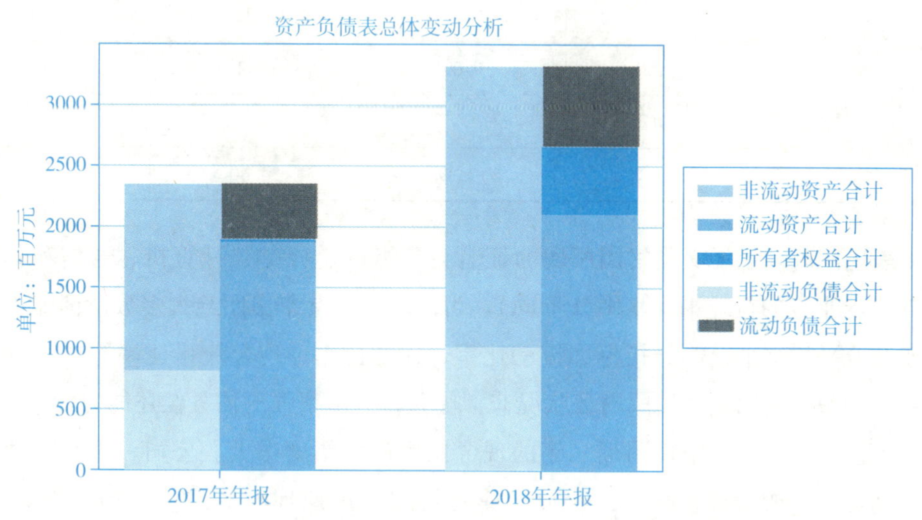

图 9－1　艾华集团 2017～2018 年资产负债表结构对比图

由上图可知，艾华集团2018年的非流动负债显著增加，在资产负债表中占据了可观的比例。但是增加的资金目前主要投放在流动资产上，使流动资产总额大幅增长，而流动资产的低收益性又决定了这部分增加的债务资金不能获得超额的收益，难以发挥财务杠杆的作用。随着可转债募投项目的分批实施，债券资金将绝大部分转入到固定资产上，使流动资产减少，生产能力扩大，从而提高主营业务获利能力，获得财务杠杆效应。

二、财务状况良好，债务安全程度较高

虽然艾华集团2018年因发行可转换债券，使得资产负债率上升至36.71%，但仍低于同行业平均水平，总体上仍然属于较为稳健的融资结构，公司偿债能力依然很强，债务安全程度较高。下面列表分析公司的部分偿债能力指标。

表9－2　艾华集团近三年主要偿债能力指标一览表

项目		2016年	2017年	2018年
流动比率	艾华集团	3.68	3.42	3.47
	行业平均	1.56	1.51	1.37
速动比率	艾华集团	3.11	2.68	2.79
	行业平均	1.25	1.20	1.06
现金比率	艾华集团	0.33	1.30	0.35
	行业平均	0.52	0.49	0.42
现金流量比率	艾华集团	0.79	0.38	0.34
	行业平均	0.09	0.11	0.12
已获利息倍数	艾华集团	/	/	24.06
	行业平均	17.39	34.40	/

上表还同时列示了艾华集团所属的证监会二级行业分类“计算机、通信和其他电子设备制造业”的行业平均水平（下同）。可以看出，艾华集团绝大多数偿债能力指标都优于行业平均水平，部分指标如流动比率、速动比率、现金流量比率等更是远远超过行业平均数，说明艾华集团财务状况非常优秀，有着很强的债务偿还能力。

值得注意的是，艾华集团近三年的现金比率起落幅度很大。公司一直有着较为富余的流动资金，或者以现金形式存放，或者投放在短期理财产品上，2017年现金比率骤增是因为大量理财产品赎回，造成货币资金激增，而2018年出现断崖式骤降则

是将更多货币资金购买了理财产品，而这部分资金在报表上列报为“其他流动资产”。

此外还应注意，艾华集团近两年的现金流量比率在 2016 年基础上减少了一倍之多，这固然有原材料价格上涨、采购成本与囤货支出增加等客观原因，但也须引起注意。

三、成本费用攀升，盈利能力有所下降

近三年，艾华集团盈利能力总体上保持着较好的势头，营业收入持续增长，各项利润指标较为稳定，利润率始终远远高于同行业平均水平。

表 9－3　　艾华集团近三年主要盈利能力指标一览表

项目		2016 年	2017 年	2018 年
营业毛利率	艾华集团	34. 88%	33. 88%	30. 34%
	行业平均	20. 95%	22. 18%	18. 94%
营业净利率	艾华集团	16. 97%	16. 32%	13. 82%
	行业平均	5. 11%	5. 61%	3. 06%
成本费用利润率	艾华集团	24. 57%	23. 09%	18. 94%
	行业平均	6. 44%	6. 79%	3. 92%
总资产收益率	艾华集团	12. 18%	12. 68%	10. 61%
	行业平均	3. 36%	3. 51%	2. 38%
净资产收益率	艾华集团	14. 72%	15. 86%	15. 09%
	行业平均	6. 87%	10. 44%	12. 96%

从表中可以看出，艾华集团主要盈利能力指标都远远高于同行业平均水平，盈利能力始终居于行业领先地位。

但同时也要注意，2018 年总资产收益率和净资产收益率略有降低，营业毛利率、营业净利率、成本费用利润率这些代表销售获利能力的指标逐年下滑，营业成本、期间费用不断攀升，公司的盈利能力略呈下降趋势，值得关注。公司盈利能力的变化可通过以下趋势图获得直观认识。

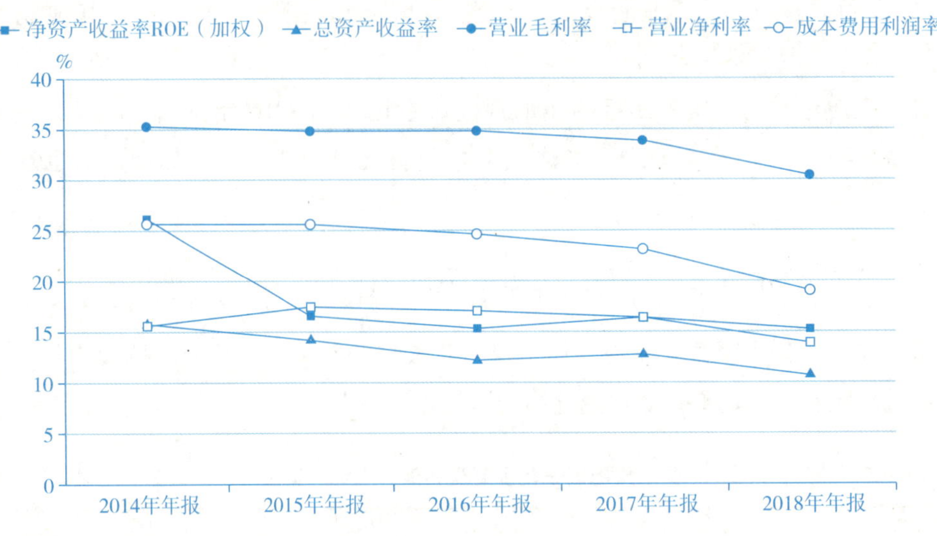

图 9－2　艾华集团近五年盈利能力指标变化趋势图

2017 年以来，受国内外经济环境变化及国家政策调整等因素影响，上游供应商普现涨价潮，主要原材料成本大幅增加，艾华集团的生产经营面临着严峻的考验。除以上财务比率不同程度下降以外，公司的各项利润指标增长乏力。图 9－3 为艾华集团利润表主要项目变动图。

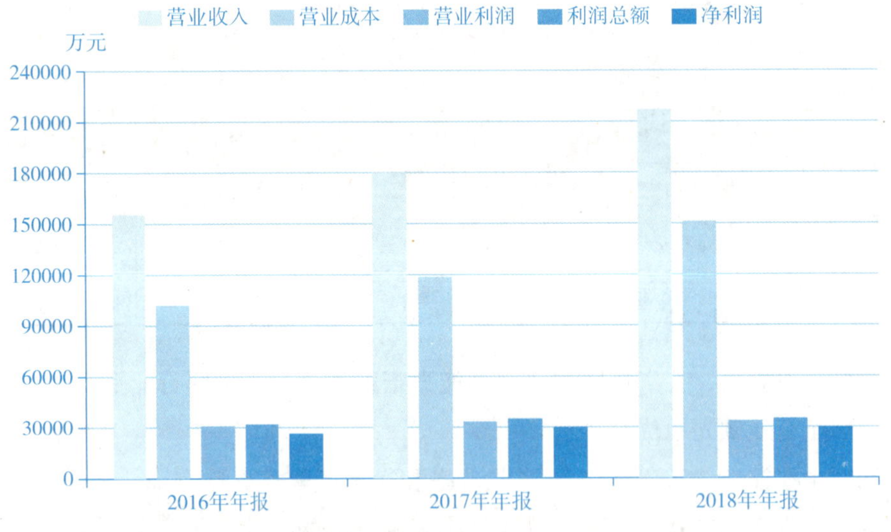

图 9－3　艾华集团近三年利润表主要项目变动图

由图 9－3 可知，公司营业收入在保持高速增长的同时，营业成本和期间费用也在以更大比例增长，营业利润、利润总额和净利润增长缓慢。进一步分析公司 2018 年利润表主要项目变动情况如下。

表 9-4　　艾华集团 2018 年利润表主要项目变动一览表　　单位：万元

项目	2018 年	2017 年	增长额	增长率
营业收入	216557.39	179250.30	37307.09	20.81%
营业成本	150861.15	118515.54	37309.28	27.29%
期间费用	32009.38	27036.56	4972.82	18.39%
营业利润	33842.06	33693.84	148.22	0.44%
利润总额	35132.58	34203.42	929.16	2.72%
净利润	29935.09	29251.94	683.15	2.34%

从表中看，艾华集团 2018 年营业总成本的增长速度高于营业总收入的增长，期间费用也几乎达到了与营业收入同比增长，依靠利润表上投资收益等其他几个收益项目，营业利润才避免了负增长；依靠营业外收支，利润总额和净利润才勉强实现了微弱增长。由此可知，公司目前主营业务利润增长乏力，除了成本攀升因素以外，费用期间的快速增长是另一个原因。在整个行业期间费用率下降的情况下，艾华集团的期间费用率却在不断上升，除了近几年加大品牌营销和技术研发力度，造成销售费用和研发费用有所增长这个客观原因外，公司在一定程度上存在着费用失控现象。

艾华集团应积极采取应对措施，在继续扩大销售的同时，努力降本控费，提高主营业务盈利能力。2018 年实施的生产设备提质改造和原材料生产线扩建项目完成以后，有望能在成本控制方面有所表现。

四、现金流量减少，收益质量并未下降

艾华集团近三年现金流量情况见下图：

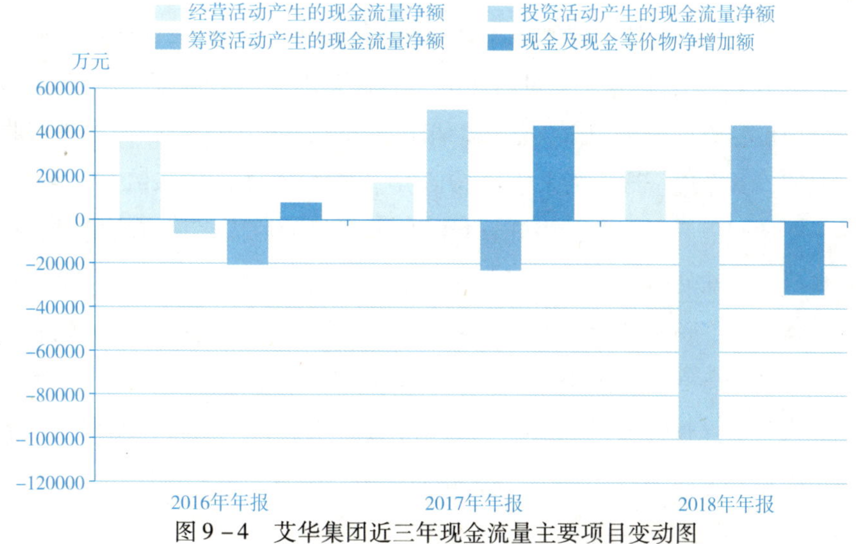

图 9-4　艾华集团近三年现金流量主要项目变动图

由上图可知，公司经营活动现金流量有下降趋势，投资活动现金流量呈不规则变化，筹资活动现金流量由前两年的净流出 2 亿元左右变成流入 4 亿多，2018 年现金及现金等价物净增加额首次出现负数。对上述数据作进一步分析如下。

表 9－5　　艾华集团近三年现金流量表主要项目变动一览表　　单位：万元

项目	2016 年	2017 年	2018 年
经营活动现金流量净额	35663. 21	17019. 17	23046. 17
投资活动现金流量净额	－6825. 86	50384. 43	－100131. 29
筹资活动现金流量净额	－21200. 00	－23664. 72	43466. 78
现金和现金等价物净增加额	7854. 96	42989. 81	－34211. 03

从上表看，变动幅度最大的是投资活动现金流量净额，2018 年净流出 10 亿余元，相较上年减少了近 300%。这主要是因为公司将暂时闲置的资金大量投放在理财产品上，致使“支付的其他投资活动有关的现金”高达 26 亿之多，同时本年度因赎回理财产品又增加了“收到的其他与投资活动有关的现金”近 17 亿元，排除这两个因素之后，公司 2018 年为购建固定资产、无形资产和其他长期资产以及为其他对外投资所支付的现金为 1. 4 亿元，较上年减少了三成多。公司货币资金一直比较充裕，在没有大规模扩大经营的情况下，将大部分资金投放在了风险较低、收益尚可的短期理财产品上，这就使得投资活动现金流量净额呈现不规则变化；

筹资活动现金流量方面，公司采用的是稳健的资本结构，自 2015 年首发上市以来，一直没有发生大的筹资行为，2018 年为布局新的生产线以及设备提质改造，发行了可转换债券，带来筹资活动现金流入 6. 79 亿元，致使本年筹资活动产生的现金流量首次变成净流入。艾华集团的股利政策及每年支付的现金股利一直较为稳定，2018 年“分配股利、利润或偿付利息所支付的现金”为 2. 43 亿元，与前期相比变化不大。

经营活动现金流量净额为 2. 3 亿元，相比上年虽然略有增长，但在销售收入连年增长的情况下，其净现金流入仍未达到 2015 年、2016 年的水平。2017 年经营活动现金流量净额一度达到最低值，这其中既有货款回笼较慢的原因，更有购货付款环节的问题。原材料价格上涨使得采购支出增加，营业成本攀升，供货紧张又使得购货付款环节提前，库存增加，预付账款加大，应付账款周期缩短。因此，2017 年购买商品、接受劳务支付的现金急剧增长。2018 年，公司努力实现了销售收入的进一步增长，同时加强了应收账款的催收管理，对采购付款结算方式也进行了调整，使得经营活动产生的现金流量净额较上期上升了 35. 41%，增长率虽然可观，但公司这几年经营活动现金流量总体增长乏力是不争事实。

经营活动现金流量增长乏力，一般是收益质量降低的信号，通常会通过盈利质量相关财务比率表现出来，如图9－5所示。

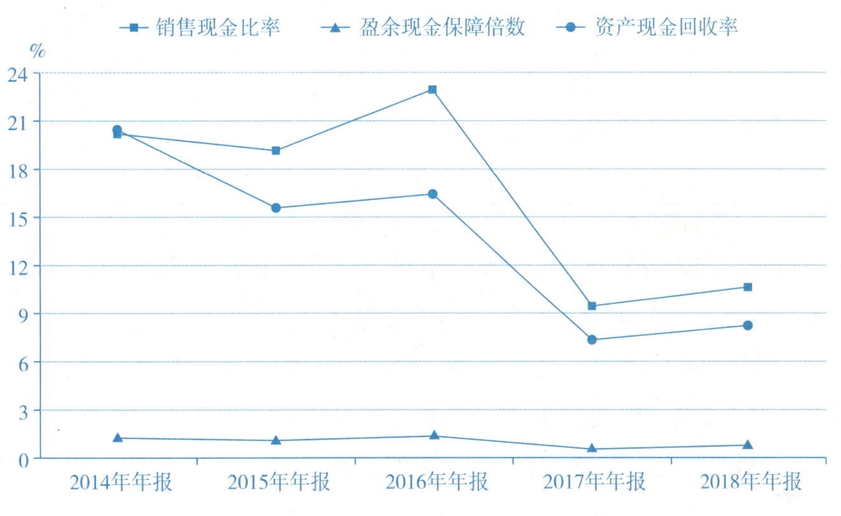

图9－5　艾华集团近五年盈利质量指标变化趋势图

由上图可知，公司的销售现金比率、资产现金回收率和盈余现金保障倍数近五年呈连续下滑之势，其中2017年达到最低，2018年有缓慢回升。

值得注意的是，经营活动现金流量净额出现如此大的落差，除了前面提到的货款回笼较慢、购货付款环节前置等原因外，还有一个重要原因即销售结算方式的改变，2017年以前公司与客户大多以现金结算为主，自2017年开始大量采用了商业汇票结算方式，而这些应收票据有相当一部分直接背书抵付了货款，其中不乏设备款和工程款，这必然会减少经营活动现金流入，同时也减少了投资活动现金流出，如果仅从报表数据和财务指标来看的话，公司的经营活动现金流量净额确是大幅减少，盈利质量似有滑坡，而上述原因则在一定程度上对公司近两年销售持续增长、利润率水平连年居高但经营活动现金流量净额始终增长乏力做出了合理解释。表9－6是艾华集团近三年主要盈利质量指标与同行业的横向比较。

表9－6　　艾华集团近三年主要盈利质量指标一览表

项目		2016年	2017年	2018年
盈余现金保障倍数	艾华集团	1.35	0.58	0.77
	行业平均	1.16	1.20	2.31

续表

项目		2016 年	2017 年	2018 年
资产现金回收率	艾华集团	16.47%	7.37%	8.17%
	行业平均	3.91%	4.21%	5.48%
销售现金比率	艾华集团	27.26%	10.95%	12.86%
	行业平均	5.96%	6.73%	7.05%

由上表可知，代表盈利质量最主要的指标——盈余现金保障倍数自 2016 年之后持续低于行业平均水平，2018 年差距扩大到了三倍之多，公司的资产现金回收率与销售现金比率则始终高于行业平均水平。作为一家资产与收入规模远低于行业平均数的企业，其净利润绝对数能持续超过行业平均水平，经营活动现金流量净额也曾一度接近行业平均数，足以说明艾华集团有着非常强的盈利能力，资产现金回收率和销售现金比率自然就高于同行业平均水平。

五、资产周转速度加快，营运能力有待进一步增强

近几年，艾华集团积极开拓国内国外市场，市场占有率不断扩大，业绩稳步增长，经过 2015 年两轮股权融资和 2018 年可转换债券的发行，资产总量实现了大规模的扩张，实力进一步增强。在此情况下，如何有效的配置资产，提高资产使用效率，增强营运能力，是艾华集团需要重点关注的问题。从 2018 年财务数据看，公司资金使用效率较之 2017 年有了较大提高，但资产营运能力仍有待增强。

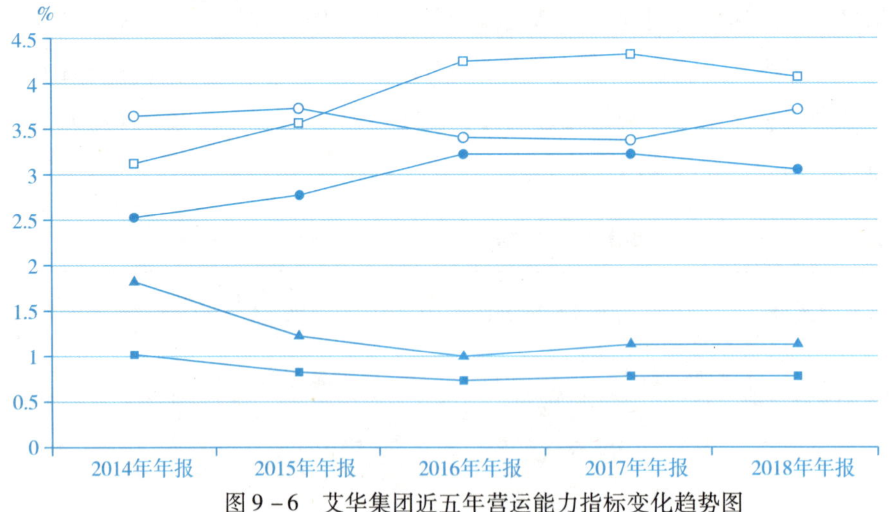

图 9－6 艾华集团近五年营运能力指标变化趋势图

由上图可知，公司近年来存货与固定资产周转越来越快，资产运营效率显著提高，但2018年出现了小幅回落；应收账款周转率在经历了2016年、2017年两个低潮后，2018年有了明显改善；流动资产周转率和总资产周转率则自2015年开始大幅下降，2016年降至最低点后，2017年有小幅上升，2018年与上年持平。

上述现象，可从艾华集团营运能力相关财务数据增长情况中找到原因：

表9-7 艾华集团近三年营运能力相关数据增长情况一览表

项目	2016年	2017年	2018年
营业收入增长率	18.73%	15.37%	20.81%
应收账款平均余额增长率	30.01%	16.89%	9.60%
流动资产平均余额增长率	46.98%	0.61%	20.71%
固定资产平均余额增长率	1.95%	15.86%	27.28%
平均资产总额增长率	34.78%	6.61%	22.30%
营业成本增长率	18.38%	17.14%	27.29%
存货平均余额增长率	-0.76%	14.93%	35.14%

上表列示了近三年各项资产的增长幅度与营业收入、营业成本增长情况，从表中数据看，2016年、2017年固定资产和存货平均余额增幅不大，公司以较低的投入支撑了营业收入的快速增长，说明固定资产和存货的运营效率较好；从2017年下半年开始的原材料大幅涨价直接造成2018年库存数量和单价双双攀升，导致存货平均余额以远远超过营业收入的速度激增，从而使2018年存货周转率直线下降；为了应对外部环境的变化，实现降本增效，公司实施了设备提质改造工程，并重新布局上游原料生产线，因此2018年固定资产同样出现大幅增长，导致2018年固定资产周转率下降。因此可以合理推测，待新的生产力形成以后，资产运营效率应有所改观。

应收账款方面，2018年在营业收入实现20%以上增长率的同时，应收账款平均余额增长率降到了10%以内，这是公司着力加强应收账款管理的结果，此举既增加了经营活动现金流量，也提高了应收账款周转率，2018年应收账款的周转速度显著加快。

关于流动资产和总资产周转情况，从本章图1可知，艾华集团2018年改变了资本结构，增加了近7亿元应付债券，增加的资金大部分以其他流动资产形式存放，使当年度流动资产与总资产平均余额与营业收入保持同步增长，因此流动资产周转率和固定资产周转率与上年持平。通常而言，每一轮大规模融资之后，要形成新的生产能力从而促进营业收入的大幅增长，需要两到三年的周期。艾华集团这次发行可转换债券，预期能在未来两年进一步提高流动资产和总资产运营效率。下面将艾华集团近三年各项营运能力指标与行业平均水平比较。

表 9-8　　艾华集团近三年主要营运能力指标一览表

项目		2016 年	2017 年	2018 年
应收账款周转率	艾华集团	3.41	3.36	3.71
	行业平均	3.48	3.40	4.02
存货周转率	艾华集团	4.24	4.33	4.07
	行业平均	4.59	4.35	5.42
流动资产周转率	艾华集团	0.99	1.13	1.13
	行业平均	1.10	1.06	1.34
固定资产周转率	艾华集团	3.22	3.21	3.04
	行业平均	3.37	3.21	3.86
总资产周转率	艾华集团	0.72	0.78	0.77
	行业平均	0.66	0.63	0.78

由上表可知，公司绝大部分指标接近行业平均数，说明公司资产营运能力在证监会二级行业分类“计算机、通信和其他电子设备制造业”三百多家上市公司中表现中规中矩，居于行业平均水平。

六、结论

总体上，艾华集团 2018 年财务状况良好，预期没有债务风险，公司已适时调整资本结构，增加负债，以利用财务杠杆效应，提高权益资本收益率；

经营成果业绩斐然，盈利能力远远高于同行业水平，但本年度利润率略有下降，值得关注，公司应注意降本、控费；

货币资金数量充盈，现金流量情况正常，经营活动现金流量净额相对 2017 年而言虽然有一定幅度增加，但销售现金比率和盈余现金保障倍数等盈利质量财务指标并不理想，考虑 2017 年以来销售结算方式改变这一重要因素，公司 2018 年的盈利质量实质上并未下滑，2018 年公司在应收账款催收方面已经取得了一定的成效，今后公司应积极应对外部环境的不利变化，进一步扩大销售收入，加强应收账款的回收管理，同时积极筹划采购付款业务，努力增加经营活动现金流量净额，保持良好的自身造血功能，进一步提高盈利质量；

应收账款管理富有成效，2018 年周转速度明显加快，存货和固定资产的大幅增加导致周转速度放缓，营运效率有所下降。通过与同行业横向比较，公司各项资产周转率普遍低于行业平均水平，今后公司应对资产运营效率予以关注，提高流动资产周转速度，进而提高总资产周转速度，增强资产营运能力。

【职业道德与企业伦理】

立信会计师事务所因出具虚假审计报告被罚

2018年12月，中国证监会因立信会计师事务所（以下简称立信所）对武汉国药科技股份有限公司年度财务报表进行审计时，出具了虚假内容的审计报告，对立信所及其签字注册会计师开具了行政处罚决定书。

立信所对武汉国药科技股份有限公司（2014年更名为湖北仰帆控股股份有限公司，以下简称*ST国药）2012年、2013年年度财务报表进行了审计，2012年度财务报表审计收费为50万元，2013年度财务报表审计收费为45万元，签字注册会计师均为周铮文和陶奇。

经查，*ST国药存在虚假记载营业收入的行为。*ST国药在2012年财务报表中虚假记载与上海公合实业有限公司（以下简称公合实业）等客户钢材贸易业务收入约4,115.20万元，占当年营业收入的83.66%；在2013年财务报表中虚假记载与公合实业钢材贸易业务收入约1.03亿元，占当年营业收入的92.49%。

立信所审计人员在风险评估、收入和关联方审计方面存在明显程序缺失，未勤勉尽责，导致未能发现*ST国药2012年、2013年收入虚假的事实，也未能发现*ST国药与公合实业存在关联关系的事实，出具了虚假记载的审计报告，对上述行为直接负责的签字注册会计师为周铮文、陶奇。

立信所和签字注册会计师周铮文、陶奇的上述行为违反了《证券法》第一百七十三条的规定，构成了《证券法》第二百二十三条所述的违法行为。根据当事人违法行为的事实、性质、情节与社会危害程度，依据《证券法》第二百二十三条规定，决定没收立信所业务收入95万元、并处95万元的罚款；对周铮文、陶奇给予警告，并分别处以10万元罚款的决定。

中国证监会做出上述处罚后，当事人及其代理人提出了申辩意见，针对证监会提出的“关联方审计程序不到位”“钢材贸易收入审计程序不到位”和“风险评估存在重大遗漏”等几项指证进行辩护。经复核，中国证监会认为，*ST国药2012年设立子公司鄂欣实业从事钢材贸易的目的在于增加营业收入以维持上市地位。在2012年财务报表审计中立信所明知*ST国药钢材贸易是出于保壳需要，明知鄂欣实业与公合实业同时发生钢材销售和采购业务，未保持应有的职业谨慎，未对公合实业是否为关联方实施进一步的审计程序。同时，立信所在2012年、2013年审计时均未要求上市公司董事、监事和高级管理人员填报亲属人员名单，未识别出公合实业属关联方，导致未对与公合实业相关的贸易保持职业怀疑，进而未识别出财务报表错报。此外，立信所在钢材贸易收入审计程序中，虽然实施了详查，但没有对有关合同和提货单进行分析，对合同和提货单的一些明显异常没有发现或认为不异常，没有保持职业怀疑，没有采取进一步审计程序，以致没有发现鄂欣实业钢材贸易业务收入的错报。结合其他事实，中国证监会对当事人的陈述申辩意见，不予采纳。立信所及注册会计师共被罚没210万元。

资料来源：新浪财经，2018. 12. 25http：//finance. sina. com. cn/stock/observe/2018－12－25/doc－ihqhqcis0153842. shtml？ source＝cj&dv＝2

［警示］

注册会计师对上市公司财务报表进行审计的过程，在某种意义上来说就像是对上市公司进行财务分析和诊断的过程，只是这种“分析”和“诊断”的结论关系到资本市场的秩序，有着更为广泛和深远的影响，因而结论的得出也应更加谨慎。要严格遵循中国注册会计师审计准则的规定，在审计过程中始终保持应有的职业怀疑，履行必要的审计程序，以对被审计财务报表做出公正客观的评价。

项目小结

财务分析报告
认识财务分析报告
财务分析报告的内容
资本结构分析
偿债能力分析
盈利能力分析
现金流量分析
运营效率分析
财务分析报告的作用
财务分析报告的类型
按内容分
综合分析报告
专题分析报告
简要分析报告
按时间分
现金流量分析
运营效率分析
撰写财务分析报告
财务分析报告撰写要求
数据要全面准确
分析要重点突出
语言要清晰简练
结论要有理有据
财务分析报告基本结构
标题
开头
正文
总结
财务分析报告写作前准备
收集数据信息
建立分析指引

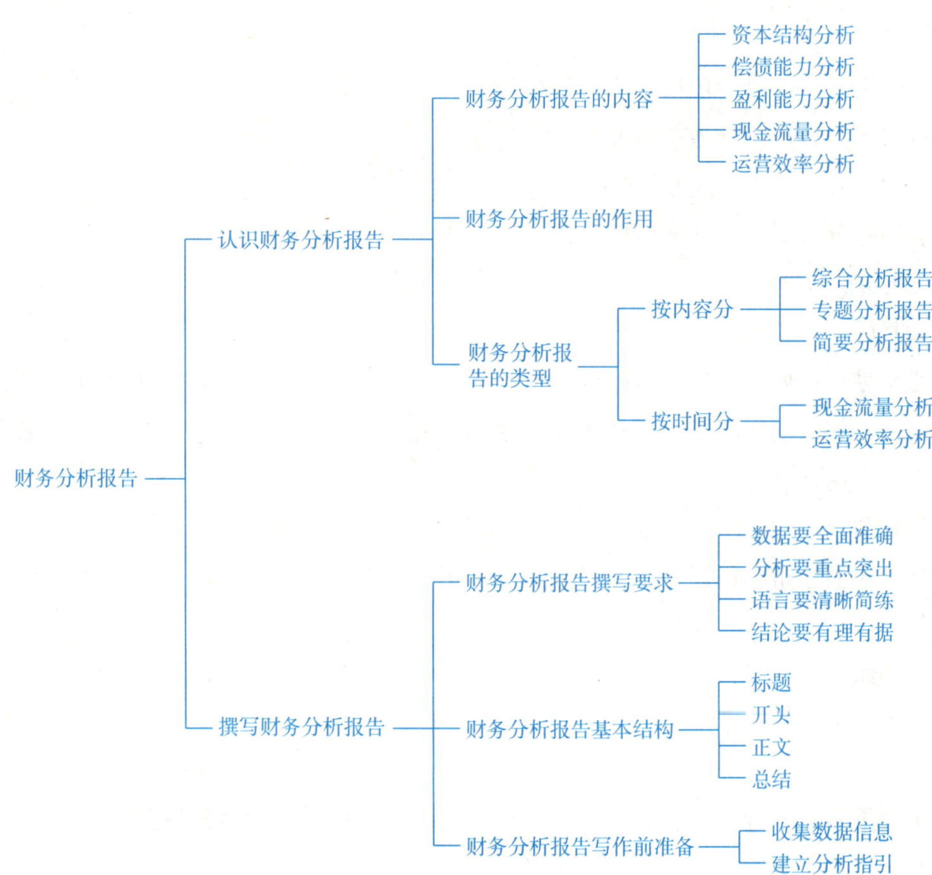

项目训练

一、思考题

1. 财务分析报告一般应包括哪些内容?
2. 财务分析报告可以分为哪几种类型?
3. 撰写财务分析报告时应遵循哪些要求?
4. 综合财务分析报告的基本结构包括哪些部分?

二、技能实训题

1. 实训目的

增强学生运用所学知识撰写财务分析报告的实际操作能力，提高学生发现问题、分析问题和解决问题的能力，并培养学生团队协作意识，提高职业判断能力、语言表达能力和沟通能力。

2. 实训资料

一家中小板上市公司近三年的财务报告（年报）及其所属行业的核心财务指标平均数据。

3. 实训组织

按 6 人为一个学习小组，选定小组长一人，负责组织小组讨论、实训和学习。

4. 实训任务

（1）搜集一家中小板上市公司近三年的财务报告年报及其他财务信息；

（2）搜集该公司所在行业的基本信息及核心财务指标均值；

（2）撰写一份综合财务分析报告。

5. 实训要求

（1）能熟练利用网络搜集查阅所需的资料；

（2）能把握财务分析报告的写作要点和一般结构；

（3）能运用所学的方法进行财务分析，写出财务分析报告；

（4）制作 PPT 汇报。

职业核心能力测评

职业核心能力测评表

（在□中打√，A 通过，B 基本通过，C 未通过）

职业核心能力	评估标准	自测结果
自我学习	1. 能进行时间管理	□A □B □C
	2. 能选择适合自己的学习和工作方式	□A □B □C
	3. 能随时修订计划并进行意外处理	□A □B □C
	4. 能将已经学到的东西用于新的工作任务	□A □B □C
信息处理	1. 能根据不同需要去搜寻、获取并选择信息	□A □B □C
	2. 能筛选信息，并进行信息分类	□A □B □C
	3. 能使用多媒体等手段来展示信息	□A □B □C
数字应用	1. 能从不同信息源获取相关信息	□A □B □C
	2. 能依据所给的数据信息，作简单计算	□A □B □C
	3. 能用适当方法展示数据信息和计算结果	□A □B □C
与人交流	1. 能把握交流的主题、时机和方式	□A □B □C
	2. 能理解对方谈话的内容，准确表达自己的观点	□A □B □C
	3. 能获取信息并反馈信息	□A □B □C
与人合作	1. 能挖掘合作资源，明确自己在合作中能够起到的作用	□A □B □C
	2. 能同合作者进行有效沟通，理解个性差异及文化差异	□A □B □C
解决问题	1. 能说明何时出现问题并指出其主要特征	□A □B □C
	2. 能做出解决问题的计划并组织实施计划	□A □B □C
	3. 能对解决问题的方法适时做出总结和修改	□A □B □C
革新创新	1. 能发现事物的不足并提出新的需要	□A □B □C
	2. 能创新性地提出改进事物的意见和具体方法	□A □B □C
	3. 能从多种方案中选择最佳方案，在现有条件下实施	□A □B □C
学生签字：	教师签字：	20　年　月　日